"十四五"职业教育国家规划教材

汽车车身焊接技术

（第 2 版）

张西振　高元伟　主　编

书籍码　4F3RQDSLH

北京理工大学出版社
BEIJING INSTITUTE OF TECHNOLOGY PRESS

内 容 提 要

本书按照项目式教学的要求组织内容,主要介绍汽车车身修复中常用的焊接方法。

本书根据汽车车身焊接修复的实际过程,总结选取了手工电弧焊、CO_2 气体保护焊、惰性气体保护焊、气焊与钎焊、电阻点焊等 5 个最常见项目。每个项目包含若干实际工作任务,每个任务按照"案例分析—相关知识—技能学习"的形式编排。本书除介绍车身修复中常用的焊接方法外,还在"知识与能力拓展"部分介绍了较深入的理论知识及相关焊接方法的其他拓展应用等。

本书可作为高等院校汽车类相关专业的教材,也可供从事焊接工作的工程技术人员参考。

版权专有 侵权必究

图书在版编目(CIP)数据

汽车车身焊接技术/张西振,高元伟主编. —2 版. —北京:北京理工大学出版社,2019.11(2024.1重印)

ISBN 978-7-5682-7949-9

Ⅰ. ①汽… Ⅱ. ①张… ②高… Ⅲ. ①汽车-车体-焊接-高等职业教育-教材 Ⅳ. ①U463.820.6

中国版本图书馆 CIP 数据核字(2019)第 254212 号

出版发行 / 北京理工大学出版社有限责任公司
社　　址 / 北京市海淀区中关村南大街 5 号
邮　　编 / 100081
电　　话 / (010)68914775(总编室)
　　　　　 (010)82562903(教材售后服务热线)
　　　　　 (010)68944723(其他图书服务热线)
网　　址 / http://www.bitpress.com.cn
经　　销 / 全国各地新华书店
印　　刷 / 三河市天利华印刷装订有限公司
开　　本 / 787 毫米 × 1092 毫米 1/16
印　　张 / 13.5 　　　　　　　　　　　　　　　　 责任编辑 / 多海鹏
字　　数 / 317 千字 　　　　　　　　　　　　　　 文案编辑 / 多海鹏
版　　次 / 2019 年 11 月第 2 版 2024 年 1 月第 6 次印刷 责任校对 / 周瑞红
定　　价 / 39.80 元　　　　　　　　　　　　　　　 责任印制 / 李志强

图书出现印装质量问题,请拨打售后服务热线,本社负责调换

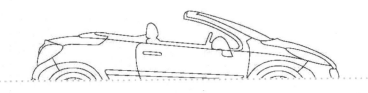 

"汽车车身焊接技术"是高等院校汽车车身维修技术专业的一门专业基础课程。该门课程在内容上要求"精炼先进""与实际工作紧密结合",在形式上要求"充分体现做中学"的职业教育理念。为了适应新的高等院校教育模式的要求,使学生能够系统地学习汽车车身焊接的知识与技能,我们组织高等院校资深教师及企业专家编写了本书。

本书自2013年书出版以来,受到了众多高等院校的欢迎。为了更好地满足广大高等院校的学生对车身焊接知识学习的需要,作者结合近几年的教学改革实践和广大读者的反馈意见,在保留原书特色的基础上,对教材进行了全面的修订,这次修订的主要内容如下。

1. 对本书第1版中部分内容所存在的一些问题进行了校正、修改和更新,并淘汰或弱化了行业内已不再使用的操作。

2. 将"焊接前的准备"作为一个独立工作任务来编写,一方面奠定焊接基础知识,另一方面突出焊接劳动保护的重要性。

3. 整合气焊、钎焊和电阻点焊成一个新项目"其他焊接方法",使得教材的结构更紧凑顺畅,更符合实际工作中这些焊接方法的定位。

4. 结合文字内容,二维码的形式插入配套的教学资源,读者可通过手机等移动终端扫码学习。

为贯彻落实党的二十大精神,在本书的修订过程中,作者始终贯彻以来源于企业的典型工作任务为载体,采用项目教学的方式组织内容的思想。通过若干个任务,分别介绍了汽车车身修复中常用的五类焊接方法,即手工电弧焊、CO_2气体保护焊、惰性气体保护焊、气焊、钎焊与电阻点焊。每个任务均按认知习惯设计为"案例分析""相关知识""技能学习"3个步骤的学习流程。修订后的教材,内容比以前更具针对性和实用性,内容的叙述更加准确、通俗易懂和简明扼要,突出解决问题能力的培养,这样更有利于教师的教学和读者的自学。为了让读者能够及时地检查自己的学习效果,巩固和加深对所学知识的理解,并拓展学习视野,每个项目后还附有"知识与能力拓展"和"自测习题"。

全书参考总教学时数为80学时,建议采用理论实践一体化教学模式,偏重实操训练。具体学时分配如下。

序号	项目	教学时数			
		讲课	实践	辅导	小计
1	项目一 手工电弧焊	8	10	2	20
2	项目二 CO_2 气体保护焊	8	12	2	22
3	项目三 惰性气体保护焊	8	8	2	18
4	项目四 气焊与钎焊	4	6	1	11
5	项目五 电阻点焊	4	4	1	9
	合　　计	32	40	8	80

本书由张西振、高元伟主编，张成利、鞠峰、赵耀、卢中德、张义等参与了本书的编写工作。在本书编写和修订的过程中，多家维修企业提供了宝贵的建议和技术支持，在此就不在罗列，一并表示衷心的感谢。

限于编者水平有限，书中难免存在错误和疏漏之处，敬请广大读者批评指正。

编　者

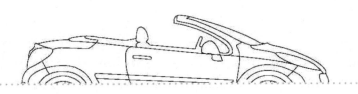

目录

项目一 手工电弧焊 ································ 001
  任务1 焊接前的准备 ······················ 001
    学习目标 ································ 001
    案例分析 ································ 001
    相关知识 ································ 002
      一、焊接与焊接电弧 ················ 002
      二、车身维修常用焊接方法 ········ 003
      三、焊接成形 ························ 005
      四、焊接工艺参数对焊缝成形的影响 ··· 008
      五、焊缝成形缺陷及产生原因 ······ 011
    技能学习 ································ 014
      一、车身焊接安全操作规程 ········ 014
      二、应急处置措施 ··················· 017
      三、劳动保护 ························ 018
  任务2 手工平敷焊 ························ 020
    学习目标 ································ 020
    案例分析 ································ 020
    相关知识 ································ 021
      一、手工电弧焊的基本原理 ········ 021
      二、手工电弧焊的特点 ············· 022
      三、焊接设备与工具 ················ 023
      四、焊条 ······························ 026
    技能学习 ································ 031
      一、劳动安全与卫生 ················ 031
      二、准备工作 ························ 032
      三、焊接施工 ························ 034
      四、焊接应力与变形的预防 ········ 039
      五、焊接质量检查 ··················· 041
      六、焊后处理 ························ 041

知识与技能拓展 ········· 041
　　　一、焊接电弧的物理基础 ········· 041
　　　二、熔滴过渡 ········· 044
　　　三、其他位置的手工电弧焊方法 ········· 046
　　思考与练习 ········· 049

项目二　CO_2 气体保护焊 ········· 052
任务1　CO_2 气体保护常规焊 ········· 052
　　学习目标 ········· 052
　　案例分析 ········· 052
　　相关知识 ········· 053
　　　一、CO_2 气体保护焊的基本原理 ········· 053
　　　二、CO_2 气体保护焊的熔滴过渡 ········· 054
　　　三、CO_2 气体保护焊的特点 ········· 055
　　　四、焊接设备、工具及材料 ········· 056
　　技能学习 ········· 062
　　　一、劳动安全与卫生 ········· 062
　　　二、焊前准备 ········· 063
　　　三、对焊 ········· 067
　　　四、搭焊 ········· 069
　　　五、焊接质量检查 ········· 071
　　　六、焊后处理 ········· 071

任务2　CO_2 气体保护塞焊 ········· 072
　　学习目标 ········· 072
　　案例分析 ········· 072
　　相关知识 ········· 073
　　　一、塞焊的作用 ········· 073
　　　二、塞焊的焊珠形成 ········· 074
　　　三、塞焊注意事项 ········· 074
　　　四、提高塞焊质量的途径 ········· 074
　　技能学习 ········· 075
　　　一、劳动安全与卫生 ········· 075
　　　二、焊前准备 ········· 075
　　　三、焊接施工 ········· 076
　　　四、焊接质量检查 ········· 077
　　　五、焊后处理 ········· 077
　　知识与技能拓展 ········· 077
　　一、药芯焊丝 CO_2 气体保护焊的特点 ········· 078
　　二、药芯焊丝 ········· 078
　　　三、焊接工艺参数 ········· 078

思考与练习 ·· 079
项目三　惰性气体保护焊 ·· 081
　任务1　熔化极惰性气体保护焊 ·· 081
　　学习目标 ·· 081
　　案例分析 ·· 081
　　相关知识 ·· 082
　　　一、铝合金的焊接特性 ·· 082
　　　二、熔化极惰性气体保护焊的基本原理 ····································· 086
　　　三、熔化极惰性气体保护焊的特点 ·· 086
　　　四、焊接设备、工具与材料 ·· 087
　　技能学习 ·· 090
　　　一、劳动安全与卫生 ··· 090
　　　二、焊前准备 ·· 090
　　　三、焊接施工 ·· 092
　　　四、焊接质量检查 ·· 095
　　　五、焊后处理 ·· 095
　任务2　钨极惰性气体保护焊 ·· 095
　　学习目标 ·· 095
　　案例分析 ·· 095
　　相关知识 ·· 097
　　　一、不锈钢的焊接特性 ·· 097
　　　二、钨极惰性气体保护焊的基本原理 ··· 098
　　　三、钨极惰性气体保护焊的特点 ··· 098
　　　四、钨极惰性气体保护焊的设备与工具 ······································ 099
　　　五、气体保护效果 ·· 106
　　技能学习 ·· 110
　　　一、劳动安全与卫生 ··· 110
　　　二、焊前准备 ·· 111
　　　三、焊接施工 ·· 117
　　　四、焊接质量检查 ·· 121
　　　五、焊后处理 ·· 121
　　知识与技能拓展 ·· 121
　　　一、特种钢铁材料及其焊接特点 ··· 121
　　　二、有色金属材料及其焊接特点 ··· 126
　　思考与练习 ·· 129
项目四　气焊与钎焊 ··· 132
　任务1　气焊 ··· 132
　　学习目标 ·· 132
　　案例分析 ·· 132

相关知识 ··· 133
　　　　一、气焊的基本原理 ·· 133
　　　　二、气焊的特点及应用 ·· 133
　　　　三、气焊火焰 ·· 134
　　　　四、焊接设备、工具与材料 ··· 135
　　技能学习 ··· 139
　　　　一、劳动安全与卫生 ·· 139
　　　　二、焊前准备 ·· 140
　　　　三、焊接施工 ·· 144
　　　　四、焊接质量检查 ··· 148
　　　　五、焊后处理 ·· 148
　任务2　钎焊 ··· 148
　　学习目标 ··· 148
　　案例分析 ··· 148
　　相关知识 ··· 149
　　　　一、钎焊的基本原理 ·· 149
　　　　二、钎焊的特点与分类 ··· 149
　　　　三、钎焊的接头设计 ·· 150
　　　　四、焊接设备、工具与材料 ··· 151
　　技能学习 ··· 152
　　　　一、劳动安全与卫生 ·· 152
　　　　二、焊前准备 ·· 153
　　　　三、焊接施工 ·· 156
　　　　四、焊接质量检查 ··· 158
　　　　五、焊后处理 ·· 159
　知识与技能拓展 ··· 159
　　　　一、气割 ·· 159
　　　　二、锡钎焊 ··· 164
　思考与练习 ··· 168
项目五　电阻点焊 ·· 171
　学习目标 ··· 171
　案例分析 ··· 171
　相关知识 ··· 172
　　　　一、电阻焊的分类、特点及应用 ·· 172
　　　　二、电阻点焊的基本原理 ·· 174
　　　　三、点焊接头 ·· 177
　　　　四、点焊设备与工具 ·· 179
　　　　五、挤压式点焊分类及特点 ·· 180
　　　　六、不等厚度板件的点焊方法 ·· 182

技能学习 …………………………………………………… 182
　一、劳动安全与卫生 ………………………………… 182
　二、焊前准备 ………………………………………… 182
　三、焊接施工 ………………………………………… 186
　四、焊接质量检查 …………………………………… 190
　五、电阻点焊常见质量问题及原因 ………………… 192
　六、焊后处理 ………………………………………… 193
知识与技能拓展 …………………………………………… 193
　一、高能量密度焊在车身焊接中的应用 …………… 193
　二、空气等离子弧切割 ……………………………… 195
思考与练习 ………………………………………………… 201

参考文献 ………………………………………………… 203

项目一

手工电弧焊

任务1 焊接前的准备

学习目标

1. 能够掌握焊接的定义和类型。
2. 能够了解焊接电弧的物理学原理。
3. 能够掌握车身焊接常用方法的特点及应用范围。
4. 能够了解焊接成形基本术语的含义。
5. 能够掌握车身焊接安全操作规程。(符合"1+x 汽车车身钣金修护与车架调校技术(中级)任务1. 工作安全,1.3 钣金设备使用注意事项"的要求)
6. 能够了解焊接防护用品的作用及正确使用方法。(符合"1+x 汽车车身钣金修护与车架调校技术(中级)任务1 工作安全,1.2 安全注意事项"的要求)

案例分析

在车身焊接作业中,存在大量的污染和不安全因素,例如产生弧光辐射、有害粉尘、有毒气体、高频电磁场、射线和噪声等,如图1-1所示。操作人员需要与各种易燃易爆气体、压力容器、电气设备及各种复杂车身材料等相接触,会引起火灾、爆炸、触电、烫伤、急性中毒和高处坠落等事故,造成操作人员尘肺、慢性中毒、血液疾病、眼疾和皮肤病等职业病,严重地危害着焊接作业人员的安全与健康。因此了解焊接基础知识和安全防护知识,预防各类危害的发生以及能对意外事故进行应急处置,是每个车身焊接维修人员必须具备的能力。

图1-1 焊接作业

相关知识

一、焊接与焊接电弧

1. 焊接

焊接是指被焊工件的材质（同种或异种），通过加热或加压或两者并用，并且用或不用填充材料，使工件的材质达到原子间的结合而形成永久性连接的工艺过程。

金属的焊接，按其工艺过程的特点分有熔焊、压焊和钎焊三大类，如图1-2所示。

熔焊是在焊接过程中将工件接口加热至熔化状态，不加压力完成焊接的方法。熔焊时，热源将待焊两工件接口处迅速加热熔化，形成熔池。熔池随热源向前移动，冷却后形成连续焊缝而将两工件连接成为一体。常用的有电弧焊和气焊。

压焊是在加压条件下，使两工件在固态下实现原子间结合的方法，又称固态焊接。常用的压焊工艺为电阻对焊，当电流通过两工件的连接端时，该处因电阻很大而温度上升，当加热至塑性状态时，在轴向压力作用下连接成为一体。

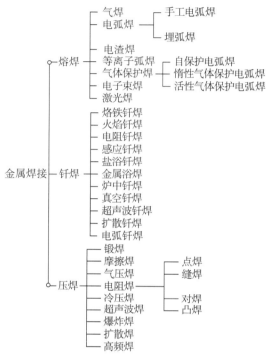

图1-2 焊接方法的分类

钎焊是使用比工件熔点低的金属材料作钎料，将工件和钎料加热到高于钎料熔点、低于工件熔点的温度，利用液态钎料润湿工件，填充接口间隙并与工件实现原子间的相互扩散，从而实现焊接的方法。

2. 焊接电弧

电弧是一种气体放电现象。如图1-3所示，当两电极之间达到一定的电位差时，电极间的气体便能够导电而形成电弧。电弧其实就是带电粒子通过两电极之间气体空间的一种导电过程。

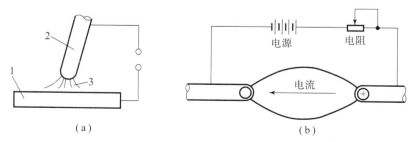

图1-3 电弧示意图

电弧具有良好的热特性，即它能放出强烈的光，产生大量的热，并且电弧的温度高，热量集中，足以熔化所有金属，因此是一种理想的焊接热源。

焊接电弧可分为3个区域：阴极区、阳极区和弧柱区，如图1-4所示。电弧的热能由3个区域共同产生，但各区域的过程特点不同，所放出的能量及温度的分布也不同。

1）阴极区

电弧中紧靠负极的区域称为阴极区，阴极区很窄，为$10^{-6} \sim 10^{-5}$ cm。在阴极区的阴极表面有一个明显的光斑点，它是电弧放电时，负极表面上集中发射电子的区域，称为阴极斑点。阴极区的温度一般为2 130℃~3 230℃，放出的热量占总热量的36%左右。

2）阳极区

电弧紧靠正电极的区域称为阳极区。阳极区较阴极区宽，为$10^{-4} \sim 10^{-3}$ cm。在阳极区的阳极表面也有光亮的斑

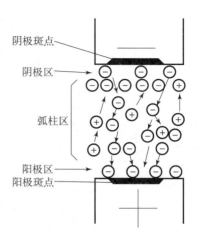

图1-4 焊接电弧的构造

点，它是电弧放电时，正电极表面集中接收电子的区域，称为阳极斑点。阴极发射电子时需消耗一定的能量，而阳极不发射电子，因此当两极材料相同时，阳极区温度略高于阴极区。阳极区温度一般为2 330℃~3 930℃，放出的热量占总热量的43%左右。对于交流电弧，因其电源的极性周期性改变，两电极区的温度基本一致。

3）弧柱区

电弧阴极区与阳极区之间的部分称为弧柱区。阴极区和阳极区都很窄，因此弧柱区的长度基本上等于电弧长度。弧柱区的中心温度高达5 730℃~7 730℃，与电极材料无关，主要取决于弧柱区气体介质和焊接电流的大小。焊接电流越大，弧柱区温度越高。弧柱区放出的热量占总热量的21%左右。

电弧两电极之间的电压降称为电弧电压。电弧电压等于阴极区电压降、阳极区电压降和弧柱区电压降之和，而弧柱区电压降与电弧长度成正比，因此电弧越长，弧柱区电压降越大，电弧电压也就越高。

二、车身维修常用焊接方法

车身维修焊接方法有多种，如图1-5所示，应根据车身部件的使用要求和汽车制造厂对维修作业的要求，选择合适的焊接方法。车身维修作业中常见的焊接方法有以下几种。

1. 手工电弧焊

手工电弧焊（简称手弧焊）是以手工操作的焊条和被焊接工件作为两个电极，利用焊条与焊件之间的电弧热量熔化金属进行焊接的方法。手工电弧焊不仅可以焊接各种碳钢、低合金结构钢、不锈钢、铸铁以及部分高合金钢，还能焊接多种有色金属，如铝、铜、镍及其合金等。手工电弧焊方法的应用范围已涉及67%以上的可焊金属和90%以上的常用金属材料。

在汽车车身修复作业中，手工电弧焊可用于断裂零件的焊接及磨损零件的焊补等。其特点是价格低廉，操作灵活，适应性强，焊接速度快，强度高，零件变形小。但手工电弧焊的生产效率低，焊工劳动条件差；在焊接过程中，要进行清渣、更换焊条等工作，焊接过程不能连续进行；焊工劳动强度大，受弧光辐射、焊接高温、有害烟尘等影响，劳动保护要求

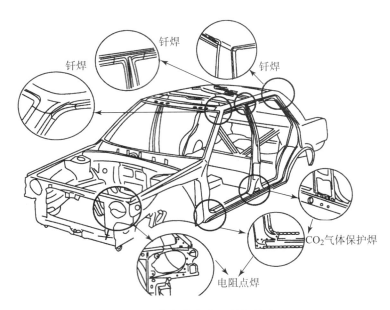

图 1-5 车身维修常用的焊接方法

高;焊接质量在一定程度上取决于焊工的实际操作技术水平。

2. 气焊

气焊是利用可燃气体与助燃气体混合燃烧后,产生的高温火焰对金属材料进行熔化焊的一种方法。生产中,常常利用乙炔气和氧气混合燃烧产生的热能来焊接较薄的钢件、低熔点材料(有色金属及其合金)、需要预热和缓冷的工具钢及铸铁;火焰钎焊、堆焊以及构件变形的火焰矫正等。在汽车钣金作业中,气焊是最常用的方法之一。

3. 气体保护焊

利用气体作为电弧介质并保护电弧和焊接区的电弧焊称为气体保护电弧焊(简称气体保护焊)。气体保护焊通常按照电极是否熔化和保护气体不同,分为非熔化极(钨极)惰性气体保护焊(TIG焊)和熔化极气体保护焊(GMAW)。熔化极气体保护焊包括熔化极惰性气体保护焊(MIG焊)、氧化性混合气体保护焊(MAG焊)、CO_2气体保护焊和管状焊丝气体保护焊(FCAW)。

惰性气体保护焊原理

(1)熔化极惰性气体保护焊是以连续送进的焊丝作为熔化电极,采用惰性气体作为保护气体的电弧焊方法,简称 MIG(Metal Inertia Gas)焊。在汽车钣金焊接维修作业中,熔化极惰性气体保护焊是最常用的方法之一,它主要应用于一些活性较强金属的焊接,例如不锈钢、耐热合金、铜合金及铝镁合金等。

(2)CO_2 气体保护电弧焊是利用 CO_2 作为保护气体的熔化极电弧焊方法,简称 CO_2 焊。由于 CO_2 是具有氧化性的活性气体,与惰性气体和以惰性气体为基础的活性混合气体保护电弧焊相比,CO_2 焊具有成本低、抗氢气孔能力强、适合薄板焊接、易进行全位置焊接等优点,所以广泛应用于低碳钢和低合金钢等黑色金属材料的焊接。对于焊接不锈钢,因焊缝金属有增碳现象,影响抗腐蚀性能,因此使用较少。对容易氧化的有色金属如 Cu、Al、Ti 等,则不能应用 CO_2 焊。

（3）钨极惰性气体保护焊（Tungsten Inert Gas Weiding，TIG 焊），是以高熔点的纯钨或钨合金作电极，用惰性气体（氩气、氦气）或其混合气体作保护气的一种非熔化极电弧焊方法。TIG 焊几乎可以焊接所有的金属及合金。但从经济性及生产率考虑，TIG 焊主要用于焊接不锈钢、高温合金和铝、镁、铜、钛等金属及其合金，以及难熔金属（如锆、钼、铌）与异种金属。对于低熔点和易蒸发金属（如铅、锡、锌等），焊接较困难。由于受承载能力的限制，TIG 焊一般适宜于焊接薄件，钨极氩弧焊用于焊接厚度小于 6 mm 的构件，钨极氦弧焊的焊接板厚可适当大些。因此非常适合汽车车身板材的焊接，特别是一些有色金属的焊接。

4. 电阻点焊

电阻点焊是在电极压力作用下，通过电阻热来加热熔化金属，断电后在压力下结晶而形成焊点的焊接方法。汽车制造时，车辆各类钢板制件大多使用点焊方式连接。在对汽车车身进行板件更换、挖补等方式修理时，也应使用点焊。

点焊

5. 钎焊

钎焊只能用在车身密封结构处，在焊接过程中只熔化钎料，而不熔化金属板件。钎焊过程中，两块板件在较低温度下结合在一起，所以板件的变形和应力较小。由于板件不易熔，故能够实现异种金属的焊接。钎焊类似于将两个物体粘在一起，接头的强度较差，因此只能对强度要求不高的位置使用钎焊，不可随意使用。

车身维修中，必须采用合适的焊接方法才能维持原有车身上的强度和耐久度。为了达到此要求，我们可遵循以下基本事项：

（1）焊接方法优先选择点焊、CO_2 气体保护焊或惰性气体保护焊（MIG）。

（2）除了汽车制造厂指定要求使用钎焊的部位外，其他部位不推荐使用钎焊。

（3）尽量避免使用氧—乙炔焊接。

三、焊接成形

1. 焊接坡口

根据设计或工艺需要，在焊件待焊部位加工并装配成的一定几何形状的沟槽，称为坡口。利用机械、火焰或电弧等方法加工坡口的过程称为开坡口。开坡口要根据钢板的厚度来决定，一般板厚超过 3 mm 才需要开坡口，来保证焊缝质量及牢固度。

坡口的形式有很多，其基本形式有 I 形坡口、V 形坡口、X 形坡口和 U 形坡口，如图 1-6 所示。其他类型的坡口可在基本坡口形式上发展起来。

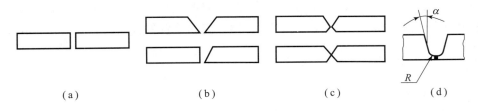

图 1-6 坡口的形式

(a) I 形坡口；(b) V 形坡口；(c) X 形坡口；(d) U 形坡口

2. 焊接接头

用各种焊接方法连接的接头叫焊接接头，如图 1-7 所示。焊接接头由三部分组成：焊缝、熔合区和热影响区。

焊缝是工件经焊接后形成的结合部分，通常由熔化的母材和焊材组成。

热影响区是焊接过程中未熔化，但因受焊接热量影响而发生组织和力学性能变化的区域。

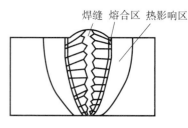

图 1-7 焊接接头示意图

熔合区介于焊缝与热影响区之间，是焊缝与母材的交接过渡，它是刚好加热到熔点与凝固温度区间，处于半熔化状的部分。

由于焊件厚度、结构形状以及使用条件和质量要求不同，其接头形式也不相同。焊接接头的形式很多，其基本形式可分为四种：对接接头、T 形接头、角接接头和搭接接头，如图 1-8 所示。其他类型的接头有十字接头、端接接头、斜对接接头、卷边接头、套管接头和锁底对接接头等。

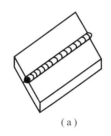 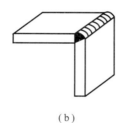 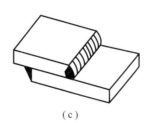 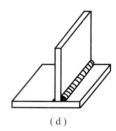

(a) (b) (c) (d)

图 1-8 焊接接头的基本形式
(a) 对接接头；(b) 角接接头；(c) 搭接接头；(d) T 形接头

(1) 对接接头。两焊件表面构成大于或等于 135°，且小于或等于 180°夹角的接头称为对接接头，它是各种焊接结构中采用最多的一种接头形式。对接接头的应力集中相对较小，能承受较大载荷。

(2) 角接接头。两焊件表面间构成大于 30°，且小于 135°夹角的接头称为角接接头。这种接头承载能力很差，一般用于不重要的焊接结构或箱形物体上。

(3) 搭接接头。两焊件部分重叠放置构成的接头称为搭接接头。搭接接头应力分布不均匀，承载能力较低，但是由于搭接接头焊前准备和装配工作简单，焊后横向收缩量也较小，因此在焊接结构中仍得到应用。

(4) T 形接头。一焊件的端面与另一焊件表面构成直角或近似直角的接头称为 T 形接头。T 形接头承载能力低，应力分布不均匀，但它能承受各种方向的力和力矩，在生产中应用也很普遍。

3. 焊缝

1) 焊缝的形成过程

电弧焊中，母材金属和焊丝金属受电弧热作用被熔化。随着电弧的前移，处于电弧正下方的母材依次被加热、熔化，此时，焊丝端头形成的熔滴在电弧力、重力等作用下进入熔化的母材，共同形成具有一定形状和尺寸的熔池，如图 1-9 所示。

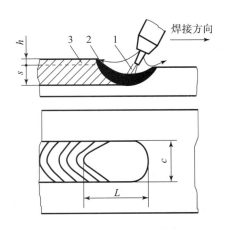

图 1-9 熔池形状示意图

1—电弧;2—熔池金属;3—已凝固的焊缝金属;s—熔池深度;c—熔池宽度;L—熔池长度;h—余高

由于熔池中各部分与电弧热源中心距离不同及周围散热条件不同等,使熔池的温度分布不均匀,如图 1-10 所示。熔池各区域温度分布不均匀决定了熔池的凝固有先后之分。处于电弧正下方(称为头部)的部位温度高,而离电弧稍远部位(称为尾部)的温度低。电弧不断移动,电弧正下方的母材不断被熔化,与填充金属共同构成熔池金属。熔池随电弧的移动不断前移,熔池尾部因远离电弧热源,输入热量少于散失热量,温度下降,先后结晶形成焊缝,直到焊接过程结束。

2)焊缝的类型

通常情况下,焊缝是以所在空间位置、结合形式和焊缝连续情况进行分类的。

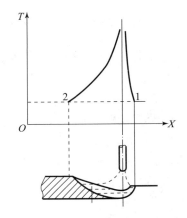

图 1-10 熔池内沿焊缝纵向轴线上的温度分布示意图

1—熔池头部;2—熔池尾部

根据焊缝所在空间位置的不同,焊缝可分为平焊缝、横焊缝、立焊缝和仰焊缝四种形式,如图 1-11 所示。对相应空间位置的焊缝的焊接分别称为平焊、横焊、立焊、仰焊。

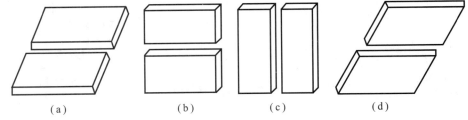

图 1-11 焊缝的空间位置

(a)平焊缝;(b)横焊缝;(c)立焊缝;(d)仰焊缝

根据结合形式的不同,焊缝主要分为对接焊缝和角接焊缝,另外还有塞焊缝和端接焊缝。对接焊缝各部分的名称如图 1-12 所示,角接焊缝各部分的名称如图 1-13 所示。

连续焊

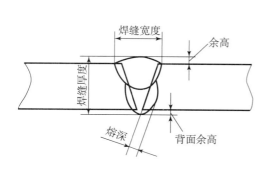

图1-12 对接焊缝各部分的名称

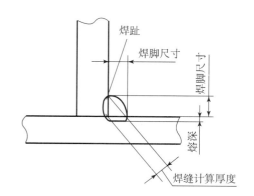

图1-13 角接焊缝各部分的名称

根据焊缝的连续情况,焊缝可分为连续焊缝和断续焊缝,且大部分应用连续焊缝,但在车身维修焊接中多使用断续焊缝。

四、焊接工艺参数对焊缝成形的影响

焊接工艺参数包括焊接电流、电弧电压、焊接速度、焊丝直径、电流种类和极性等。不同的焊接工艺参数对焊缝成形的影响也不同。通常将对焊接质量影响较大的工艺参数称为焊接参数。

1. 焊接电流对焊缝成形的影响

焊接电流主要影响焊缝熔深。其他条件一定时,随着电流的增大,电弧力和电弧对工件的热输入量及焊丝的熔化量增大,焊缝熔深和余高增加,而熔宽几乎不变,成形系数减小,如图1-14所示。

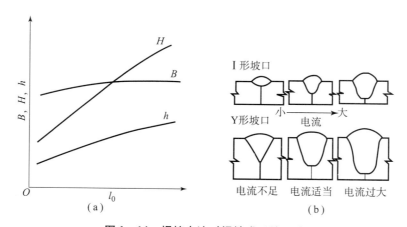

图1-14 焊接电流对焊缝成形的影响
(a)影响规律;(b)焊缝成形的变化

2. 电弧电压对焊缝成形的影响

电弧电压主要影响焊缝熔宽。其他条件一定时,随电弧电压的增大,熔宽显著增加,而熔深和余高略有减小,熔合比稍有增加,如图1-15所示。不同的焊接方法对成形系数自身有特定要求。因此,为得到合适的焊缝成形,一般在改变间接电流时对电弧电压也应进行适当地调整。

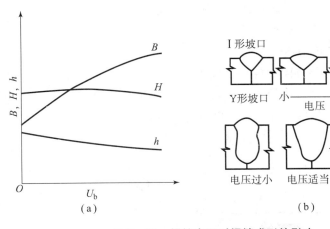

图 1-15 焊接电压对焊缝成形的影响
(a) 影响规律；(b) 焊缝成形的变化

3. 焊接速度对焊缝成形的影响

如图 1-16 所示，焊接速度的快慢主要影响母材的热输入量。其他条件一定时，提高焊接速度，单位长度焊缝的热输入量及焊丝金属的熔敷量均减小，故熔深、熔宽和余高都减小，熔合比几乎不变。提高焊接速度是提高生产率的主要途径之一。要保证一定的焊缝尺寸，必须在提高焊接速度的同时相应地提高焊接电流和电弧电压。

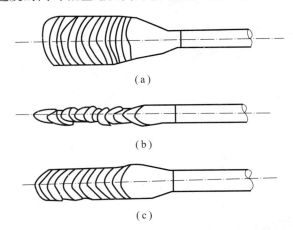

图 1-16 焊接速度对焊缝成形的影响
(a) 太慢；(b) 太快；(c) 适中

4. 电流种类和极性对焊缝成形的影响

电流种类和极性对焊缝形状的影响与焊接方法有关。熔化极气体保护焊和埋弧焊采用直流反接时，焊件（阴极）产生热量较多，熔深、熔宽都比直流正接大。交流焊接时，熔深、熔宽介于直流正接与直流反接之间。在钨极氩弧焊或酸性焊条电弧焊中，直流反接熔深小；直流正接熔深大；交流焊接介于上述两者之间。

5. 焊丝直径和伸出长度及钨极端部形状对焊缝成形的影响

当焊接电流、电弧电压及焊接速度给定时，焊丝直径越细，电流密度越大，对焊件加热越集中；同时电磁收缩力增大，焊丝熔化量增多，使得熔深、余高均增大。焊丝伸出长度增加,电阻增大,电阻热增加,焊丝熔化速度加快,余高增加,熔深略有减小。焊丝电阻率越高,直径越细,伸出长度越长,这种影响越大。

6. 电极倾角对焊缝成形的影响

电弧焊时,根据电极倾斜方向和焊接方向的关系,分为电极前倾和电极后倾两种,如图1-17所示。电极前倾时,熔宽增加,熔深、余高均减小。前倾角越小,这种现象越突出。电极后倾时,情况刚好相反。焊条电弧焊时,多数采用电极后倾法,倾角一般为65°~80°。

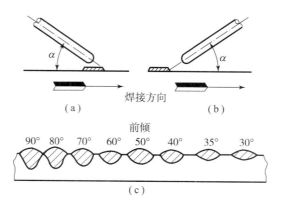

图1-17 电极倾角对焊缝成形的影响

(a)前倾;(b)后倾;(c)前倾时倾角影响

7. 焊件倾角对焊缝成形的影响

实际焊接时,有时因焊接结构等条件的限定,焊件摆放存在一定的倾斜,重力作用使熔池中的液态金属有向下流动的趋势,在不同的焊接方向产生不同的影响。下坡焊时,重力作用阻止熔池金属流向熔池尾部,电弧下方液态金属变厚,电弧对熔池底部金属的加热作用减弱,熔深减小,余高和熔宽增大;上坡焊时,熔池金属在重力及电弧力的作用下注射熔池尾部,电弧正下方液体金属层变薄,电弧对熔池底部金属的加热作用增强,因而熔深和余高均增大,熔宽减小,如图1-18所示。

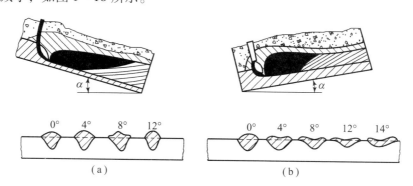

图1-18 工件倾角对焊缝成形的影响

(a)上坡焊;(b)下坡焊

8. 坡口和间隙对焊缝成形的影响

焊件是否要开坡口、是否要留间隙及留多大尺寸,均应视具体情况确定。采用对接形式焊接薄板时不需要留间隙，也不需要开坡口。板厚较大时，为了焊透焊件需留一定间隙或开坡口，此时余高和熔合比随坡口或间隙尺寸的增大而减小，如图1-19所示。

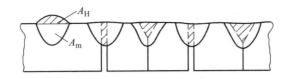

图1-19　间隙和坡口对焊缝成形的影响

9. 焊件材料和厚度对焊缝成形的影响

不同的焊件材料，其热物理性能不同。相同条件下，导热性好的材料，熔化单位体积金属所需热量多，在热输入量一定时，它的熔深和熔宽就小。材料的密度或液态黏度越大，则电弧对熔池液态金属的排开越困难，熔深越浅。当其他条件相同时，焊件厚度越大，散热越多，熔深和熔宽越小。

10. 焊剂、焊条药皮和保护气体对焊缝成形的影响

采用焊剂的种类不同，电弧的稳定性也不同。当焊剂密度小、颗粒度大或堆积高度小时，熔深和余高较小，熔宽也较小。焊条药皮的作用与焊剂相似。不同成分的保护气体对焊缝成形的影响如图1-20所示。

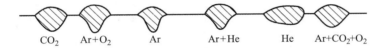

图1-20　保护气体成分对焊缝成形的影响

另外，诸如焊接夹具等外部散热情况对焊缝成形也有影响。如果夹具导热性好，且夹持部位靠近焊缝，则通过夹具传导散热较多，使熔池获得的热量减小，熔深、熔宽减小。

总之，影响焊缝成形的因素很多，想获得良好的焊缝，需根据焊件的材料和厚度、焊缝的空间位置、接头形式、工作条件，以及对接头性能和焊缝尺寸要求等，选择合适的焊接方法和焊接工艺参数。

五、焊缝成形缺陷及产生原因

熔焊时，因受焊接方法、焊接材料及焊接工艺等因素的影响，焊缝会产生不同类型的缺陷。

1. 焊缝外形尺寸不符合要求

焊缝外形尺寸不符合要求主要包括焊缝表面高低不平、焊缝波纹粗劣、纵向宽度不均匀、余高过高或过低等，如图1-21所示。

上述不符合要求的外形尺寸，除会造成焊缝成形不美观外，还会影响焊缝与母材金属的结合强度。余高过高，易在焊缝与母材连接处形成应力集中；余高过低，则焊缝承载面积减小，接头的承载能力降低。

导致焊缝尺寸不符合要求的主要原因有焊件所开坡口角度不当、装配间隙不均匀、焊接参数选择不合适及操作人员技术不熟练等。

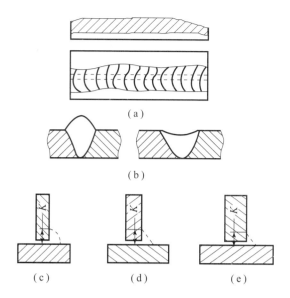

图 1-21 焊缝尺寸不符合要求
（a）焊缝高低不平、宽度不均、波纹粗劣；（b）余高过高或过低；（c）余高过高；（d）过渡不圆滑；（e）合适

2. 咬边

焊趾处被熔化的母材因填充金属不足而产生缺口的现象称为咬边（也称咬肉），如图 1-22 所示。由图 1-22 可见，咬边一方面使接头承载截面减小、强度降低；另一方面造成咬边处应力集中，接头承载后易引起开裂。

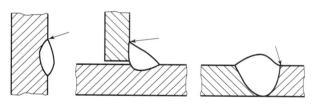

图 1-22 咬边

当采用大电流调整焊接或焊角焊缝时一次焊接的焊脚过大，电压过高或焊枪角度不当，都可能产生咬边现象。因此，正确选择焊接参数及熟练掌握焊接操作技术是防止咬边的有效措施。

3. 未焊透

熔焊时，焊接接头根部未熔透，或在焊道与母材之间、焊道与焊道之间未能完全熔化接合的部分，称为未焊透，如图 1-23 所示。未焊透处易产生应力集中，使接头力学性能下降。

形成未焊透的主要原因是焊接电流过小、焊速过高、坡口尺寸不合适及焊丝偏离焊缝中心等。为防止产生未焊透，应正确选择焊接参数、坡口形式及装配间隙，并确保焊丝对准焊缝中心。

4. 焊瘤

熔焊时，熔化的金属流到焊缝以外未熔化的母材上而形成金属瘤的现象称为焊瘤，也称满溢，如图 1-24 所示。

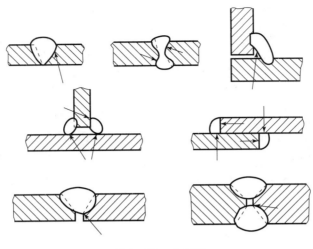

图 1-23 未焊透

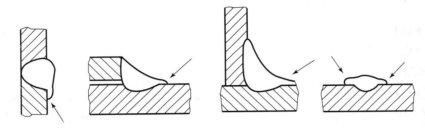

图 1-24 焊瘤

焊瘤主要是由填充金属量过多引起的。当坡口尺寸较小、焊速过低、电压过低、焊丝偏离焊缝中心以及焊丝伸出长度过长等时都可能产生焊瘤。在各种焊接位置中，平焊时产生焊瘤的可能性最小。

5. 焊穿及塌陷

焊缝上形成穿孔的现象，称为焊穿；熔化的金属从焊缝背面漏出，使焊缝下面下凹、背面凸起的现象，称为塌陷。如图 1-25 所示。

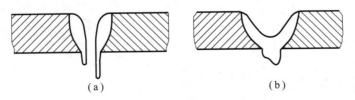

图 1-25 焊穿及塌陷
(a) 焊穿；(b) 塌陷

形成上述缺陷的主要原因有电流过大、焊速过小或坡口间隙过大等。在气体保护电弧焊时，气体流量过大也可能导致焊穿。

6. 弧坑

焊缝收尾处下陷的现象称为弧坑，如图 1-26 所示。形成弧坑的主要原因是熄弧时电流过大或熄弧过快而造成填充金属不足。

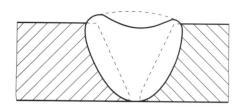

图 1-26　弧坑

为避免产生弧坑，应根据不同的焊接方法采取不同的措施：电弧焊收弧时，应使焊条在收尾处做短暂停留，逐渐拉长电弧，使填充金属填满熔池；埋弧焊收尾时，应分步按下"停止"按钮，不能一次按到底突然熄弧。另外，在焊接设备上设置电流衰减装置，同样可有效避免弧坑产生。

一、车身焊接安全操作规程

车身修理过程中必须做好生产场所的安全保护工作，保证生产环境、劳动对象和操作者的安全，营造良好的生产环境。

1. 车间环境安全

汽车车身维修生产场所会产生很多有毒有害的气体和灰尘，例如使用具有强烈挥发成分的化学制剂和进行焊接操作时产生的有毒有害烟气等，对人体具有极大的损害。因此，操作人员要做好劳动防护工作，尤其是呼吸系统的保护，最好在通风良好的环境下进行。因此，生产车间要具有良好的通风换气设施，对有害气体成分还要做好过滤工作，然后才能排放到大气中去，如图 1-27 所示。

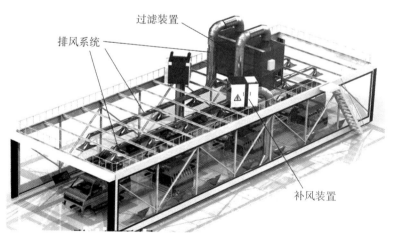

图 1-27　车间通风换气设施示意图

2. 工具设备的安全使用

车身修理人员必须具有强烈的安全操作意识，特别是使用工具设备时更应如此。

（1）手动工具必须保持干净整洁和状态完好，任何断裂、毛刺和削口等都有可能造成操作者受伤或引起被修车辆及其他工具设备不必要的损伤，油污可能会造成手动工具脱落而引发危险。

（2）专用工具除用于专门场合外，不得用于其他任何操作，对于量具等精密器械更应妥善保管。

（3）使用电动工具时要确保接地可靠；检查绝缘状况；在接通电源之前确保开关处于关闭状态，用完应切断电源；使用手持电动工具时不要站在潮湿的地面上。

（4）进行动力打磨、修整和钻削等工作时，必须戴护目镜；使用高速电钻时不得戴手套；打磨小件时不得用手持握工件。

（5）使用液压千斤顶和其他液压工具时，要保证使用的安全性，做好防护工作。在举升器等设备下工作时要确保安全锁工作正常。

（6）使用电气焊或明火操作时要注意防火，设备使用完毕要将设备安放在特定的场地，关闭电源和气源。

（7）在车上进行电气等设备操作时要注意电气管路不要被车身上的锐利断口切断，避免发生危险。

（8）在进行任何操作时，不要把冲子或其他尖锐的手动工具放到口袋里，以免刺伤自己或损坏车辆。

（9）将所有的零件和工具整齐、正确地存放在指定位置，保证其他工作人员不会被绊倒，同时还能缩短寻找零件或工具的时间。

（10）在用动力设备对小零件进行操作时，不要一手持零件、一手持工具操作，否则零件容易滑脱，造成手部严重伤害。在进行研磨、钻孔和打磨时，一定要使用夹紧钳或台钳固定小零件。

（11）焊接用的气瓶要固定牢靠，防止倾倒产生危险。使用完毕后应关上气瓶顶部的主气阀，避免气体泄漏流失或爆炸。

（12）不要用压缩空气来清洁衣物。压缩空气不能直接对着皮肤吹，即使是在较低的压力下，压缩空气也能使灰尘粒子嵌入皮肤，可能造成皮肤发炎。

（13）焊机的电缆线外皮必须完整、绝缘良好、柔软。焊机电缆线应使用整根电缆线，中间不应有连接接头。当电缆线需要接长时，应使用接头连接器连接，连接处应保持绝缘良好，而且接头不宜超过两个。

（14）焊机应按额定负载持续率和额定电流使用，严禁超载运行，避免绝缘烧损。

（15）焊机必须装有独立的专用电源开关，其容量应符合要求。禁止多台焊机共用一个电源开关。

3. 车辆在场地内的安全

车辆在进入修理场地后要做好以下防护措施：

（1）须做好驻车制动工作，关闭发动机，将挡位置于空挡。

（2）进行车辆举升操作时要做好车辆的支撑工作，并保证支撑安全。

（3）将车辆的蓄电池拆下，保证车辆用电设备的安全，且点火开关处于关闭状态。

（4）车辆关闭后，待炽热部件（排气管、消声器等）冷却后方可进行有关操作。车辆如有汽油、机油泄漏等，必须采取措施，防止火灾。

（5）禁止焊接车辆的油箱，也不要在油箱附近进行高热的操作。

4. 消防安全

生产车间的消防安全至关重要，除要做好各项防火措施外，常备灭火器也是防火的重要措施，以便火灾发生时能够进行及时处理。在车间修理操作时，应注意以下消防安全事项：

（1）车身修理车间禁止吸烟，否则车间内大量易燃物可能引发火灾。

（2）在车间内不要随身携带火柴或打火机。

（3）易燃材料应远离热源。不要在调漆间附近使用割炬或焊接设备；车身隔声材料易燃，在对车身板件进行焊接或用割炬及等离子弧切割时必须先将隔声材料拆下。

（4）进行焊接或切割时，高热量的火星能够运动很长一段距离，故不要在油漆、稀释剂或其他可燃液体或材料周围进行焊接或切割，不要在蓄电池周围进行焊接或研磨。

（5）燃油箱应当排空后拆下。当在燃油箱加油管周围进行作业时，还应将其拧紧并盖上湿抹布。

（6）在车辆内饰旁边进行焊接或切割时，应拆下座位或地板垫，也可用一块浸水的布或焊接毯盖上，最好在旁边备一桶水或一个灭火器。

（7）在车间，一般都要配备水龙头、灭火器和防火沙等灭火材料。

（8）多用途的干粉灭火器可扑灭易燃物、易燃液体和电气火灾，必须在紧急情况发生之前掌握灭火器的使用方法。

（9）在发生火灾时，不要打开门窗，防止空气流动使火势加大。

（10）灭火器应该定期检查、定期重新加注灭火剂。灭火器要摆放在车间的固定位置，并有明显的标志。

5. 电气安全

车身维修车间的配电设置如图1-28所示，必须由专业电工完成，车身修理人员不得擅自更改，同时在使用电气工具时应遵循以下安全操作规范：

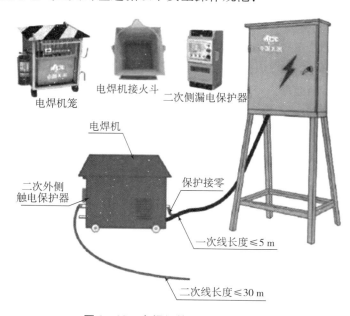

图1-28 电焊机的配线设置示意图

（1）修理电动设备和电动工具前应先断开电源，否则会有电击危险，严重的可能造成死亡。

（2）保持地面无水。水能导电，如果带电导线落入站有人的水坑中会带来电击的危险。在使用电动工具时必须保持地面干燥。

（3）应确保电动工具和设备的电源线正确接地。如果电源线中的接地插头断裂，则应更换插头后再使用工具。定期检查电线的绝缘层有无裂纹或裸露出导线，及时更换有破损的电线。

二、应急处置措施

1. 触电事故的应急处置

1）意外触电自救措施

（1）触电者可以一边呼救一边奋力跳起，使流经身体的电流失去导电线路。

（2）尽力摆脱电源，在跳起时触电者可用一只手迅速抓住电源的绝缘处，将电线从电源插座中拉出，解脱触电状态。

（3）如果触电电器装置在墙面等固定位置，可用脚猛蹬使身体向后倾倒，摆脱电源。

2）意外触电急救步骤

（1）迅速关闭电源，如一时找不到电源，可以用绝缘物（竹竿、木棍等）挑开电线。

（2）立即将触电者抬到通风处，解开衣扣、裤带。若伤者呼吸停止，必须口对口进行人工呼吸和胸外按压，直到急救人员到达现场采取进一步的急救措施。

（3）切忌在发现有人触电时直接接触触电人员，这样不仅不能救到人，还有可能危害自己的生命。

2. 灭火器的使用

灭火器主要按充装的灭火剂进行分类，现行的灭火器分类法把灭火器分为水基型灭火器、干粉型灭火器（ABC灭火器）、二氧化碳灭火器和洁净气体灭火器等4类。焊接场地主要使用的是干粉型灭火器，如图1-29所示。

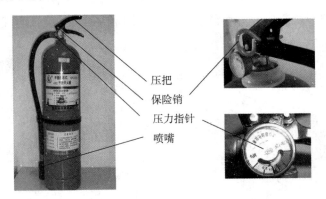

图1-29 干粉型灭火器结构及部分细节

干粉灭火器的使用方法如图1-30所示。

（1）将灭火器翻转摇动数次。

（2）拉出保险销，即拉环。

（3）在距离火焰2 m的地方，对准火焰根部，压下下压把，干粉喷出。

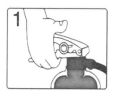  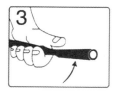 

1.提起灭火器　　2.拔下保险销　　3.握住软管　　4.对准火苗根部扫射

图 1-30　干粉型灭火器的使用方法

注意事项：
（1）不可倒置使用，不要逆风喷射。
（2）要放在好取、干燥、通风处。
（3）不可日晒雨淋，严禁在高温环境下存放。
（4）每年检查两次干粉是否结块，有问题的话要及时更换。
（5）手提式干粉灭火器的报废年限从出厂日期算起，达到 8 年年限的，必须报废。

三、劳动保护

1. 个人防护

1）呼吸系统的防护

在对镀锌钢板进行焊接时产生的焊接烟尘、在进行打磨抛光时产生的微尘及清洗部件时挥发的溶剂和喷射防腐剂时挥发的液滴，都会被吸入呼吸系统，对人体产生暂时的甚至永久的伤害。在进行这些操作时都应该戴呼吸器。

（1）滤筒式呼吸器。滤筒式呼吸器通常有一个橡胶面罩，能够贴合脸部轮廓，保证气密性；有可换的预滤器和滤筒，能够清除空气中的溶剂和其他蒸气；有进气阀和出气阀，保证所有吸入的空气都通过过滤器（图 1-31）。

（2）焊接用呼吸器。焊接用呼吸器上有一个特殊的滤筒（图 1-32），用来吸收焊接灰尘。在对镀锌板材进行焊接时，产生的焊接烟尘和锌蒸气会对人体产生非常大的伤害。

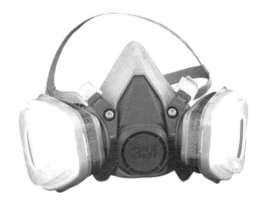

图 1-31　滤筒式呼吸器

图 1-32　焊接用呼吸器

（3）防尘呼吸器。防尘呼吸器一般是用多层滤纸制作的廉价纸质过滤器，它能够阻挡空气中的微粒、粉尘进入人的鼻腔、咽喉、呼吸道和肺部。在进行打磨、研磨或用吹风机吹净板件操作时，应戴防尘呼吸器（图 1-33）。

呼吸器的密封非常重要，它能防止污染的空气通过滤清器进入肺部。因此，使用呼吸器前要检查有无空气泄漏。当使用呼吸器时，呼吸困难或到达更换周期时应更换滤清器。定期检查面罩，确保没有裂纹或变形。呼吸器应保存在气密容器内或塑料自封袋中，保持清洁。

图 1-33　防尘呼吸器

2）头部的防护

在进行修理操作时要戴上安全帽，防止灰尘或油污的污染，保持头发的清洁。在车下作业时要戴硬质安全帽，防止碰伤头部。头发不要过长，工作时要把头发放入安全帽内。

3）眼睛和面部的防护

在进行钻孔、磨削和切削等操作时，应戴护目镜（图 1-34）。在进行可能会造成严重面部伤害的操作时，仅戴护目镜无法提供足够的保护，应戴全尺寸防护面罩（图 1-35）。在进行保护焊、等离子切割等操作时，应戴有深色镜片的头盔（图 1-36）或护目镜。头盔能保护面部免受高温、紫外线或熔化金属的灼伤，变色镜片能保护眼睛免受过亮光线或电弧紫外线的伤害。

图 1-34　护目镜

图 1-35　防护面罩

4）身体的防护

应穿着合体的工作服，不能穿着宽松的衣服。衣物应远离发动机等运动部件，宽松、下垂的衣物可能被绞入运动部件，造成严重的身体伤害。在工作前应摘除佩戴的饰物。在焊接时，裤长要能盖住鞋头，防止炽热的火花或熔化的金属进入鞋子。下身通常可穿上皮质的裤子、绑腿、护脚来防止熔化的金属烧穿衣物，上身的保护包括穿戴焊工夹克或皮围裙（图 1-37）等。

图 1-36　可变光焊接头盔

图 1-37　焊接工作服

如果化学物品（清洁溶剂、油漆清除剂等）溅到衣物上，应立即脱掉衣物。这些化学物品一旦接触皮肤，可能会造成疼痛、发炎或者严重的化学烧伤。

5）手的防护

在焊接时应戴上皮质的手套（图1-38），防止被熔化的金属烧伤。为防止溶液对手的伤害，应戴上手套，在除油作业中可使用不透水手套，如耐油手套。手套的选择可参考手套材料安全数据表，防溶剂手套应在操作腐蚀性较强的溶剂时使用。在离开工作场地时要彻底洗手，以防止吸收任何有害成分。

图1-38 焊接手套

洗手时，建议使用适当的清洁剂。每天工作结束时，要使用一种不含硅的护肤膏滋润皮肤，千万不要把稀释剂当清洁剂来用。

6）腿与脚的防护

在车间工作时，最好穿鞋头有金属片、防滑、绝缘的安全鞋。钢片可以保护脚趾不会被重物砸伤，优质的工作鞋穿着舒适并能够在站立和行走中支撑足弓。在腿部和脚部最好有焊接护腿保护。焊接时，有可能会跪在地上操作，时间长了会引起膝盖损伤，最好穿上护膝。

任务2 手工平敷焊

1. 能够完成本任务的安全及资料查阅。（符合"1+x汽车车身钣金修护与车架调校技术（中级）任务2.准备工作，2.2安全及资料查阅"的要求）

2. 能够掌握手工电弧焊的焊接原理及特点。

3. 能够正确完成焊接前的准备工作，明确焊接操作规范。（符合"1+x汽车车身钣金修护与车架调校技术（中级）任务2.准备工作，2.1修复前的准备工作"的要求）

4. 能够根据手工电弧对焊的特点合理选择焊接工艺参数。（符合"1+x汽车车身钣金修护与车架调校技术（中级）任务4.钣金焊接与切割，4.3焊接切割操作"的要求）

5. 能够正确使用焊接设备及工具进行焊接操作。（符合"1+x汽车车身钣金修护与车架调校技术（中级）任务4.钣金焊接与切割，4.3焊接切割操作"的要求）

6. 能够培养良好的安全、卫生习惯及团队协作意识。

案例分析

前纵梁总成是轿车重要的零部件之一，是轿车车身的结构件，如图1-39所示。在轿车车身设计中，往往通过前纵梁总成的形状、结构和材料等的变化，来达到吸收能量、提高轿车抗正面撞击的要求，是重要的安全件之一。近年来，轿车前纵梁总成正朝着强度高、质量轻的方向发展。

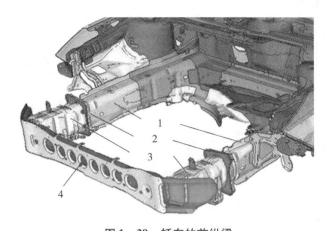

图 1-39 轿车的前纵梁

1—前纵梁；2—连接板；3—吸能盒；4—防撞梁

　　承载式车身前纵梁前端与散热器框架的连接（焊接）部位，由于焊点相对集中，发生撞击或碰撞时，往往会折曲、死褶或破裂，如图 1-40 所示，这给轿车车身的修复工作造成了很大的困难。实际的车身修复过程中，一旦碰到前纵梁折曲、弯曲严重或破裂等状况，往往放弃对前纵梁进行拉伸、整形修复，而是经过粗放拉伸后，对原损伤前纵梁进行科学分割，换上新的前纵梁组件。这就涉及前纵梁的焊接。本任务以车身前纵梁为例，通过完成该任务，分析手工电弧焊的性质、工艺特性及适用范围，知道手工电弧焊的操作流程、相关设备与工具的运用，并独立完成焊接施工。

图 1-40 汽车前纵梁严重损坏

相关知识

一、手工电弧焊的基本原理

　　如图 1-41 所示，手工电弧焊由焊接电源、焊接电缆、焊钳、焊条、焊件、电弧构成回路，焊接时采用焊条和工件接触引燃电弧，然后提起焊条并保持一定的距离，在焊接电源提供合适电弧电压和焊接电流的条件下，电弧稳定燃烧，产生高温，焊条和焊件局部被加热到熔化状态。焊条端部熔化的金属和被熔化的焊件金属熔合在一起，形成熔池。在焊接中，电弧随焊条不断向前移动，熔池也随着移动，熔池中的液态金属逐步冷却结晶后便形成了焊缝，将两焊件焊接在一起。

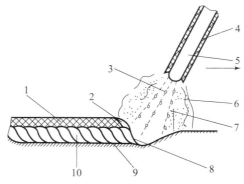

图 1-41 手工电弧焊的焊接过程

1—焊接；2—熔渣；3—熔滴；4—涂层；5—焊芯；6—保护气；7—电弧；8—熔池；9—母材；10—焊缝

在焊接中，焊条的焊芯熔化后以熔滴形式向熔池过渡，同时焊条涂层产生一定量的气体和液态熔渣。产生的气体充满在电弧和熔池周围，以隔绝空气。液态熔渣密度比液态金属密度小，浮在熔池表面，从而起到保护熔池的作用。熔池内金属冷却凝固时，熔渣也随之凝固，形成焊渣覆盖在焊缝表面，防止高温的焊缝金属被氧化，并降低焊缝的冷却速度。在焊接过程中，液态金属与液态熔渣和气体间进行脱氧、去硫、去磷、去氢和渗合金元素等复杂的冶金反应，从而使焊缝金属获得合适的化学成分和组织。

引起电弧燃烧的过程称为电弧引燃。电弧引燃有两种方法：一是高频高压引弧法，主要用于钨极惰性保护焊中；二是接触短路法，用于手工电弧焊中。接触短路引弧法的电弧引燃过程如图 1-42 所示。

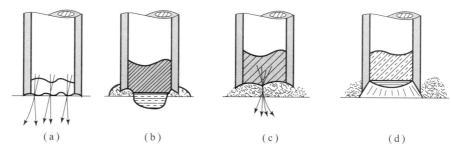

图 1-42 接触短路引弧法的电弧引燃过程

（a）接触短路；（b）局部熔化；（c）焊条拉起产生细颈；（d）细颈爆断，电弧引燃

二、手工电弧焊的特点

手工电弧焊有以下特点：

（1）操作方便，使用灵活，适应性强。其适用于各种钢种、各种位置和各种结构的焊接，特别是对不规则的焊缝、短焊缝、仰焊缝、高空和位置狭窄的焊缝，均能灵活运用、操作自如。

（2）焊接质量好。因电弧温度高，焊接速度较快，热影响区小，故焊接接头的机械性能较为理想。另外，由于焊条和电焊机的不断改进，在常用的低碳钢和低合金钢的焊接结构中，焊缝的机械性能能够有效地控制，达到与母材等强的要求。对于焊缝缺陷，在一定范围内可以通过提高焊工水平、改进工艺措施得到克服。

(3) 手工电弧焊易于分散应力和控制变形。所有焊接结构中，因受热应力的作用，都存在着焊接残余应力和变形，外形复杂的焊缝、长焊缝和大工件上的焊缝，其残余应力和变形问题更为突出。采用手工电弧焊，可以通过工艺调整，如跳焊、逆向分段焊、对称焊等方法，来减少变形和改善应力分布。

(4) 设备简单，使用维护方便。无论交流电焊机还是直流电焊机，焊工都容易掌握，使用可靠，维护方便，不像埋弧焊、电渣焊设备那样复杂。

(5) 由于手工操作生产效率低，故焊工的劳动强度也比较大。

(6) 焊接质量不稳定。手工电弧焊的焊接质量与焊工的技能有关，培训焊工技能的难度较大，且手工操作的随意性比较大，使焊接质量不稳定，这是手工电弧焊的最大缺点。

三、焊接设备与工具

1. 弧焊电源

弧焊电源按所提供的焊接电流种类不同可分为弧焊变压器和弧焊整流器两类。

弧焊电源型号 BX 中的 B 表示交流；ZX 中的 Z 表示直流；X 表示降特性，另外有 P 表示平特性。其中 123……表示变压器形式：1—动铁；2—动铁；3—动圈；4—晶体管；5—可控硅；6—抽头式；7—逆变。型号后面的数字，如 BX1-330 中的 330，则表示焊机额定焊接电流大小。

弧焊变压器又称交流弧焊机，俗称交流电焊机，是以交流电形式向焊接电弧供电的设备，如图 1-43 所示。按获得陡降外特性方式的不同，弧焊变压器可分为串联电抗器式弧焊变压器和增强漏磁式弧焊变压器两大类。

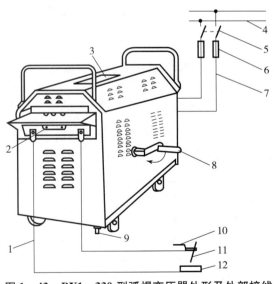

图 1-43 BX1-330 型弧焊变压器外形及外部接线

1—焊接电缆；2—粗调电流接线板；3—电流指示面板；4—网络电源；5—闸刀开关；6—熔断器；7—电源电缆线；8—电流细调节手摇柄；9—地线接头；10—焊钳；11—焊条；12—焊件

弧焊整流器是一种将工业交流电经变压器降压，并经整流元件整流变为直流电，再以直流或交流的形式输出而对焊接回路供电的一种弧焊电源，原理如图 1-44 所示。在手工电弧焊中多为直流输出的形式，因此一般将弧焊整流器划归为直流弧焊电源。

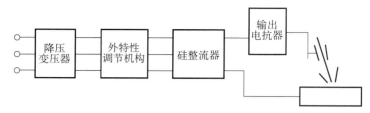

图 1-44　弧焊整流器基本组成和原理图

根据整流元件和获得外特性的控制方式不同，弧焊整流器可分为硅弧焊整流器（图1-45）、晶闸管式弧焊整流器、晶体管式弧焊整流器和逆变式弧焊整流器四种基本类型。

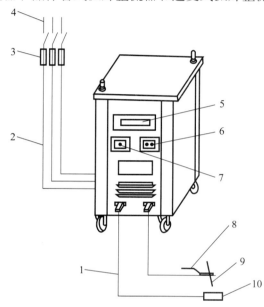

图 1-45　ZX5-300 型硅弧焊整流器的外形及外部接线

1—焊接电缆线；2—电源电缆线；3—熔断器；4—网路电源；5—电流表；
6—电源开关；7—电流调节器；8—焊钳；9—焊条；10—焊件

使用直流弧焊电源焊接时，工件与电源输出端正、负极的接法，称为电源的极性。

直流弧焊电源（如弧焊整流器）有两个极，正极和负极，分别接工件和焊钳。由直流电弧的温度分布和热量分布知，正极区比负极区温度高，产生的热量也多，因此工件与电源接法不同。根据对电弧燃烧的稳定性和焊接质量的影响不同，有两种接法：正接和反接，如图1-46 所示。

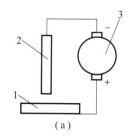 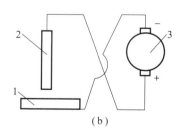

图 1-46　直流弧焊电源的正接与反接

（a）正接；（b）反接
1—焊件；2—焊条；3—直流弧焊电源

对于交流弧焊电源，因其极性是周期性改变的，所以不存在正接与反接的问题。

不同接法在工件处的焊接温度和热量不同，在焊接不同焊件时利用这一特点，可获得良好的工艺性和焊接质量。例如，使用酸性焊条焊接较厚工件时，采用正接，以获得较大熔深，提高生产率，减少电力消耗；焊接薄板时采用反接，以防止烧穿，获得良好的工艺性。

在使用碱性低氢钠型焊条焊接重要结构时，无论焊接厚板或薄板，必须使用直流弧焊电源，并且采用反接，以减少飞溅现象和减小气孔倾向，并能使电弧稳定性良好。

2. 电焊钳

电焊钳是用来夹持和操纵焊条，并保证与焊条电气连接的手持绝缘器具，如图1-47所示。电焊钳有外壳防护、防电击保护、温升值、耐焊接飞溅、耐跌落等主要技术指标。电焊钳的规格和主要技术指标见表1-1。

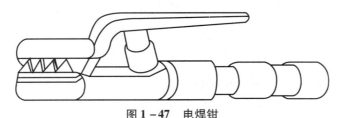

图1-47 电焊钳

表1-1 电焊钳的规格和主要技术指标

规格/A	工作电压/V	工作电流/A	适用焊条直径/mm	能连接的最大电缆截面积/mm²
500	40	500	4.0~8.0	95
300	32	300	2.5~5.9	50
100	26	100	2.0~4.0	35

3. 焊接电缆

焊接电缆（俗称焊把线）的作用是传导焊接电流，选用焊接电缆时应注意：

（1）焊接电缆内导体用多股细铜丝制成，其截面积应根据焊接电流和导线长度决定。

（2）焊接电缆外皮完好、柔软、绝缘性好。

（3）焊接电缆长度一般不宜超过20 m。

4. 焊条保温筒

焊条保温筒是焊工在施工现场携带的可存储少量焊条的一种保温容器，如图1-48所示。焊条保温筒能使焊条从烘箱内取出后继续保温，以保持焊条涂层在使用中的干燥度，其内部工作温度一般为150℃~200℃。焊条保温筒利用焊接电源输出端热量作为加热能源。

5. 敲渣锤和钢丝刷

敲渣锤和钢丝刷的作用主要是清理焊缝表面、焊缝层间的焊渣及焊件上的铁锈、油污，如图1-49所示。常用的敲渣锤有0.5 kg、0.7 kg、1.5 kg三种，锤的峡谷端常磨成圆锥形或扁铲形。

图1-48 焊条保温筒

6. 角向磨光机

图1-50所示为角向磨光机（简称角磨机），它实际上是一种小型电动砂轮机，主要用

于打磨坡口和焊缝头处，如换上同直径钢丝轮，还可以用来除锈。

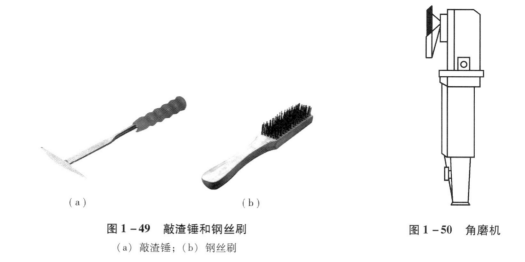

图1-49 敲渣锤和钢丝刷
(a) 敲渣锤；(b) 钢丝刷

图1-50 角磨机

四、焊条

焊条就是带有涂层的供手工电弧焊使用的熔化电极。焊条由焊芯和涂层（药皮）两部分组成。在手工电弧焊焊接时，焊条既作为电极，用来引燃和维持电弧，熔化后又作为填充金属，与被熔化的母材熔合在一起形成焊缝。因此，焊条不但能够使焊接正常进行，而且直接影响焊缝金属的化学成分和力学性能。

1. 焊条的组成与作用

如图1-51所示，焊条由焊芯和涂层组成，头部为引弧端，尾部为夹持端，有一段无涂层覆盖的裸焊芯，便于焊钳夹持和利于导电。在靠近夹持端的涂层上印有焊条型号。焊条规格以焊芯直径来表示，常用的有 φ2.5 mm、φ3.2 mm、φ4 mm、φ5 mm，其长度依焊条规格材料、涂层类型等不同而不同，通常为 200～500 mm。

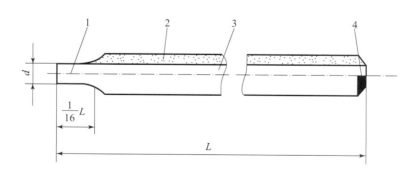

图1-51 焊条的组成
1—夹持端；2—涂层；3—焊芯；4—引弧端

1）焊芯

焊芯就是被涂层覆盖的金属芯，其作用是传导电流，产生电弧，并且在熔化后作为填充金属与被熔化的母材熔合形成焊缝。焊芯金属占整个焊缝金属的 50%～70%，因此焊芯的化学成分直接影响焊缝质量。焊芯是用焊接专用钢丝经特殊冶炼制成，单独规定了其牌号和化学成分。当用于埋弧焊、电渣焊、气体保护焊、气焊等熔焊方法中作为填充金属时，称为焊丝。焊芯中通常含有碳（C）、锰（Mn）、硅（Si）、铬（Cr）、镍（Ni）、硫（S）、磷（P）等合金元素，其中硫（S）、磷（P）元素为有害杂质，会降低焊缝的力学性能，因此其含量越少越好，通常不超过0.04%，在焊接重要结构时，不得超过0.03%。其他几种成分如含量适当，一般来说是对钢有益的合金元素，可提高焊缝的力学性能；但含量过高时则会带来不利影响，降低焊接质量。

2）涂层

压涂在焊芯表面上的涂料层称为涂层（又称药皮）。焊条涂层在焊接过程中分解熔化后形成气体和熔渣，起到机械保护、冶金处理、改善工艺性能的作用。药皮的组成物有：矿物类（如大理石、氟石等）、铁合金和金属粉类（如锰铁、钛铁等）、有机物类（如木粉、淀粉等）、化工产品类（如钛白粉、水玻璃等）。焊条药皮是决定焊缝质量的重要因素，在焊接过程中有以下几方面的作用：

（1）提高电弧燃烧的稳定性。无药皮的光焊条不容易引燃电弧，即使引燃了也不能稳定地燃烧。在焊条药皮中，一般含有钾、钠、钙等电离电位低的物质，可以提高电弧的稳定性，保证焊接过程持续进行。

（2）保护焊接熔池。焊接过程中，空气中的氧、氮及水蒸气浸入焊缝，会给焊缝带来不利的影响，不仅会形成气孔，而且还会降低焊缝的机械性能，甚至导致裂纹。而焊条药皮熔化后，产生的大量气体笼罩着电弧和熔池，会减少熔化的金属和空气的相互作用。焊缝冷却时，熔化后的药皮形成一层熔渣，覆盖在焊缝表面，保护焊缝金属并使之缓慢冷却，以减少产生气孔的可能性。

（3）保证焊缝脱氧、去硫磷杂质。焊接过程中虽然进行了保护，但仍难免有少量氧进入熔池，使金属及合金元素氧化，烧损合金元素，降低焊缝质量。因此，需要在焊条药皮中加入还原剂（如锰、硅、钛、铝等），使已进入熔池的氧化物还原。

（4）为焊缝补充合金元素。由于电弧的高温作用，焊缝金属的合金元素会被蒸发烧损，使焊缝的机械性能降低。因此，必须通过药皮向焊缝加入适当的合金元素，以弥补合金元素的烧损，保证或提高焊缝的机械性能。对有些合金钢的焊接，也需要通过药皮向焊缝渗入合金，使焊缝金属能与母材金属成分相接近，使其机械性能赶上甚至超过基本金属。

（5）提高焊接生产率，减少飞溅。焊条药皮具有使熔滴增加而减少飞溅的作用。焊条药皮的熔点稍低于焊芯的焊点，但因焊芯处于电弧的中心区，温度较高，所以焊芯先熔化，药皮稍迟一点熔化。这样，在焊条端头形成一短段药皮套管，加上电弧吹力的作用，使熔滴径直射到熔池上，使之有利于仰焊和立焊。另外，在焊芯涂了药皮后，电弧热量更集中。同时，由于减少了由飞溅引起的金属损失，提高了熔敷系数，也就提高了焊接生产率。另外，焊接过程中发尘量也会减少。

2. 焊条的分类与型号

焊条型号一般都由焊条类型代号，加上表征焊条熔敷金属的力学性能或化学成分、涂层类型、焊接位置和焊接电路的分类代号组成。各类焊条的代号如表1-2所示。

表1-2 焊条的分类及代号

类别	代号	类别	代号
碳素钢焊条	E	铜及铜合金焊条	ECu
低合金钢焊条	E	铸铁焊条	EZ
不锈钢焊条	E	铝及铝合金焊条	TAl
堆焊焊条	ED	特殊用途焊条	TS

生产中应用最广泛的是碳素钢焊条和低合金钢焊条,它们也统一称为结构钢焊条。结构钢焊条按药皮性质不同还可以分为酸性焊条和碱性焊条两种。

碳素钢焊条型号的编制方法。碳素钢焊条型号根据熔敷金属的力学性能、涂层类型、焊接位置和焊接电流划分。按照熔敷金属抗拉强度不同,碳素钢焊条分为四个系列,即E43系列(熔敷金属抗拉强度≥430 MPa)、E50系列(熔敷金属抗拉强度≥490 MPa)、E55系列(熔敷金属抗拉强度≥550 MPa)和E57系列(熔敷金属抗拉强度≥570 MPa)。

按国标《非合金钢及细晶粒钢焊条》(GB/T 5117-2012)规定,碳素钢焊条型号编制方法如下:首字母"E"表示焊条;前两位数字表示熔敷金属抗拉强度的最小值,其单位为×9.8 MPa;当第3位和第4位数字组合使用,表示涂层类型、焊接位置和焊接电流的种类,如表1-3所示;在第4位数字后附加"R"表示耐吸潮焊条,附加"M"表示耐吸潮和力学性能有特殊规定的焊条,附加"-1"表示冲击性能有特殊规定的焊条。

表1-3 碳素钢和低合金钢焊条的涂层类型

焊条型号	涂层类型	焊接位置	电流种类
E××00	特殊型	干焊、立焊、横焊、仰焊	交流或直流正、反接
E××01	钛铁矿型		
E××03	钛钙型		
E××10	高纤维钠型	干焊、立焊、横焊、仰焊	直流反接
E××11	高纤维钾型		交流或直流反接
E××12	高钛钠型		交流或直流正接
E××13	高钛钾型		交流或直流正、反接
E××14	铁粉钛型		
E××15	低氢钠型		直流反接
E××16	低氢钾型		交流或直流反接
E××18	铁粉低氢型		

续表

焊条型号	涂层类型	焊接位置	电流种类
E××20	氧化铁型	平焊、平角焊	交流或直流正接
E××22	氧化铁型	平焊、平角焊	交流或直流正接
E××23	铁粉钛钙型	平焊、平角焊	交流或直流正接
E××24	铁粉钛型	平焊、平角焊	交流或直流正接
E××27	铁粉氧化铁型	平焊、平角焊	交流或直流正接
E××28	铁粉低氢型	平焊、立焊、横焊、仰焊、向下立焊	交流或直流反接
E××48	铁粉低氢型	平焊、立焊、横焊、仰焊、向下立焊	交流或直流反接

低碳钢焊条 E4315 的含义如下：

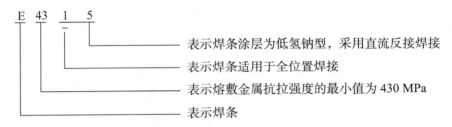

低合金钢焊条型号的编制方法。低合金钢焊条的型号根据熔敷金属的力学性能、化学成分、涂层类型、焊接位置和焊接电流划分。型号的前一部分 E×××× 与碳素钢焊条相同，但后一部分有短划"-"与前面数字分开，后缀字母为熔敷金属的化学成分分类代号。其中 A 表示碳—钼钢焊条；B 表示铬—钼钢焊条；C 表示镍—钢焊条；NM 表示镍—钼钢焊条；D 表示锰—钼钢焊条；G、M 或 W 表示其他低合金钢焊条，字母后的数字表示同一等级焊条中的编号。如还附加化学成分，则附加化学成分直接用元素符号表示，并以短划"-"与前面后缀字母分开。焊条型号举例如下：

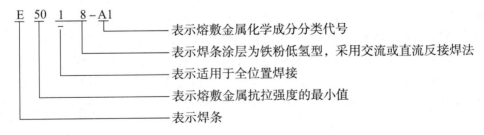

3. 焊条的选用

1）焊条涂层的类型与适用范围

手工电弧焊焊条涂层分为 8 种类型，各类型的主要面成分、工艺性能特点和适用范围如表 1-4 所示。

表 1-4 各类型的主要面成分、工艺性能特点和适用范围

涂层类型	主要组成物质	工艺性能及焊缝力学性能	焊接位置、电源种类及适用范围
钛型	TiO_2	焊接工艺性良好，熔深较浅，电弧稳定，飞溅少，脱渣容易，焊波美观，但焊缝金属塑性及抗裂性差	全位置； 交流、直流； 适宜薄板焊接
钛钙型	TiO_2、$CaCO_3$ 或 $MgCO_3$	焊接工艺性能与钛型相似，焊缝金属塑性和韧性比钛型好	全位置； 交流、直流
钛铁矿型	钛铁矿	熔深一般，电弧稳定，飞溅一般，焊波整齐	全位置； 交流、直流
氧化铁型	氧化铁、多量锰铁	焊接工艺性能较差，飞溅稍多，电弧稳定，熔深大，生产率高，焊缝金属抗裂性好	平焊； 交流、直流； 适宜中厚钢板焊接
纤维素型	TiO_2 有机物	工艺性一般，飞溅一般，熔深大，熔化速度快，熔渣少，脱渣容易	全位置； 交流、直流
低氢型	$CaCO_3$ 萤石	工艺性一般，焊波粗糙，飞溅大，脱渣较难；焊时要求涂层干燥，焊接表面清理干净，短弧操作；焊缝金属含氢量低，抗裂性、力学性能良好	全位置； 低氢钠型为直流反接，低氢钾型可交流、直流
石墨型	多量石墨	工艺性差，飞溅多，烟雾大，熔渣少，抗裂性差	平焊； 交流、直流； 适宜焊接铸铁或堆焊
盐基型	氯化物、氟化物	工艺性较差，熔渣有一定腐蚀性，宜短弧操作	直流； 用于焊接铝及其合金

对钢焊条来说，由于在钛型、钛钙型、钛铁矿型、氧化铁型和纤维素型的焊条涂层中，强碱性氧化物较少，而酸性氧化物较多，故一般将这 5 种类型涂层的焊条称为酸性焊条。酸性焊条具有良好的工艺性能，广泛用于一般性结构的焊接，尤其是低碳钢和强度级别不高的低合金结构钢焊件。低氢钠型和低氢钾型焊条涂层中含有较多的大理石和萤石，碱性较强，故称为碱性焊条。碱性焊条具有低的氧化性和高的抗裂性及塑性、韧性，用于焊接重要结构（如压力容器、承受动载荷的构件）和低温钢、耐热钢、铬不锈钢、低合金高强度钢等。

酸性焊条与碱性焊条的性能比较如表 1-5 所示。

表 1-5 酸性焊条与碱性焊条的性能比较

焊条性能	酸性焊条	碱性焊条
工艺性能	（1）电弧稳定，飞溅小，可采用交流或直流焊接。 （2）对水、锈、油产生的气孔敏感性不大，焊前对焊件表面的清洁工作要求不高。 （3）焊前视需要烘干，烘焙温度为75℃~150℃，保温1h。 （4）焊接电流大，可长弧操作。 （5）熔渣流动性好，覆盖均匀，焊波细密，成形美观。 （6）熔渣多呈玻璃状，较疏松，易脱渣。 （7）焊接烟尘较少，毒性较小	（1）电弧稳定性差，除加有稳弧剂的焊条外，均需直流反接。 （2）对水、锈、油敏感性大，焊前对焊件表面的清洁工作要求高。 （3）焊前一般均须烘干，烘焙温度为350℃~450℃，保温1~2h。 （4）焊接电流较同直径酸性焊条约小10%，须短弧操作，否则易产生气孔。 （5）熔渣覆盖性较差，焊波粗糙，焊缝形状凸起，向上立焊时较易操作。 （6）熔渣多呈晶体状，较密实，坡口内脱渣较难。 （7）焊接烟尘较多，毒性较大
焊缝金属性能	（1）合金成分烧损大，过渡系数较小。 （2）塑性、韧性一般，抗裂性较差	（1）合金成分烧损小，过渡系数较大。 （2）塑性、韧性较高，抗裂性好

2) 焊条的选用原则

焊条的选用一般应考虑以下原则：

(1) 工件的力学性能和化学成分。

(2) 工件的使用性能与工作条件。

(3) 工件的结构特点和受力状态。

(4) 焊接条件及设备。

(5) 改善工艺性能。

(6) 降低成本，提高生产率。

上述各原则不是孤立的，它们既相互联系又相互矛盾。在选用焊条时应统一考虑，全面分析，根据具体情况，甚至通过必要的试验，才能最后确定。

一、劳动安全与卫生

1. 个人防护

焊接施工前必须严格按照任务1中的内容做好焊接前的准备工作，手工电弧焊常用的劳动保护用品如图1-52所示。

(1) 面罩。按颜色的深浅不同分为6个型号，即7~12号，号数越大，颜色越深。

(2) 工作服。工作服是防止弧光及火花灼伤人

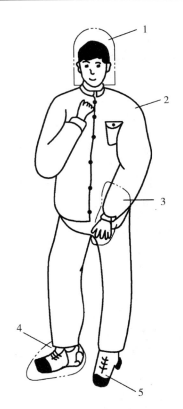

图 1-52 手工电弧焊常用的劳动保护用品

1—面罩；2—工作服；
3—焊工手套；4—护脚；5—工作鞋

体的防护用品,在穿着时应扣好纽扣、扣好袖口、领口、袋口,上衣不要束在裤腰内。

(3) 焊工手套。焊工手套是保护焊工手臂和防止触电的专用护具。工作中不要戴手套直接拿灼热焊件和焊条头,破损时应及时修补或更换。

(4) 护脚。护脚通常用耐热且不易燃烧的材料制作,以防止脚部烫伤。

(5) 工作鞋。焊工工作鞋是用来防止脚部烫伤、触电的,应使用绝缘、抗热、不易燃、耐磨损、防滑的材料制作。

(6) 口罩。口罩是用来减少焊接烟尘吸入危害的防护用品。

(7) 平光防护眼镜。在清理焊渣时,应佩戴平光防护眼镜,以防止灼热焊渣进入眼内。

2. 其他要求

操作前,学生必须牢记以下注意事项:

(1) 焊接前要提醒周围的同学,防止弧光误伤他人。

(2) 焊接接收后要立即切断电源,使用后剩余的焊条头不能随意丢弃,要放在指定位置。

(3) 清理焊渣的过程中要注意眼睛的防护。

(4) 焊接完成后要及时清理场地。

二、准备工作

1. 焊前准备

1) 需要准备的设备与工具 (表 1-6)

表 1-6 设备与工具

名称	用途说明
硅整流焊条电弧焊机	前纵梁焊接主要设备。前纵梁钢板厚度约为 3 mm,选择硅整流焊条电弧焊机 ZXG300,采用直流反接
电焊钳	夹持焊条。选择额定电流 300 A 规格
焊接电缆	传导电流。选择截面积 50 mm^2 的电缆
等离子切割机	切割前纵梁
敲渣锤和钢丝刷	清理焊缝表面、焊缝层间的焊渣及焊件上的铁锈、油污
夹具	夹紧定位前纵梁
空气枪	吹除打磨粉尘、灰尘等杂质
遮盖毯	遮盖非焊接区域,防止飞溅烫伤汽车漆膜
焊条	填充焊缝。选择 ϕ2.5 mm 的碱性焊条

2) 车辆准备

(1) 拆除焊接区域隔声材料、内饰件、玻璃件。隔声材料安装在钢板背面,不易观察,稍不注意,在焊接过程中产生的热量就会引燃隔声材料;焊接时,焊接热量会引燃焊接区域内饰件,并损坏玻璃件。

(2) 在油管附近焊接时,应放掉油管中的油,以免焊接热量引燃油管;在油箱附近区域焊接时应特别注意，必须放净燃油，并在油箱上覆盖湿抹布，严格控制油箱温度，以防油箱发生爆炸。

(3) 确认点火开关关闭。焊接过程中，有电流通过车身钢板，为避免电流损伤车辆电器元件，应将点火开关关闭。

(4) 车辆遮盖。对焊接位置附近区域进行遮盖，避免焊接飞溅损伤非焊接位置车身漆面和玻璃。

3) 焊接区域清洁

(1) 清除焊接区域金属毛刺。

(2) 清除焊接区域漆膜、铁锈。

(3) 焊接区域除油除脂处理。

2. 焊件的装配与定位

(1) 设置坡口。车身前纵梁横截面为封闭截面，考虑到前纵梁的使用环境，采用插入件对接方式焊接，如图 1-53 所示，以保证前纵梁的强度。插入件的材质和厚度应与前纵梁相似，插入长度 15~30 mm，并在前纵梁切割边缘的四个边用定位点焊的方式将插入件固定。为了使前纵梁焊透，根据厚度和工作条件设置 I 形坡口，坡口宽度 2~3 mm。

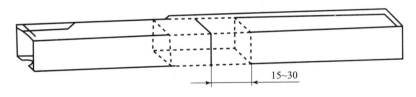

图 1-53 插入件对接方式

(2) 焊件定位。根据焊件形状，使用合适的夹具定位前纵梁，保证前纵梁的准确定位。

3. 焊接工艺参数的选择

根据板厚、焊接位置、焊接设备等选择焊接电流、焊接角度、焊接速度、焊条直径、电弧电压等焊接工艺参数，并用与焊件材料相同的板件进行试焊，依据试焊结果调整焊接工艺参数，直至达到预期的焊接效果，确定焊接工艺参数。

1) 焊条的选择

在焊缝金属中，填充金属占 50%~70%，因此焊条型号对焊缝金属的化学成分和力学性能起着重要作用。选择焊条时应坚持焊条类型与焊件金属成分相同或相近原则。

焊件厚度越大，选用的焊条直径也相应越大；反之，薄焊件的焊接应选用小直径的焊条。在一般情况下，焊条直径与焊件厚度的关系如表 1-7 所示。

表 1-7 焊条直径与焊件厚度的关系

焊件厚度/mm	≤1.5	2	3	4~5	6~12	≥12
焊条直径/mm	1.5	2	3.2	3.2~4	4~5	4~6

2) 焊接电流的选择

焊接电流是手工电弧焊中最重要的焊接参数。影响焊接电流大小的因素很多，如焊条直径、焊条型号、涂层类型、焊件厚度、接头形式、焊接位置和焊道、焊层等，但主要是焊条直径、焊接位置和焊道、焊层。

（1）焊条直径与焊接电流的关系。焊条直径越大，熔化焊条所需的热量就越多，所需要的焊接电流也就越大。每种直径的焊条都有一个合适的焊接电流范围，如表1-8所示。

表1-8　各种直径焊条使用的电流参考值

焊条直径/mm	1.6	2.0	2.5	3.2	4.0	5.0	5.8
焊接电流/A	25~40	40~65	50~80	100~130	160~210	220~270	260~300

焊接电流还可以用下面的经验公式计算：

$$I = (35 \sim 45)d \quad (1-1)$$

式中：I——焊接电流（A）；

d——焊条直径（mm）。

（2）焊接位置与焊接电流的关系。在其他焊接条件相同的情况下，平焊可选择偏大的焊接电流，横焊、立焊、仰焊的焊接电流应小些（小10%~20%）。

（3）焊道与焊接电流的关系。通常焊接打底焊道时，使用的焊接电流应小些，以便于焊接操作和保证焊接质量；焊接填充焊道时，使用较大的焊接电流，以提高效率，保证熔合良好；焊盖面焊道时使用的焊接电流应小些，以防止咬边。

3）电弧电压的选择

手工电弧焊的电弧电压与电弧长度成正比。在焊接过程中，电弧不宜过长，平焊时一般取焊条直径的0.5~1倍。在立焊、仰焊时电弧长度比平焊时更短些，以利于熔滴过渡，防止熔池下淌。

4）焊接速度的选择

焊接过程中焊条沿焊接方向移动的速度，即单位时间内完成的焊缝长度，称为焊接速度。焊接速度应均匀适当，如过快，会造成焊缝变窄，高低不平，形成未焊透、熔合不良等缺陷；如过慢，则会使热量输入增多、热影响区宽度增加、接头晶粒粗大、力学性能降低、焊件变形加大，当焊件较薄时易被烧穿。焊接速度的快慢应根据具体情况灵活掌握。

5）能量的选择

熔化焊时，由焊接能源输入给单位长度焊缝上的能量，称为线能量。在手工电弧焊中，线能量与焊接电流和电弧电压成正比，与焊接速度成反比。

三、焊接施工

本部分以最简单的平焊为例，学习手工电弧焊的施工方法，其他位置焊接方法将在后面介绍。

1. 焊接姿势

焊接操作时，焊工左手持面罩，右手握焊钳，如图1-54所示。

焊条工作角（焊条轴线在和焊条前进方向垂直的平面内的投影与工件表面间的夹角）为90°，焊条前倾角为10°~20°（正倾角表示焊条向前进方向倾斜，负倾角表示焊条向前进方向的反方向倾斜），如图1-55所示。

图1-54 平敷焊的操作

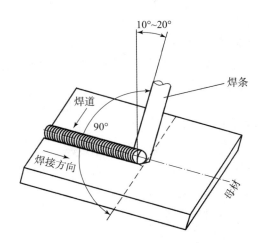
图1-55 平敷焊的焊条角度

2. 引弧

手工电弧焊时引燃电弧的过程称为引弧。常用的引弧方法有划擦引弧法和直击引弧法，如图1-56所示。

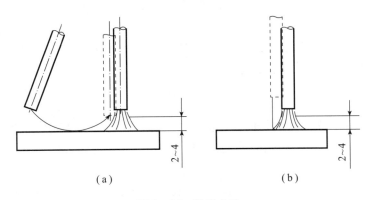

图1-56 引弧方法
(a) 划擦引弧法；(b) 直击引弧法

（1）划擦法引弧的操作要领：先将焊条末端对准焊件，然后将手腕扭转一下，像划火柴似的将焊条在焊件表面轻轻划擦一下，引燃电弧，再迅速将焊条提起2~4 mm，使电弧引燃，并保持电弧长度，使之稳定燃烧。

划擦法引弧操作简单，易于初学者掌握，但易损坏焊件表面，造成焊件表面有电弧划伤痕迹，在正式焊接时应尽量少采用。

（2）直击法引弧的操作要领：将焊条末端对准焊件，然后将手腕下弯，使焊条轻微碰一下焊件后迅速提起2~4 mm，即引燃电弧。引弧后，手腕放平，使电弧长度保持在与所用焊条直径相适应的范围内，使电弧稳定燃烧。

直击法引弧不会划伤焊件表面，不受焊件大小和形状限制，是正式焊接生产中采用的主要引弧方法。采用直击法引弧时不可使焊条敲击过猛，以防涂层脱落，造成保护不良。

在操作中，当焊条与焊件粘住时，可将焊条左右摆动几下，即可使焊条脱离。如仍不奏效，应立即使焊钳脱离焊条，待焊条冷却后再用手扳下。

3. 焊道的起头

起头时焊件温度较低，所以起点处熔深较浅，可在引弧后将电弧稍微拉长，对起头处预热，然后再适当缩短电弧进行正式焊接，如图1-57所示。

4. 运条

在正常焊接时，焊条的运动可分为3种基本形式，即沿焊条中心线向熔池送进、沿焊接方向移动和焊条的横向摆动。焊条的横向摆动如图1-58所示，平敷焊练习时可以不摆动。

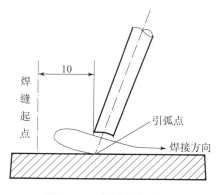

图1-57 焊道的起头

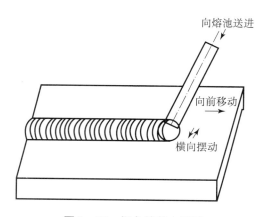

图1-58 焊条的基本运动

焊条向熔池方向送进的目的是向熔池添加填充金属，也是为了在焊条熔化后，继续保持一定的电弧长度。焊条送进速度应与焊条熔化速度相适应。电弧长度通常为2~4 mm，碱性焊条较酸性焊条弧长要短些。

焊条沿焊接方向移动：随着焊条的不断熔化，逐渐形成一条焊道，若焊条移动速度太慢，则焊道会过高、过宽，外形不整齐，焊接薄板时会发生烧穿现象；若焊条移动速度太快，则焊条与焊件熔化不均，焊道较窄，甚至产生未焊透等缺陷。

焊条的横向摆动是为了对焊件输入足够的热量，利于熔渣上浮和气体逸出，并获得一定宽度的焊缝，其摆动范围根据焊件厚度、焊条直径、坡口形式和焊道层次等确定。

焊条的三个基本运动不能机械地分开，而应有机地融合在一起。运条的关键是均匀平稳，只有这样，才能焊出外形美观的焊缝，如图1-59所示。

厚板对接焊时，为了获得较宽的焊缝，焊条沿焊缝横向做有规律的摆动，根据摆动规律的不同，常有以下运条方法，如图1-60所示。

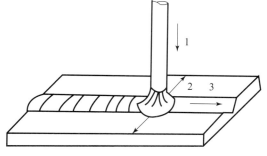

图1-59 焊条的三个基本运动

1—焊条送进；2—焊条摆动；3—沿焊缝移动

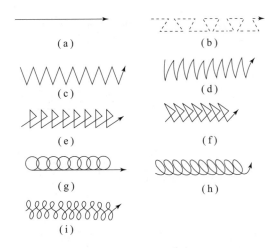

图 1-60 手工电弧焊的运条方法

(a) 直线形；(b) 直线往复形；(c) 锯齿形；(d) 月牙形；(e) 正三角形；
(f) 斜三角形；(g) 正圆圈形；(h) 斜圆圈形；(i) 8字形

（1）直线形运条法。直线形运条法常用于I形坡口的对接平焊和多层多道焊。

（2）直线往复运条法。这种运条法的特点是焊接速度快、焊缝窄、散热快，适用于薄板或接头间隙较大的多层焊的第一层焊道。

（3）锯齿形运条法。焊接时，焊条末端做锯齿形连续摆动和向前移动，并在两边稍停片刻，以防产生咬边，这种方法较易掌握，生产中应用较多。

（4）月牙形运条法。这种运条方法熔池存在时间长，易于熔渣上浮和气体析出，焊缝质量较高。

（5）正三角形运条法。这种方法一次能焊出较厚的焊缝断面，不易夹渣，生产率高，适用于开坡口的对接接头。

（6）斜三角形运条法。这种运条方法能够借助焊条的摇动来控制熔化金属，促使焊缝成形良好，适用于T形接头的平焊和仰焊以及开有坡口的横焊。

（7）正圆圈形运条法。这种运条方法熔池存在时间长，温度高，便于熔渣上浮和气体析出，一般只用于较厚焊件的平焊。

（8）斜圆圈形运条法。这种运条方法有利于控制熔池金属不下淌，适用于T形接头的平焊和仰焊及对接接头的横焊。

（9）"8"字形运条法。这种运条方法能保证焊缝边缘得到充分加热，熔化均匀，保证焊透，适用于带有坡口的厚板对接焊。

5. 焊道的连接

焊道连接一般有以下四种方式，如图1-61所示。

（1）尾头相接。尾头相接是以先焊焊道尾部接头的连接形式，这种接头形式应用最多。接头时在先焊焊道尾部前方约10 mm处引弧，弧长比正常焊接时稍长些（碱性焊条不可拉长，否则易产生气孔），待金属开始熔化时，将焊条移至弧坑前2/3处，填满弧坑后即可向前正常焊接，如图1-62所示。

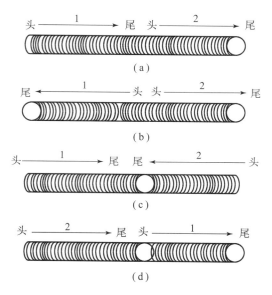

图 1-61 焊道的连接方式

(a) 尾头相接；(b) 头头相接；(c) 尾尾相接；(d) 首尾相接

（2）头头相接。头头相接是从先焊焊道起头处续焊接头的连接方式。这种接头形式要求先焊焊道的起头处要略低些，接头时从先焊焊道的起头略前处引弧，并稍微拉长电弧，将电弧拉到起头处，并覆盖其端头，待起头处焊平后再向焊道相反的方向移动，如图 1-63 所示。

（3）尾尾相接。尾尾相接就是后焊焊道从接口的另一端引弧，焊到前焊焊道的结尾处，焊接速度略慢些，以填满弧坑，然后以较快的焊接速度再向前焊一小段再熄弧，如图 1-64 所示。

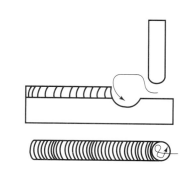

图 1-62 从先焊焊道末尾处接头的方法

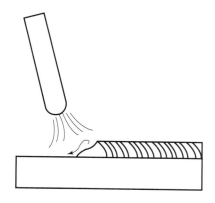

图 1-63 从先焊焊道起头处接头的方法

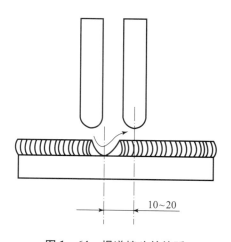

图 1-64 焊道接头的熄弧

（4）首尾相接。首尾相接是后焊焊道的结尾与先焊焊道的起头相连接，利用结尾时的高温重复熔化先焊焊道的起头处，将焊道焊平后快速收尾。

6. 焊道的收尾

焊道的收尾是指一条焊道结束时如何收弧。焊接时由于电弧吹力，使熔池呈凹坑状，如收尾时立即拉断电弧，则会产生一个低于焊道表面甚至焊件平面的弧坑，使收尾处强度降低，并容易产生应力集中而形成弧坑裂纹。因此收尾动作不仅是熄弧，还要填满弧坑。常用的收尾方法有三种：划圈收尾法、反复断弧收尾法和回焊收尾法。

（1）划圈收尾法。焊条移至焊道终点时，利用手腕动作使焊条尾端做圆圈运动，直到填满弧坑后再拉断电弧，如图1-65所示。此法适用于厚板焊接，对于薄板则容易烧穿。

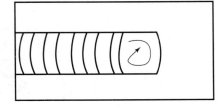

图1-65 划圈收尾法

（2）反复断弧收尾法。焊条移至焊道终点时，反复在弧坑处熄弧，引弧、熄弧多次，直至填满弧坑，如图1-66所示。此法适用于薄板和大电流焊接，但碱性焊条不宜采用，否则易出现气孔。

（3）回焊收尾法。焊条移至焊道收尾处即停止，但不熄弧，适当改变焊条角度，如图1-67所示，焊条由位置1转到位置2，填满弧坑后再转到位置3，然后慢慢拉断电弧。碱性焊条常使用此方法熄弧。

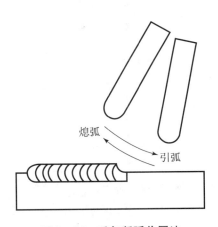

图1-66 反复断弧收尾法

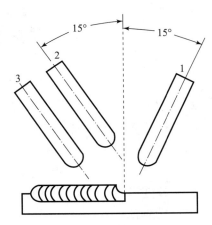

图1-67 回焊收尾法

7. 清渣

焊接完成后，在焊缝表面会形成一层保护性的焊渣层，用清渣锤清理焊缝表面，使焊渣脱落，直至露出焊缝金属。

四、焊接应力与变形的预防

1. 焊接应力与变形的原因

焊接应力是焊接过程中及焊接过程结束后，存在于焊件中的内应力。焊接变形是由焊接应力引起的焊件尺寸的改变。

焊接时，一般采用集中热源在局部加热，因此造成焊件上温度分布不均匀，最终导致焊件在结构内部产生焊接应力与变形。焊接应力是形成各种焊接裂纹的重要因素，在一定条件下，焊接残余应力和变形还会严重影响焊件的强度、刚度、受压时的稳定性等。引起焊接应力和变形的原因有很多，但最根本的原因是焊件不均匀受热和冷却。

焊接变形按其特征分类，可分为收缩变形、角变形、弯曲变形、波浪变形和扭曲变形五种基本形式，如图1-68所示。

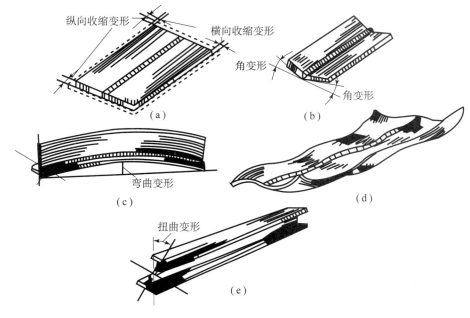

图1-68 焊接变形的基本形式

2. 预防措施

预防焊接变形的措施有以下几种。

（1）预留收缩变形量。根据理论计算和实践经验，在焊件备料及加工时，应预先考虑收缩余量，以便焊后工件达到所要求的形状、尺寸。

（2）反变形法。根据理论计算和实践经验，预先估计结构焊接变形的方向和大小，然后在焊接装配时给予一个方向相反、大小相等的预置变形，以抵消焊后产生的变形，如图1-69所示。

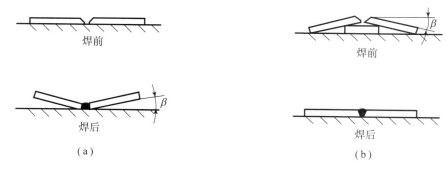

图1-69 反变形法

（3）刚性固定法。焊接时将焊件加以刚性固定，焊后待焊件冷却到室温后再去掉刚性固定，可有效防止角变形和波浪变形。此方法会增大焊接应力，只适用于塑性较好的低碳钢结构。

（4）选择合理的焊接顺序。尽量使焊缝自由收缩。焊接焊缝较多的结构件时，应先焊错开的短焊缝，再焊直通长焊缝，以防在焊缝交接处产生裂纹。如果焊缝较长，可采用逐步退焊法和跳焊法，使温度分布较均匀，从而减少了焊接应力和变形，如图 1-70 所示。

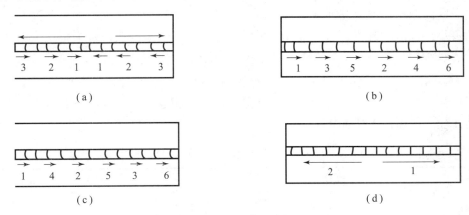

图 1-70　长焊缝的几种焊接顺序

（5）锤击焊缝法。在焊缝的冷却过程中，用圆头小锤均匀迅速地锤击焊缝，使金属产生塑性延伸变形，抵消一部分焊接收缩变形，从而减小焊接应力和变形。

（6）加热"减应区"法。焊接前，在焊接部位附近区域（称为减应区）进行加热使之伸长，焊后冷却时，加热区与焊缝一起收缩，可有效减小焊接应力和变形。

（7）焊前预热和焊后缓冷。预热的目的是减少焊缝区与焊件其他部分的温差，降低焊缝区的冷却速度，使焊件能较均匀地冷却下来，从而减少焊接应力与变形。

五、焊接质量检查

焊接质量检查可参考以下标准：
（1）钢板无明显变形。
（2）焊缝无裂纹、孔洞和咬边。
（3）焊缝周围没有过多飞溅。
（4）焊缝成形比较规则，余高不超过 1.5mm，熔宽 8mm 左右，有明显熔深。
（5）焊缝完全填满，有规则鱼鳞状花纹。

六、焊后处理

（1）研磨焊缝。研磨焊缝余高至前纵梁钢板高度，切勿研磨过度。
（2）防腐处理。对焊缝施涂防锈剂、防腐材料，保证焊接后前纵梁的使用性能。

一、焊接电弧的物理基础

正常状态下的气体是不导电的，它是由中性气体分子或原子组成的。要使正常状态下的气体导电,首先必须使其产生带电粒子。电弧焊中,气体粒子电离和阴极电子发射是产生带电粒子的两个基本物理过程,同时也伴随着激励、解离、扩散、复合和负离子产生等过程。

1. 气体粒子电离

在外加能量作用下,使中性的气体分子或原子分离成电子和正离子的过程称为气体电离。气体电离的实质是中性气体粒子(分子或原子)吸收足够的外部能量,使得分子或原子中的电子脱离原子核的束缚而成为自由电子和正离子的过程。中性气体粒子失去第一个电子所需的最小外加能量称为第一电离能,失去第二个电子所需的能量称为第二电离能,依此类推。电弧焊中的气体粒子电离现象主要是一次电离。电离能通常以电子伏特(eV)为单位。1 eV 就是指 1 个电子通过电位差为 1 V 的两点间所需做的功,其数值为 1.6×10^{-19} J。为了便于计算,常把以电子伏特为单位的能量用数值上相等的电离电压来表示。电弧气氛中常见的气体粒子的电离电压如表 1-9 所示。

表 1-9 常见气体粒子的电离电压

气体粒子	电离电压/V	气体粒子	电离电压/V
H	13.5	W	8.0
He	24.5(54.2)	H_2	15.4
Li	5.4(75.3,122)	C_2	12
C	11.3(24.4,48,65.4)	N_2	15.5
N	14.5(29.5,47,73,97)	O_2	12.2
O	13.5(35,55,77)	Cl_2	13
F	17.4(35,63,87,114)	CO	14.1
Na	5.1(47,50,72)	NO	9.5
Cl	13(22.5,40,47,68)	OH	13.8
Ar	15.7(28,41)	H_2O	12.6
K	4.3(32,47)	CO_2	13.7
Ca	6.1(12,51,67)	NO_2	11
Ni	7.6(18)	Al	5.96
Cr	7.7(20,30)	Mg	7.61
Mo	7.4	Ti	6.81
Cs	3.9(33,35,51,58)	Cu	7.68
Fe	7.9(16,30)		

当其他条件(如气体的解离性能、热物理性能等)一定时,气体电离电压的大小反映了带电粒子产生的难易程度。电离电压低,带电粒子容易产生,利于电弧导电;相反,电离电压高,带电粒子不容易产生,不利于电弧导电。若电弧空间同时存在电离电压不同的几种气体,当受到外界能量的作用时,电离电压较低的气体粒子将先被电离,这种气体的存在对电弧的引燃和电弧的稳定燃烧起着重要的作用。

根据外加能量来源的不同，气体电离可分为以下几种：热电离、场致电离和光电离。

1）热电离

气体粒子受热的作用而产生电离的过程称为热电离。

由分子运动理论可知，气体温度越高，气体粒子（包括中性粒子、电子和离子）运动越剧烈，即动能越大。气体粒子在高速的热运动过程中将频繁地发生相互碰撞，碰撞时粒子间发生能量的传递和转换，若粒子的运动速度足够快（即动能足够大），当被碰撞粒子所受的能量达到该粒子的电离能时，则将产生电离。由此可知，热电离实质上是由于粒子受热作用而引起相互碰撞而产生的一种电离现象。

2）场致电离

在两电极的电场作用下，气体中的带电粒子被加速，当带电粒子的动能达到一定数值时，有可能与中性粒子发生碰撞而使之产生电离，这种电离称为场致电离。

在普通焊接电弧中，因弧柱部分的电场强度较弱，电子由电场作用所获得的动能比由热作用所获得的动能小得多，所以在弧柱中热电离是获得带电粒子的主要途径，而通过电场作用得到带电粒子是次要的。在阴极区和阳极区，电场强度远高于弧柱区，会产生显著的电场作用下的电离现象。

3）光电离

中性气体粒子受到光辐射的作用而产生的电离过程称为光电离。光电离只是电弧中产生带电粒子的一种次要途径。

2. 阴极电子发射

阴极表面受到一定的外加能量作用，其表面的自由电子逸出的过程称为电子发射。1个电子从金属表面逸出所需要的最低能量称为逸出功（W_w），单位为电子伏特（eV）。因电子电量为常数 e，故通常用逸出电压（U_w）来表示，$U_w = W_w/e$，单位为 V。逸出功的大小受电极材料种类及表面状态的影响。表 1-10 列出了几种金属材料的逸出功，由表可见，金属表面存在氧化物时逸出功减少。

表 1-10　几种金属材料的逸出功

金属种类		W	Fe	Al	Cu	K	Ca	Mg
逸出功 /eV	纯金属	4.54	4.48	4.25	4.36	2.02	2.12	3.78
	表面有氧化物		3.92	3.9	3.85	0.46	1.8	3.31

根据外加能源的不同，电子发射可以分为四种类型：热发射、场致发射、光发射和粒子碰撞发射。

1）热发射

阴极表面因受热的作用而产生的电子发射过程称为热发射。热发射的强度受材料沸点影响。当采用高沸点的钨或碳作为阴极材料时（其沸点分别为 6 000 K 和 5 000 K，通常称为热阴极），电极可被加热到很高的温度（一般可达 3 500 K 以上），此时，通过热发射可为电弧提供足够的电子。当采用钢、铜、铝等低沸点材料作阴极时（其沸点分别为 3 013 K、2 868 K、2 770 K，通常称为冷阴极），阴极加热温度受材料沸点限制不可能很高，热发射能力较弱，必须依靠其他方式补充发射电子。热发射时，逸出的电子将从电极表面带走相当于逸出功的热量，对阴极表面产生冷却作用。

2）场致发射

当阴极金属表面空间存在一定强度的正电场时，金属内部的电子将受到电场力的作用，当此力达到一定程度时，电子便会逸出金属表面，这种电子发射现象称为场致发射。电弧焊中采用冷阴极时，热发射能力不足，此时向电弧提供电子的主要方式是场致发射电子。

3）光发射

当金属表面受到强光辐射的作用时，金属内的自由电子能量达到一定程度而逸出金属表面的现象称为光发射。光发射在阴极电子发射中居次要地位。

4）粒子碰撞发射

当电弧中高速运动的粒子（主要是正离子）碰撞金属表面时，把能量传递给金属表面的电子，使电子能量增加而逸出金属表面的现象称为粒子碰撞发射。

实际焊接过程中，上述几种电子发射形式常常是同时存在、相互补充的。不同的条件下它们起的作用各不相同。

3. 电弧中的其他物理过程

电弧导电是个复杂的过程，电弧中不仅存在气体粒子电离和阴极电子发射现象，同时还存在激励、扩散、复合和负离子的产生等过程。它们对电弧的导电过程也存在一定的影响。

（1）激励。当中性气体粒子受到外加能量的作用，不足以使电子完全脱离原子或分子时，电子从较低的能级跃迁到较高的能级，使中性粒子处于一种不稳定的状态，称为激励。

（2）扩散。电弧中的带电粒子从密度高的地方向密度低的地方移动而趋向均匀的现象称为扩散。

（3）复合。电弧空间的正负带电粒子（正离子、负离子和电子）在一定条件下相遇而结合成中性粒子的过程称为复合。

（4）负离子的产生。在一定条件下，有些中性原子或分子能与电子结合形成负离子，从而使电弧导电能力及电弧稳定性下降。

二、熔滴过渡

在手工电弧焊焊接时，焊条端部受热熔化，形成液态金属滴，并通过电弧空间过渡到熔池中，这种液态金属滴称为熔滴。熔滴通过电弧空间向熔池转移的过程叫作熔滴过渡。熔滴之所以能够从焊条端部过渡到熔池，是各种外力综合作用的结果。

1. 熔滴过渡的作用力

1）重力

在平焊时，熔滴的重力起促进熔滴过渡的作用，而在立焊及仰焊时重力阻碍熔滴向熔池过渡，故通常采用短弧焊以减小重力的影响。

2）表面张力

附着在焊条端部的液态熔滴与焊条端部界面间存在表面张力。平焊时，表面张力阻碍熔滴向熔池过渡，但在仰焊等其他焊接位置时，表面张力却有利于熔滴过渡。其原因有二：一是熔滴和熔池的液态金属不易滴落；二是当熔滴和熔池发生接触短路时，在熔池表面张力作用下，熔滴被拉入熔池。

3）电弧气体的吹力

在手工电弧焊中，焊条涂层的熔化速度比焊芯稍慢，因此在焊条末端形成一小段尚未熔化的喇叭形涂层部分，常称为套管，如图 1-71 所示。在套管内，存在大量的气体，这些气体大部分是由涂层中造气剂在熔化分解时产生。这些气体在高温作用下体积急剧膨胀，沿套管方向形成挺直而稳定的气流，熔滴在气流作用下被吹入熔池。因此在各种焊接位置中，电弧气体的吹力总是有利于熔滴过渡。

4）电磁收缩力

沿焊条的径向，焊条和熔滴受到从四周向中心的电磁力，称为电磁收缩力，其大小与焊接电流大小成正比。当焊接电流较小时，电磁收缩力小，熔滴尺寸大，过渡时飞溅严重，并常使电弧短路，电弧燃烧不稳；反之，当焊接电流较大时，电磁收缩力大，熔滴较小，而且在过渡时方向性强，在各种焊接位置下均沿电弧轴线方向向熔池过渡。

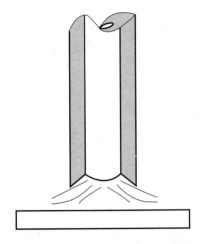

图 1-71 焊条末端的喇叭形套管

5）极点压力

在焊接电弧中，带电微粒主要由电子和正离子组成。在电场作用下，电子向阳极高速运动，正离子向阴极高速运动。这些带电质点撞击在两极辉点上，产生机械压力，称为极点压力，它阻碍熔滴过渡。在正接时，正离子压力阻碍熔滴过渡；而反接时，电子压力阻碍熔滴过渡。由于正离子质量大，正离子流的压力也大，因此采用反接容易产生细颗粒过渡，而正接则不易。

6）等离子流力

锥形电弧在电磁收缩效应形成的轴向推力作用下，高温气体从电极端的 A 区向靠近工件的 B 区流动，如图 1-72 所示。此时电弧周围的气体从电极上方 C 区补充到 A 区，补充进的气体被加热、电离并连续流向 B 区，对熔池形成动压力，即等离子流力。等离子流力的大小与等离子流速度分布相对应。电弧轴线处的等离子流速度最高，等离子流力也最大。

等离子流力可增大电弧的刚直性，在熔化电极电弧焊时促进熔滴轴向过渡，增大熔深和对熔池的搅拌作用。

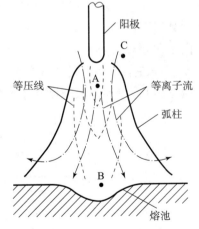

图 1-72 等离子流形成示意图

7）短路爆破力。

电弧从燃烧状态过渡到短路状态，电弧电流迅速上升，熔滴温度急剧升高，使液柱汽化爆断，产生较大的冲击力，产生飞溅，故焊接中应设法减小这种力。

2. 熔滴过渡的形式

熔滴过渡有滴状过渡、短路过渡和喷射过渡三种形式，滴状过渡与熔滴短路过渡过程如图 1-73 所示。

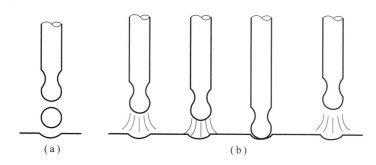

图 1-73 滴状过渡与熔滴短路过渡过程

(a) 滴状过渡；(b) 熔滴短路过渡过程

（1）滴状过渡。滴状过渡又可分为粗滴过渡和细滴过渡。粗滴过渡飞溅大，电弧不稳，在焊接中应避免。熔滴大小与焊接电流、焊芯及涂层成分有关。

（2）短路过渡。短路过渡可在小功率电弧下实现稳定过渡和稳定焊接过程，适合于薄板或需低热输入情况下的焊接。

（3）喷射过渡。喷射过渡熔滴颗粒细，过渡频率高，熔滴沿电弧方向高速流向熔池，而且电弧稳定，飞溅小，熔深大，生产率高，焊缝成形美观。

三、其他位置的手工电弧焊方法

1. 角焊

在焊接结构中，除大量采用对接接头外，还广泛采用 T 形接头、搭接接头和角接接头等形式，这些接头形成的焊缝叫角焊缝，对角焊缝横焊位置的焊接叫作横角焊。角焊时不仅要保证焊缝接头质量，还要使焊角尺寸符合要求，以保证接头的强度。

由于角焊焊接热量向 3 个方向扩散，散热快，不易烧穿，所以焊接电流比同厚度板对接平焊大 10% 左右。焊条的工作角度，当两板等厚时为 45°，厚度不等时应偏向薄板一侧（电弧偏向厚板），以使两板温度趋于均匀，如图 1-74 所示。

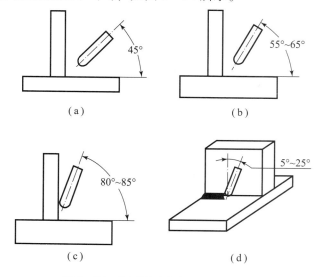

图 1-74 T 形接头角焊时的焊条角度

对于焊脚尺寸为 5~8 mm 的焊缝，可采用斜锯齿形或斜圆圈形运条法，但要注意各点的运条速度不一样，否则易产生咬边、夹渣、边缘熔合不良等缺陷。T 形接头平角焊的斜圆圈形运条方法如图 1-75 所示，在 a 要慢些，以保证横板的熔深；由 a 到 b 稍快，以防熔化金属下淌；在 b 处稍作停留，以保证熔化金属与立板熔合良好，防止咬边；由 b 到 c 稍慢，以保证根部焊透并防止夹渣。按上述规律循环进行，注意收尾时填满弧坑。

在实际生产中，焊件如能转动，可将 T 形接头翻转 45°，使焊条在垂直面内进行施焊，叫船形焊，如图 1-76 所示。船形焊时，熔池处于水平位置，相当于平焊，焊缝质量好，而且易于操作。焊接时可采用较大直径的焊条和较大的电流，采用月牙形或锯齿形运条方法。

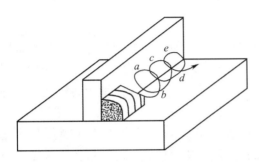

图 1-75　T 形接头平角焊的斜圆圈形运条方法

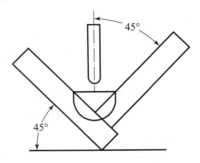

图 1-76　船形焊

2. 横焊

横焊是焊件处于垂直位置而接口处于水平位置的焊接操作。横焊操作时，由于熔化金属受重力作用，有下淌倾向，使焊缝上边出现咬边，下边出现焊瘤、未焊透、夹渣等缺陷。由于横焊时通常采用多层多道焊法，熔化金属的下淌倾向使焊缝表面具有瓦楞状焊道重叠的特征，焊缝表面常形成条状凹槽，影响焊缝成形。此外，若熔化金属流到下侧坡口上，还会造成熔合不良或未焊透，因此横焊的操作技术对焊接质量有很大影响。为克服重力作用的影响，施焊时应保持合适的焊条角度和运条方法，采用较小的焊条直径和焊接电流，短弧焊接，以保证焊接质量。对接横焊的焊接姿势如图 1-77 所示。

当焊件厚度小于 5 mm 时，一般不开坡口，但应预留宽度为板厚 1/2 左右的间隙，采用双面焊接。首先将待焊处用角磨机打磨至露出金属光泽，用与正式焊接相同的焊条，在焊件两端头 10 mm 处进行定位焊。

图 1-77　对接横焊的焊接姿势

在定位焊的背面进行焊接。选用小直径的焊条，焊接电流比对接平焊时小 10%~15%，焊条工作角度如图 1-78 所示。操作中注意，当熔渣超前时，要用焊条前沿轻轻拨掉，以防熔滴金属随之下淌。运条方式：当焊件较薄时，可采用往复直线形运条方法；当焊件较厚时，可采用短弧直线形或小斜圆圈形运条方法。采用小斜圆圈形运条时，圆圈倾斜约 45°。

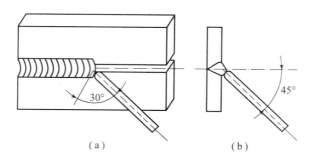

图1-78 对接横焊的焊条角度

3. 立焊

当所连接的两块板件均处于垂直位置，且焊缝也处于垂直位置时，所实施的焊接操作称为对接立焊。对接立焊操作比平焊操作困难，主要原因是熔池及熔滴在重力作用下易下淌，产生焊瘤及焊缝两侧咬边，焊缝成形不如平焊时美观。但立焊时，熔池内熔渣在重力作用下容易下淌，便于熔化金属和熔渣的分离，清渣较容易。

对接立焊操作时，根据焊件与焊工距离的不同，焊工可以采取立式或蹲式两种操作姿势，如图1-79所示。立式操作时，焊工的胳膊半伸开或全伸开，悬空操作，依靠胳膊的伸缩来调节焊条的位置；蹲式操作时，胳膊的大臂可轻轻地贴在上体的肋部、大腿、膝盖等位置。随着焊条的熔化和缩短，胳膊自然前伸，起到调节作用。蹲式操作时由于有依托，故较易掌握，也较省力。

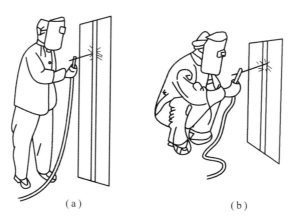

图1-79 对接立焊的操作姿势
（a）立式；（b）蹲式

对接立焊操作方法有两种：一种是由下向上施焊，称为向上立焊；另一种是由上向下施焊，称为向下立焊。目前生产中应用最广泛的是向上立焊。

向上立焊的操作要领如下：

（1）焊接时应选用较小直径（2.5~4 mm）的焊条及较小的焊接电流（比平对接焊小10%~15%），这样熔池体积小、冷却凝固快，可以减少和防止熔化金属下淌。

（2）采用短弧焊接，电弧长度不大于焊条直径，利用电弧吹力托住熔池，同时短弧操作利于熔滴过渡。

（3）焊条工作角度为90°，前倾角为10°~30°，即焊条向焊接方向的反方向倾斜，这样电弧吹力对熔池产生向上的推力，防止熔化金属下淌。

（4）为便于右手操作和观察熔池情况，焊工身体不要正对焊缝，要略向左偏。

4. 仰焊

对于仰焊缝的焊接称为仰焊。仰焊时，焊条位于焊件下方，焊工仰视焊缝进行焊接。

几种基本焊接方式中，仰焊是最难操作的一种焊接方式。首先是由于重力作用，熔化金属与熔渣自然坠落倾向很大；再者，重力会阻碍熔滴过渡，因此仰焊时熔滴过渡的主要形式是短路过渡，一定要进行短弧操作，焊接电流不可过大，一般比平焊时小10%~15%，同时还应注意控制熔池的体积和温度，且焊层要薄。

仰焊操作时飞溅大，应注意清除焊接场地的易燃易爆物品，特别应加强劳动保护。除要正常穿戴常用防护用品外，尤应注意扣紧领口、袖口，头戴披风帽，颈扎毛巾；上衣不要束在裤腰内；裤脚不能卷起，也不能束在鞋筒内；面罩黑色玻璃要固定牢固，四周不能有缝隙。要严格遵守上述要求，以防止烧伤、烫伤。

在仰焊时，视线要选择最佳位置，两脚成半开步站立，上身要稳，由远而近地运条，如图1-80所示。为了减轻臂腕的负担，可将电缆线的一段搭在肩上，或挂在临时设置的钩子上。

图1-80 仰焊操作

在焊接过程中运条要均匀，不要中断，采用直线形或直线往复形运条方法，使用短弧小电流操作，焊条的工作角度如图1-81所示。

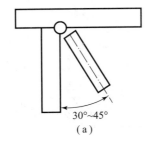
（a）

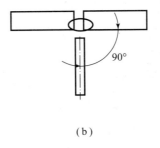
（b）

图1-81 仰焊的焊条工作角度
（a）角接仰焊；（b）对接仰焊

一、思考题

1. 车身维修焊接方法有哪些？各有什么特点？
2. 焊接电弧由哪几部分组成？
3. 什么是酸性焊条和碱性焊条？它们各自有什么特点？

4. 焊接接头由哪几部分组成？它有哪些基本形式？

5. 手工电弧焊的焊接工艺参数有哪些？

6. 正常焊接时，焊条有哪些基本运动？

7. 薄板焊接应注意哪些事项？

8. 焊接开始前需要做哪些安全防护准备？

二、单项选择

1. 下列焊接方法中属于压焊的是____。

   A. 电弧焊　　　　B. 电阻焊　　　　C. 电渣焊　　　　D. 激光焊

2. 下列焊接方法中不能用于焊接不锈钢的是____。

   A. 手工电弧焊　　B. MIG 焊　　　　C. TIG 焊接　　　D. CO_2 焊

3. ____是引起焊接应力与变形的根本原因。

   A. 受热或冷却不均匀　　　　　　B. 焊缝金属的收缩

   C. 金属组织的变化　　　　　　　D. 焊件的刚性拘束

4. 下列关于手工电弧焊的说法不正确的是____。

   A. 手工电弧焊操作灵活、适应性强

   B. 通常采用直流反接

   C. 焊接过程中既有气体保护又有熔渣保护，所以保护效果非常好

   D. 手工电弧焊的生产效率低，焊工劳动条件差

5. 在相同焊接条件下，焊接强度最高的接头形式是____。

A. 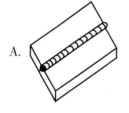　　　　　B.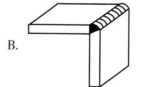

C. 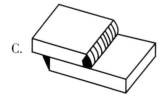　　　　　D.

6. 适合较薄板件的坡口形式是____。

   A. I 形坡口　　　B. V 形坡口　　　C. X 形坡口　　　D. U 形坡口

7. 已知使用的焊条直径为 2 mm，则使用的焊接电流的合理范围是____。

   A. 25～40 A　　　B. 40～65 A　　　C. 100～130 A　　D. 160～210 A

8. 在焊接的过程中，若想调整焊接电弧的长度，需要调整____。

   A. 焊接电流　　　B. 电弧电压　　　C. 焊接速度　　　D. 焊丝直径和伸出长度

9. 在以下焊接位置中，____是最难操作的。

   A. 横焊　　　　　B. 平焊　　　　　C. 立焊　　　　　D. 仰焊

10. 车身焊接时，需要准备的灭火器类型是____。

A. 水基型灭火器　　B. 干粉型灭火器　　C. 二氧化碳灭火器　　D. 洁净气体灭火器

11. 使用灭火器灭火时，喷口应对准火焰的____。
A. 顶部　　　　　B. 中部　　　　　C. 根部　　　　　D. 外围

12. 车身维修中，必须采用合适的焊接方法才能维持原有车身上的强度和耐久度。为了达到此要求，应尽量避免使用____。
A. CO_2 气体保护焊　　　　　　　B. 惰性气体保护焊
C. 钎焊　　　　　　　　　　　　　D. 氧—乙炔焊

三、多项选择

1. 用于衡量焊缝的成形优劣的参数是____。
A. 焊缝熔深　　B. 焊缝熔宽　　C. 焊缝余高　　D. 焊缝长度

2. 焊条药皮的作用包括____。
A 保护作用　　B. 冶金作用　　C. 渗合金作用　　D. 改善焊接工艺性能

3. 进行手工电弧焊应该佩戴的劳动保护是____。
A. 防护头盔　　B. 防尘口罩　　C. 绝缘鞋　　D. 胶手套

4. 在平焊过程中，____有利于焊接熔滴过渡。
A. 重力　　　　B. 表面张力　　C. 电磁收缩力　　D. 斑点压力

四、判断

（　）1. 电弧是一种气体燃烧现象。
（　）2. 电弧中气体粒子的电离以热电离方式为主。
（　）3. 电弧中的电子由气体电离和阴极发射提供，而正离子由气体电离和阳极发射提供。
（　）4. 直流反接是指焊件接在电源的负极。
（　）5. 使用交流电源时，不存在正接与反接。
（　）6. 酸性焊条比碱性焊条的使用性能要好。
（　）7. 在电弧结构中温度最高的是阳极区，温度最低的是阴极区。
（　）8. 焊丝中 Si、Mn 是有害元素，S、P 是有利元素，它们可以提高焊缝的金属性能。
（　）9. 焊接电弧的弧长主要受焊接电流的影响。
（　）10. 手工电弧焊的引弧方法都是接触引弧法。
（　）11. 平焊是指焊缝朝上呈水平状态或稍有倾斜位置的焊接形式，是气焊中最常用的焊接方法。其操作方便、质量可靠、生产率高。焊接时，一般采用右焊法。
（　）12. 由于存在焊条药皮，故焊缝金属在冷却后，金属的防锈能力得到加强。
（　）13. 由于焊接过程中主要是产生烟尘，因此可以直接通过排风系统将其排放到大气中。
（　）14. 多台焊机可以共用一个电源开关，但容量要符合要求。
（　）15. 车身维修车间的配电设置必须由专业电工完成，汽车修理人员不得擅自更改。

项目二
CO_2 气体保护焊

任务1　CO_2气体保护常规焊

学习目标

1. 能够完成本任务的安全及资料查阅。（符合"1+x 汽车车身钣金修护与车架调校技术（中级）任务2. 准备工作，2.2 安全及资料查阅"的要求）

2. 能够正确描述 CO_2 气体保护焊的原理、特点及应用。

3. 能够正确完成焊接前的准备工作，明确焊接操作规范。（符合"1+x 汽车车身钣金修护与车架调校技术（中级）任务2. 准备工作，2.1 修复前的准备工作"）

4. 能够正确描述 CO_2 气体保护焊设备和工具的构成及作用。（符合"1+x 汽车车身钣金修护与车架调校技术（中级）任务1. 工作安全，1.3 钣金设备使用注意事项"的要求）

5. 能够准备 CO_2 气体保护操作的各种劳动保护。（符合"1+x 汽车车身钣金修护与车架调校技术（中级）任务1 工作安全，1.2 安全注意事项"的要求）

6. 能够使用 CO_2 气体保护焊设备规范地进行焊接操作。（符合"1+x 汽车车身钣金修护与车架调校技术（中级）任务4. 钣金焊接与切割，4.3 焊接切割操作"的要求）

7. 能够注意培养良好的安全、卫生习惯及团队协作意识。

案例分析

某SUV发生侧翻事故。在侧翻过程中，强度较弱的车顶撞击地面，车身A柱严重损坏，如图2-1所示。经检验原A柱已无法简单修复，只能更换。

图2-1　事故车的损坏情况

更换时先进行相关部位的校正,如支柱损伤可能涉及车身顶盖和车身底板等部位的变形。首先应使大面积部位的变形得以恢复,然后把损坏后的一段支柱用锯或等离子切割机切割下来,如图 2-2 所示,点焊点要用点焊去除钻去除。再次进行相关部位的校正,把相邻部位的变形修复到位,然后准确地切割到支柱更换需要焊接的位置,才能换接上一段规则和形状完全相同的支柱。更换的过程中需要使用 CO_2 气体保护焊进行焊接,将新支柱牢固地焊接到车身上,并保证焊接后的性能。

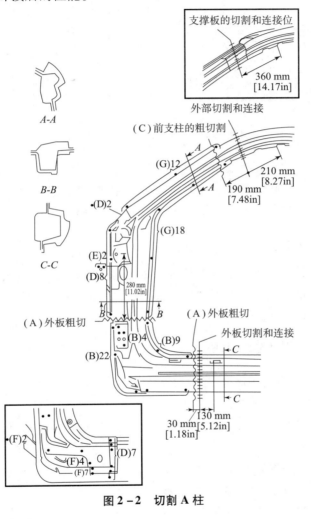

图 2-2 切割 A 柱

相关知识

一、CO_2 气体保护焊的基本原理

CO_2 气体保护电弧焊是利用 CO_2 作为保护气体的熔化极电弧焊方法,简称 CO_2 焊。它采用 CO_2 气体作为保护介质,焊接时,CO_2 把电弧及熔池与空气机械地隔离开来,从而避免了有害气体成分的侵入,以获得质量良好的焊缝。

CO_2 气体保护焊的原理如图 2-3 所示。保护气体 CO_2 从气瓶流出,经管路进入枪体,从喷嘴喷出,形成一个连续而稳定的 CO_2 保护气罩,笼罩着从喷嘴到焊件这一段空间,将此处的空气排走，从而保护气罩内的焊丝、熔滴、电弧、熔池和刚刚凝固而成的焊缝。

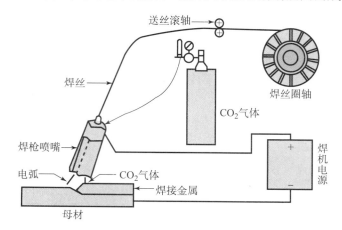

图 2-3 CO_2 气体保护焊的原理

CO_2 气体保护焊电源的正极输出端电缆线接在焊枪的导电嘴上，使焊丝末端成为电弧的正极；电源的负极输出端由地线电缆接在焊件上，熔池就成为电弧的负极。从电源的正极→电缆→导电嘴→焊丝→电弧正极→电弧→熔池（电弧负极）→母材→地线电缆→电源的负极，形成一个完整的闭合焊接电路。

焊接时，焊丝从送丝机中的滚轴挤压着送入导电嘴，带电之后向电弧输送，焊丝不断被电弧熔化又不断得到补充，从而使电弧长度保持相对稳定。由于 CO_2 是具有氧化性的活性气体，与惰性气体和以惰性气体为基础的活性混合气体保护电弧焊相比，其在熔滴过渡、冶金反应等方面表现出了许多特点。

二、CO_2 气体保护焊的熔滴过渡

CO_2 气体保护焊接电弧的两极，一极是焊丝的末端，另一极是母材上的熔池。除了作为电极起导电作用之外，焊丝末端因接受电弧热量而熔化，形成熔滴，熔滴由小而大，然后脱落，它穿过电弧空间过渡到熔池中去，与已被熔化了的母材金属共同形成焊缝，整个过程就叫熔滴过渡。

在使用 CO_2 气体保护焊维修车身时，由于车身板件较薄，故通常采用细焊丝、小电流，特别是较低电弧电压的情况下，可获得短路过渡。短路过渡的特点是弧长较短，焊丝端部的熔滴长大到一定程度时与熔池接触发生短路，此时电弧熄灭，形成焊丝与熔池之间的液体金属过桥，焊丝熔化金属在重力、表面张力和电磁收缩力等的作用下过渡到熔池，之后电弧重新引燃，重复上述过程。图 2-4 所示为短路过渡焊接时焊接电流和电压波形及熔滴过渡示意图。短路过渡电弧的燃烧、熄灭和熔滴过渡

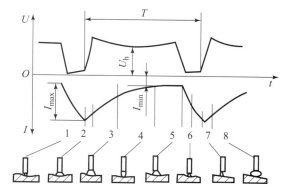

图 2-4 短路过渡焊接时焊接电流和电压波形及熔滴过渡示意图

过程均很稳定，飞溅小，在要求线能量较小的薄板焊接生产中应用较广。

三、CO_2气体保护焊的特点

1. CO_2气体保护焊的工艺特点

CO_2气体保护焊由于具有成本低、抗氢气孔能力强、适合薄板焊接、易进行全位置焊等优点，所以广泛应用于低碳钢和低合金钢等黑色金属材料的焊接。而对于焊接不锈钢，因焊缝金属有增碳现象，影响抗腐蚀性能，故使用较少。对容易氧化的有色金属如 Cu、Al、Ti 等，则不能应用 CO_2 气体保护焊。

（1）焊接成本低。CO_2 气体是酿造厂和化工厂的副产品，来源广，价格低，因而 CO_2 气体保护焊的成本只有埋弧焊和焊条电弧焊的 40% ~ 50%。

（2）生产率高。CO_2 电弧的穿透力强，熔深大，而且焊丝的熔化率高，所以熔敷速度快，生产率可比焊条电弧焊高 1~4 倍。

（3）适用范围广。不论何种位置都可以焊接，薄板可焊到 1 mm 左右，最厚几乎不受限制（采用多层焊）。而且焊接薄板时，比气焊速度快，且变形小。

（4）抗裂能力较强。焊缝含氢量低，抗裂性好。

（5）焊后不需要清渣，且为明弧焊，便于监视和控制，有利于实现焊接过程的机械化和自动化。

2. CO_2气体的氧化性

CO_2 气体属于氧化性气体，焊接时 CO_2 气体被大量分解，分解出来的原子氧具有强烈的氧化性。常用的脱氧措施是加入铝、钛、硅和锰脱氧剂，其中硅、锰用得最多。

3. 气孔

由于气流的冷却作用，熔池凝固较快，很容易在焊缝中产生气孔，但其有利于薄板焊接，且焊后变形也小。

1）CO 气孔

CO 气孔的产生，主要是由熔池中的 FeO 和 C 发生反应所致。因为这个反应在熔池处于结晶温度时进行得比较剧烈，而这时熔池已开始凝固，CO 气体不易逸出，于是在焊缝中形成 CO 气孔。但只要焊丝中含有足够的脱氧元素 Si 和 Mn，以及限制焊丝中碳的含量，就可以抑制上述的氧化反应，有效地防止 CO 气孔的产生。所以在 CO_2 气体保护焊中，只要焊丝选择适当，产生 CO 气孔的可能性就很小。

2）氢气孔

如果熔池在高温时熔入了大量氢气，这些氢气在结晶过程中又不能充分排出，则会留在焊缝金属中成为氢气孔。电弧区的氢主要来自焊丝、焊件表面的油污和铁锈，以及 CO_2 气体中所含的水分。但应用 CO_2 气体保护焊时，因为焊接区有氧化性的 CO_2 气体存在，故增加了氧的分压，使自由状态的氢被氧化成不溶于金属的水蒸气与羟基，从而减弱了氢气的有害作用。CO_2 气体保护焊的氢气孔倾向要比手工电弧焊和氩弧焊等小。

3）氮气孔

在电弧高温下，氮气溶解到熔池中，当金属凝固时，氮气在金属液体中的溶解度突然下降，如果氮气来不及从熔池中逸出就会形成氮气孔。氮气的可能来源：一是空气侵入焊接

区；二是 CO_2 气体不纯，混有氮气。

试验表明，由于 CO_2 气体不纯而引起的氮气孔的可能性不大。焊接中产生氮气孔主要是由保护气层遭到破坏，大量空气侵入焊接区所致。造成保护气层失效的因素有 CO_2 气体流量过小；喷嘴被飞溅物部分堵塞；喷嘴与工件的距离过大；焊接场地有侧向风等。

4. 飞溅

飞溅是 CO_2 气体保护焊的主要缺点。产生飞溅的原因主要有以下几个方面：

1）由 CO 气体造成的飞溅

CO_2 气体分解后具有强烈的氧化性，使碳氧化成 CO 气体，CO 气体受热急剧膨胀，造成熔滴爆破，产生大量细粒飞溅。可采用脱氧元素多、含碳量低的脱氧焊丝，减少 CO 气体的生成，以减少飞溅。

2）斑点压力引起的飞溅

用正极性焊接时，熔滴受斑点压力大，飞溅也大。采用反极性可减少飞溅。

3）短路引起的飞溅

发生短路时，焊丝与熔池间形成液体小桥（细颈部），由于短路电流的强烈加热及电磁收缩力作用，使小桥爆断而产生细颗粒飞溅。在焊接回路中，串联合适的电感值可减少这种飞溅。

四、焊接设备、工具及材料

1. 焊接设备与工具

CO_2 气体保护焊的设备主要包括焊接电源、送丝系统、焊枪与行走系统（自动焊）、供气系统和冷却水系统及控制系统几部分，如图 2-5 所示。

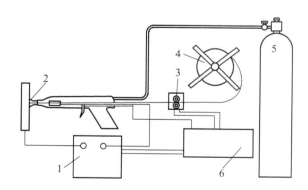

图 2-5 熔化极气体保护焊焊接设备的组成

1—焊接电源；2—保护气体；3—送丝轮；4—送丝系统；5—供气系统；6—控制系统

1）焊接电源

CO_2 气体保护焊通常采用直流焊接电源，目前生产中使用较多的是弧焊整流器式直流电源。近年来，逆变式弧焊电源的发展也较快。焊接电源的额定功率取决于不同用途所要求的电流范围。熔化极气体保护焊所要求的电流通常为 100~500 A，电源的负载持续率（也称暂载率）为 60%~100%，空载电压为 55~85 V。

根据 GB/T 10249—2010《电焊机型号编制方法》中规定，熔化极气体护焊机的型号表示中：前三位是大写英文字母，后五位是阿拉伯数字，它们表示的含义见表2-1。

表2-1 熔化极气体保护焊机的型号代码含义

第1位（字母）		第2位（字母）		第3位（字母）		第4位（数字）		第5～第8位（数字）
类别	字母	类别	字母	附注特性	字母	系列序号	数字	基本规格
熔化极气体保护焊	N	半自动焊	B	CO_2气体保护焊	C	焊车式	省略	额定焊接电流（A）
		自动焊	Z			全位置焊车式	1	
		螺柱焊	C	氩气及混合气体焊	省略	横臂式	2	
		点焊	D			机床式	3	
						旋转焊头式	4	
		堆焊	U	氩气及混合气体脉冲焊	M	台式	5	

例：

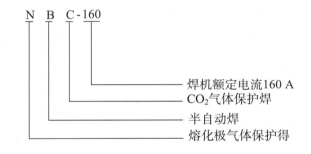

```
N B C - 160
        └── 焊机额定电流160 A
      └──── CO₂气体保护焊
    └────── 半自动焊
  └──────── 熔化极气体保护焊
```

2）送丝系统

送丝系统通常由送丝机（包括电动机、减速器、校直轮、送丝轮）、送丝软管和焊丝盘等组成。盘绕在焊丝盘上的焊丝经过校直轮和送丝轮送往焊枪。根据送丝方式的不同，送丝系统可分为四种类型，如图2-6所示。

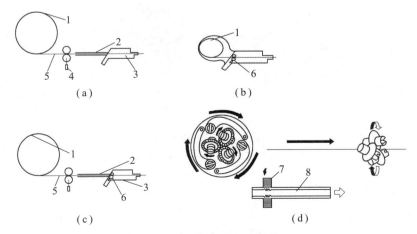

图2-6 送丝方式示意图

(a) 推丝式；(b) 拉丝式；(c) 推拉丝式；(d) 行星式

1—焊丝盘；2—送丝软管；3—焊枪；4—送丝电动机；5—焊丝；6—拉丝电动机；7—螺母；8—螺杆

CO_2 气体保护焊通常采用推丝式,这种送丝方式的焊枪结构简单、轻便,操作和维修都比较方便,但焊丝送进的阻力较大。随着软管的加长,其送丝稳定性变差,一般情况下,送丝软管长为 3.5~4 m,而用于铝焊丝的软管长度不超过 3 m。

焊接时,送丝机构应保证送丝速度均匀,无打滑现象,且送丝速度能在一定范围内均匀调节,其原理如图 2-7 所示。焊丝由焊丝盘中出来,经校直轮校直后,由送丝滚轮和压紧轮的挤压产生的送丝力进入焊枪的导电嘴并输出,进行焊接工作。送丝的压紧力可以通过调节螺母来调节。图 2-8 所示为送丝机构。

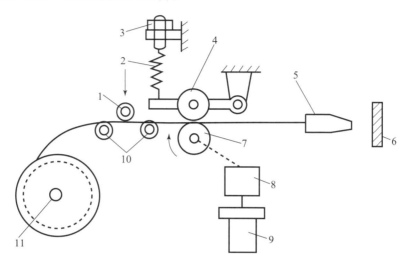

图 2-7 送丝系统原理示意

1—校直调节轮;2—压紧弹簧;3—调节螺母;4—压紧轮;5—焊枪导电嘴;
6—焊件;7—送丝滚轮;8—减速器;9—电动机;10—校直支撑轮;11—焊丝盘

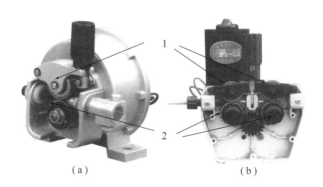

图 2-8 送丝机构

(a) 单主动式送丝机构;(b) 双主动式送丝机构
1—压紧轮;2—主动轮

3) 焊枪

熔化极气体保护焊的焊枪分为半自动焊枪(手握式)和自动焊枪(安装在机械装置上)。半自动焊枪通常有两种形式:鹅颈式和手枪式。鹅颈式焊枪适合于小直径焊丝,使用灵活方便,特别适合于紧凑部位、难以达到的拐角处和某些受限制区域的焊接,因此在车身维修焊接作业中应用最广泛,如图 2-9 所示。

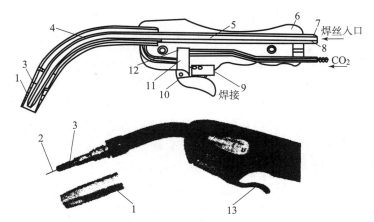

图 2-9 鹅颈式焊枪结构示意图

1—喷嘴;2—焊丝;3—导电嘴;4—导丝导电管;5—导电杆;6—手把;7—钢套;
8—电流;9—开关焊接;10—扳手;11—弹簧;12—气阀;13—控制开关

在焊枪内部装有导电嘴(紫铜或铬铜等),且焊枪还有一个向焊接区输送保护气体的通道和喷嘴。喷嘴和导电嘴根据需要都可方便地更换。此外,焊接电流通过导电嘴等部件时产生的电阻热和电弧辐射热一起,会使焊枪发热,故需要采取一定的措施冷却焊枪。冷却方式有空气冷却、内部循环水冷却或两种方式相结合。空气冷却焊枪在采用 CO_2 气体保护焊时,断续负载下一般可使用高达 600 A 的电流;在采用氩气或氦气保护焊时,通常只限于 200 A 电流。

4)供气系统和水冷系统

供气系统通常由高压气瓶(气源)、减压阀、流量计和气阀组成。CO_2 供气系统通常还需要安装预热器和干燥器,以吸收气体中的水分,如图 2-10 所示。熔化极活性气体保护焊还需要安装气体混合装置,即先将气体混合均匀,然后再送入焊枪。

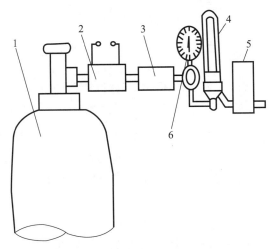

图 2-10 供气系统示意图

1—CO_2 钢瓶;2—预热器;3—干燥器;4—流量计;5—电磁气阀;6—减压阀

(1)高压气瓶。无缝钢质高压气瓶采用高强度合金钢压制而成,是额定压强等于或大于 8 MPa 的气瓶,用于存储高压气体。在使用高压气瓶的过程中,应注意轻拿轻放,并避免过热或过冷。

（2）预热器。当打开 CO_2 钢瓶阀门时，瓶中的液态 CO_2 不断气化成 CO_2 气体，这一过程要吸收大量的热量；另外，经减压后气体的体积会膨胀，也会使气体温度下降。为了防止 CO_2 气体中的水分在钢瓶出口处及减压表中结冰，使气路堵塞，在减压之前要将 CO_2 气体进行预热。这种预热气体的装置称为预热器。预热器应尽量装在钢瓶的出气口处。

预热器的结构比较简单，一般采用电热式，将套有绝缘瓷管的电阻丝绕在蛇形纯铜管的外围即可。预热器采用 36 V 交流电供电，功率为 100～150 W。在开气瓶之前，应先将预热器通电加热一段时间。

（3）干燥器。为了最大限度地减少 CO_2 气体中的水分含量，供气系统中一般设有干燥器。如果 CO_2 气体纯度较高，能满足焊接生产的要求，亦可不设干燥器。

（4）减压阀。减压阀可以用来调节气体压力，也可以用来控制气体的流量。一般情况下，可采用较低压力的乙炔压力表（压力调节范围为 10～150 kPa）或带有流量计的医用减压阀。

（5）流量计。流量计用来标定和调节保护气体的流量大小。

（6）气阀。气阀是用来控制保护气体通断的元件。根据不同的要求，可采用机械气阀或电磁气阀开关控制系统来完成气体的准确通断。

目前，在使用中为了使气路简化、减小体积、降低成本，往往将预热器、减压器和流量计组合在一起，如图 2-11 所示。

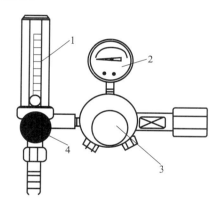

图 2-11　预热器、减压器和流量计组合件
1—流量计；2—气压表；3—减压及预热装置；4—开关

水冷系统一般由水箱、水泵和冷却水管及水压开关组成。水箱里的冷却水由水泵流经冷却水管，经水压开关后流入焊枪，然后经冷却水管再回流入水箱，形成冷却水循环。水压开关的作用是保证当冷却水未流经焊枪时，焊接系统不能启动焊接，以保护焊枪，避免由于未经冷却而烧坏焊枪。

5）控制系统

控制系统由焊接参数控制系统和焊接过程程序控制系统组成。

焊接参数控制系统主要包括焊接电源输出调节系统、送丝速度调节系统、小车（或工作台）行走速度调节系统（自动焊）和气流量调节系统。它们的作用是在焊前或焊接过程中调节焊接电流或电压、送丝速度、焊接速度和气流量的大小。

焊接过程程序控制系统将焊接电源、送丝系统、焊枪和行走系统、供气和冷却水系统有机地组合在一起，构成一个完整的、自动控制的焊接设备系统，其主要作用如下：

(1) 控制焊接设备的启动和停止。
(2) 控制电磁气阀动作,实现提前送气和滞后停气,使焊接区受到良好保护。
(3) 控制水压开关动作,保证焊枪受到良好的冷却。
(4) 控制引弧和熄弧。
(5) 控制送丝小车的(或工作台)移动(自动焊时)。

2. 焊接材料

1) CO_2气体

CO_2气体是一种无色、无味的气体,在0℃和101.3 kPa气压时,其密度为1.976 8 g/L,是空气的1.5倍。CO_2气体在常温下很稳定,但在高温下(5 000 K左右)几乎能全部分解。CO_2气体有三种状态:固态、液态和气态。气态的CO_2受到压缩后能变成液态。当不加压力冷却时,CO_2气体将直接变成固态(干冰);反之,固态CO_2在温度升高时,能不经过液态直接变成CO_2气体。

用于焊接的CO_2气体,其纯度应不低于99.5%,通常CO_2是以液态装入钢瓶中,容量为40L的标准钢瓶(气瓶外表漆银灰色并写有黑色字样)可灌入25 kg的液态CO_2,约占钢瓶容积的80%,其余20%左右的空间充满气化的CO_2,气瓶压力表上所指的压力就是这部分饱和压力。该压力大小与环境温度有关,所以正确估算瓶内CO_2气体存储量应采用称钢瓶质量的方法(1 kg的液态CO_2可气化为509L CO_2气体)。当瓶中气压降到接近980 kPa(约10个工程大气压)时,不允许再继续使用。

CO_2气体的纯度对焊缝金属的致密性和塑性有很大的影响。影响焊缝质量的主要有害杂质是水分和氮气。CO_2中的氮气一般含量较小,主要危害是其中的水分。因此在焊缝质量要求较高的情况下,必须尽量降低CO_2气体中的含水量。

液态CO_2来源广、价格低,但其含水量较高而且不稳定,焊接时容易产生气孔等缺陷,一般情况下在现场减少水分的措施主要有以下几个方面:

(1) 将气瓶倒立静置1~2 h,然后开启阀门,把沉积在瓶口部的水排出,可放2~3次,每次间隔30 min,放后将气瓶放正。
(2) 放水后的气瓶,使用前应先打开阀门放掉瓶上面纯度较低的气体,然后再套上输气管。
(3) 在气路中设置高压干燥器和低压干燥器,并在气路中设置气体预热装置,以防止CO_2中的水分在减压器内结冰而堵塞气路。

2) 焊丝

CO_2气体保护焊使用的焊丝成分应与母材的成分相近,它应具有良好的焊接工艺性,并能提供良好的接头性能。CO_2气体保护焊对焊丝的化学成分还有以下一些特殊要求:

(1) 焊丝必须含有足够数量的脱氧元素。
(2) 焊丝的含碳量要低,一般要求小于0.15%。
(3) 应保证焊缝金属具有满意的力学性能和抗裂性能。

表2-2所示为CO_2气体保护焊常用焊丝的牌号、化学成分及使用范围。其中H08Mn2SiA焊丝是目前CO_2气体保护焊中应用最广泛的一种焊丝,它有较好的工艺性能和力学性能以及抗热裂纹能力,适宜于焊接低碳钢和$f_c \leqslant 500$ MPa的低合金钢,以及焊后热处理强度$f_D \leqslant 1\ 200$ MPa的低合金高强度钢。

表 2-2 常用 CO_2 气体保护焊焊丝牌号、化学成分和使用范围

牌号	合金元素 (w_{Me})/%						S, 不大于	P, 不大于	用途
	C	Si	Mn	Cr	Ni	NO			
H10MnSi	≤0.14	0.60~0.90	0.8~1.10	≤0.20	≤0.30	—	0.030	0.040	焊接低碳钢、低合金钢
H08MnSi	≤0.10	0.70~1.0	1.0~1.30	≤0.20	≤0.30		0.030	0.040	焊接低碳钢、低合金钢
H08MnSiA	≤0.10	0.60~0.85	1.40~1.70	≤0.02	≤0.25		0.030	0.035	
H08Mn2SiA	≤0.10	0.70~0.95	1.80~2.10	≤0.02	≤0.25		0.030	0.035	
H04Mn2SiTiA	≤0.04	0.70~1.10	1.80~2.20	—	—	钛 0.2~0.40	0.025	0.025	焊接低合金、高强度钢
H04MnSiAlTiA	≤0.01	0.01~0.80	1.40~1.80	—	—	钛 0.95~0.65 铝 0.20~0.40	0.025	0.025	
H10MnSiMo	≤0.14	0.70~1.10	0.90~1.20	≤0.02	≤0.30	0.15~0.25	0.030	0.040	
H08Cr3Mn2MoA	≤0.10	0.30~0.50	2.00~2.50	2.5~3.0		0.35~0.50	0.030	0.030	焊接贝氏体钢
H18CrMnSiA	0.15~0.22	0.90~1.10	0.80~1.10	0.80~1.10	<0.30	—	0.025	0.030	焊接高强度钢
H1Cr18Ni9	≤0.14	0.50~1.0	1.0~2.0	18~20	8.0~10.0		0.020	0.030	焊接 1Cr18Ni9Ti 薄板
H1Cr18Ni9Ti	≤0.10	0.30~0.70	1.0~2.0	18~20	8.0~10.0	0.50~0.80	0.020	0.030	

从焊丝的发展情况看,很多新品种焊丝均降低了含碳量(0.03%~0.06%),且添加了钛、铝、锆等合金元素,以期进一步减少飞溅,提高抗气孔能力及焊缝的力学性能。另外,还开发了焊丝涂层技术,即在焊丝表面涂覆一层碱金属、碱土金属或稀土金属的化合物(如 $CaCO_3$、K_2CO_3、Na_2CO_3 等),以提高焊丝发射电子的能力及大大降低金属熔滴从粗滴向细滴过渡转变的临界电流,从而减少飞溅,改善焊缝成形。

一、劳动安全与卫生

操作前,学生必须牢记以下劳动安全事项:

(1)工作时应穿好帆布工作服,戴好焊工手套,以防止飞溅灼伤。使用表面涂有氧化锌油漆的面罩,配用 9~12 号滤光镜片,各焊接工位要设置专用遮光屏。

(2)CO_2 气体保护焊焊接时,由于电流密度大、电弧温度高,弧光辐射比手工电弧焊时强得多,故应特别注意加强安全防护,以防止电光性眼炎及裸露皮肤灼伤。

（3）焊接前要提醒周围的同学，防止弧光误伤他人，刚焊好的焊件不能直接用手接触，要待工件冷却后再接触，以防烫伤。

（4）CO_2气体保护焊不仅产生烟雾和金属粉尘，而且还产生CO、NO_2等有害气体，应加强焊接场地通风，防止中毒。

（5）焊接接收后要立即切断电源。

（6）焊接完成后，要及时清理场地。

二、焊前准备

1. 设备和工具

需要准备的设备与工具见表2-3。

表2-3 设备与工具

名称	用途说明
CO_2气体保护焊机	焊机主要包括电源控制箱、焊枪、送丝机构和供气装置。电源控制箱承担着提供引弧电流的任务；送丝机构将焊丝以适当的预定速度送至焊区；供气装置将气瓶压力经调节器减压并保持恒定后送给焊枪
皮带式研磨机	焊接前，研磨焊接口部位的漆膜层；焊接后，用于焊接部位的修饰作业
焊接电缆	传导电流，通常截面积为50 mm^2
通针	通堵塞的针嘴
敲渣锤和钢丝刷	清理焊缝表面、焊缝层间的焊渣及焊件上的铁锈、油污
夹具	在焊接钢板、梁件时，用于板件的临时固定
空气枪	吹除打磨粉尘、灰尘等杂质
遮盖毯	遮盖非焊接区域，防止飞溅烫伤汽车漆膜
锉刀	修整、打磨工具

2. 磨除焊接部位漆膜、切割表面毛刺等杂质

为了使焊接顺利进行，需用打磨机磨除焊接部位的漆膜、锈蚀等杂质。在打磨过程中，注意不要打磨过度，以磨除漆膜为目的，不要过多打磨钢板，造成钢板厚度减小，影响钢板力学性能。

3. 清除打磨粉尘等杂质

先用空气枪吹除粉尘等杂质，再用清洁的擦拭布蘸清洁剂擦拭被打磨表面，同时用另一块清洁的擦拭布立即将表面擦干。

4. 遮护

对焊接部位附近不需要焊接的表面进行遮护处理，以防止焊接飞溅损伤非焊接表面。

5. 焊接工艺参数的选择

若钢板厚度相同而接头形式不同，工艺参数应加以调整，搭接接头、T形接头时的电压、电流可稍提高一些。以下数据为平焊时适用的工艺参数，立焊、仰焊、横焊时，应适当调整。

1）焊丝直径

短路过渡焊接主要采用细焊丝，特别是直径在0.6~1.2 mm范围内的焊丝。随着直径增大，飞溅颗粒和数量都相应增大。在实际应用中，焊丝直径最大用到 1.6 mm。直径大于 1.6 mm 的焊丝，如再采用短路过渡焊接，飞溅将相当严重，所以生产上很少应用，焊丝直径的选择见表 2-4。

表 2-4 焊丝直径选择

焊丝直径/mm	焊件厚度/mm	焊接位置
0.8	1~3	各种位置
1.0	1.5~6	
1.2	2~12	
1.6	6~25	
>1.6	中厚	平焊、平角焊

2）焊丝伸出长度

由于短路过渡焊接所用的焊丝都比较细，因此在焊丝伸出长度上产生的电阻热便成为不可忽视的因素。焊丝伸出长度过大，焊丝容易发生过热而成段熔断；喷嘴至焊件距离增大，保护效果变差，飞溅严重，焊接过程不稳定。焊丝伸出长度过小，喷嘴至焊件距离减小，飞溅金属容易堵塞喷嘴。一般焊丝伸出长度为焊丝直径的 10 倍较为合适，通常为 5~15 mm。

3）电弧电压

电弧电压的大小决定了电弧的长短和熔滴的过渡形式。实现短路过渡的条件之一是保持较短的电弧长度。就焊接参数而言，短路过渡的一个重要特征是低电压。为减少飞溅，保证焊接电弧的稳定性，CO_2 气体保护焊应选用直流反接。

惰性气体保护焊焊接参数的调整

如图 2-12 所示，在一定的焊丝直径及焊接电流（即送丝速度）下，若电弧电压过低，则电弧引燃困难，焊接过程不稳定；若电弧电压过高，则由短路过渡转变成大颗粒过渡，焊接过程也不稳定。只有电弧电压与焊接电流匹配得较合适时，才能获得稳定的焊接过程，并且飞溅小、焊缝成形好。

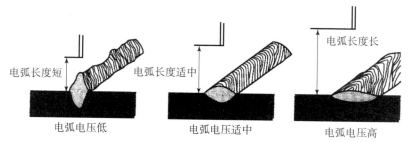

图 2-12 电弧电压对焊缝成形的影响

4）焊接电流

在生产中选择焊接参数时，除了要考虑飞溅大小外，还需考虑生产率等其他因素，所以实际使用的焊接电流远比典型参数大。图 2-13 所示为四种直径焊丝适用的电流和电弧电压范围，在这个范围内焊接过程的稳定性和焊接质量均较好。

惰性气体保护焊焊接参数的调整

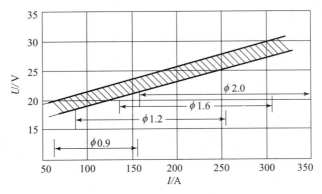

图 2-13 短路过渡焊接时适用的电流和电弧电压范围

5) 气体流量

气体流量通常选择 5~15 L/min（粗焊丝可适量增加）。若焊接电流增大、焊接速度加快、焊丝伸出长度较大或在室外作业等情况下，气体流量应加大，以使保护气体有足够的挺度，加强保护效果。但气体流量也不宜过大，以免将外界空气卷入焊接区，降低保护效果。

惰性气体保护焊焊接参数的调整

6) 焊接速度

焊接速度过快，易产生咬边、未熔合等缺陷，且气体保护效果差，可能出现气孔；焊接速度过慢，则易产生烧穿，焊件变形增大，生产率降低。焊接速度应根据具体情况选择，一般为 400~520 mm/min。

7) 送丝速度

送丝速度较慢，形成的焊接接头较平扁，焊接的反光亮度增强；送丝速度太快，焊丝不能充分熔化，并产生大量飞溅，焊接的反光为频闪弧光。

惰性气体保护焊焊接参数的调整

8) 焊丝位置

焊丝轴线相对于焊缝中心线（基准线）的角度与位置会影响焊道的形状和熔深。在包含焊丝轴线和基准线的平面内，焊丝轴线与基准线垂线的夹角称为行走角。上述平面与包含基准线垂直面之间的夹角称为工作角，如图 2-14 所示。焊丝向前倾斜焊接时称为前倾焊法，向后倾斜焊接时称为后倾焊法。

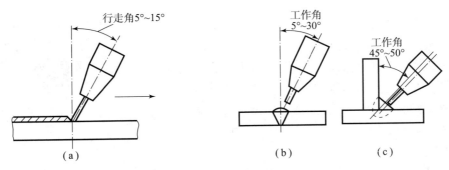

图 2-14 焊丝的行走角与工作角

(a) 行走角；(b) 工作角（平焊）；(c) 工作角（角焊）

焊丝位置对焊缝成形的影响如图2-15所示。当其他条件不变，焊丝由垂直位置变为后倾焊法时，熔深增加，而焊道变窄且余高增大，电弧稳定，飞溅小。行走角为25°的后倾焊法常可获得最大的熔深。行走角一般为5°~15°，以便良好地控制焊接熔池。在横焊位置焊接角焊缝时，工作角一般为45°。

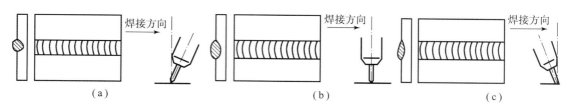

图2-15 焊丝位置对焊缝成形的影响

(a) 后倾焊（焊丝向后）；(b) 焊丝垂直；(c) 前倾焊（焊丝向前）

9）焊接方向

CO_2气体保护焊的操作方法按焊枪移动方向不同可分为左焊法和右焊法，如图2-16所示。右焊法加热集中，热量可以充分利用，熔池保护效果好，而且由于电弧的吹力作用，熔池金属推向后方能够得到外形饱满的焊缝，但焊接时不便确定焊接方向，容易焊偏，尤其是对接接头。左焊法电弧对待焊处具有预热作用，能得到较大熔深，使焊缝成形得到改善。左焊法观察熔池较困难，但可清楚地观察待焊部分，不易焊偏，所以CO_2气体保护焊一般均采用左焊法。

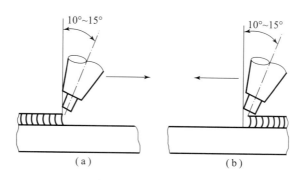

图2-16 CO_2气体保护焊的操作方法

(a) 右焊法；(b) 左焊法

6. 焊接喷嘴的调整

1）喷嘴

如果焊渣附着于喷嘴上，隔离气体将无法正常流动。为保证焊接质量，需清除焊渣，方法为：从焊枪上拆下喷嘴，刮除焊渣，安装喷嘴至焊枪，喷涂防焊渣剂于喷嘴上。

2）电极

如果焊渣附着于电极末端，则不能平顺地送丝，所以必须使用合适的工具清除焊渣。通常用锉刀清除焊渣，如图2-17所示。如果电极孔磨

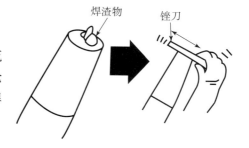

图2-17 清除焊渣

损,将无法形成稳定的电弧,为保证焊接质量,必须更换电极。

三、对焊

1. 引弧及试焊

CO_2气体保护焊一般采用接触短路法引弧,短路引弧法的原理如图2-18所示。引弧时首先送进焊丝,并逐渐接近母材。一旦与母材接触,电源将提供较大的短路电流,利用在A点附近的焊丝爆断,进行引弧。如果在B点爆断,则会导致引弧失败。所以在A点爆断是引弧成功的必要条件。

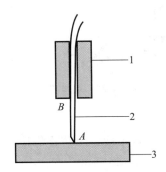

图2-18 短路引弧法
1—导电嘴;2—焊丝;3—工件

引弧前应调节好焊丝的伸出长度,引弧时应注意焊丝和焊件接触不要太近,应使焊丝端头与焊件保持2~3 mm的距离。如果焊丝的末端形成较大圆珠,则将难以产生电弧,所以必须使用尖嘴钳将焊丝末端圆珠剪除,如图2-19所示。

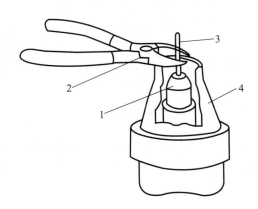

图2-19 剪除焊丝末端圆珠
1—导电嘴;2—尖嘴钳;3—焊丝;4—喷嘴

以同样材质和厚度的试板进行试焊,观察焊缝情况,确认焊接工艺参数是否正确,重复调整参数直至焊缝符合要求。

2. 板件定位

使用大力夹钳定位焊接板件。将工件接缝对准,对焊接板件实施定点焊接。实施定点焊接可使两片钢板先定位,并且可以减少主焊接产生的热变形。焊点间距是板厚的15~30倍,如图 2-20 所示。

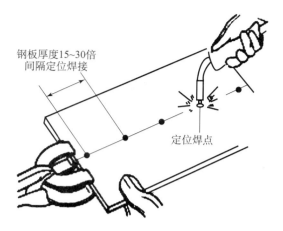

图 2-20 板件定位

3. 主焊接

定点焊接的焊珠将整个焊缝分成若干段，为防止焊接中产生热变形，应按分散热量的原则以合理的顺序焊接每段焊缝，如图 2-21 所示。

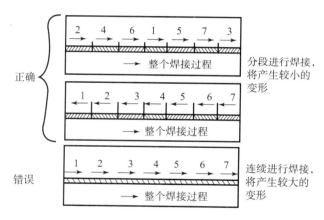

图 2-21 焊接顺序

采用直线移动运丝法焊接，可防止焊枪晃动。在焊接每段焊缝时，对准定点焊接的末端，间断地按焊枪开关，以焊珠连接定点焊接的点，如图 2-22 所示。焊接薄钢板时，必须间断操作焊枪开关，如图 2-23 所示。

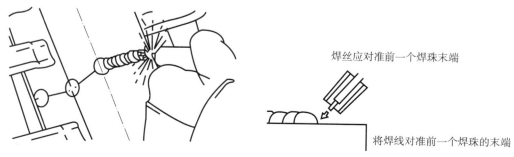

图 2-22 焊珠的连接

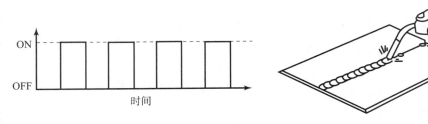

图 2-23 间断操作焊枪开关　　　　　　　　连续点焊

4. 熄弧

当焊接要结束时，不要立即熄弧，否则会在熄弧处留下弧坑，并且易产生裂纹、气孔等缺陷。熄弧时应在弧坑处稍作停留，待弧坑填满后再缓慢抬起焊枪，以使熔池金属在凝固前仍受到良好保护。

CO_2 气体保护焊的施焊过程（包括定位、焊缝的起头、运条方法、焊缝的连接以及焊缝的收尾等）参照项目一中电弧焊的规则要求进行。

5. 消除焊接应力

焊缝完成后，焊缝冷却的同时，对焊缝及周边区域进行锤击可减小焊接残余应力。锤击用的锤子质量一般为 0.5 kg 左右，锤的尖端带有 5 mm 左右的圆角，锤击时，应保持均匀、适度，避免锤击过度产生裂纹。

手工锤击矫正薄板波浪变形的方法如图 2-24 所示。图 2-24（a）所示为薄板原始的变形情况，锤击时锤击部位不能是凸起的地方，否则会朝反方向凸出 [见图 2-24（b）]，接着又要锤击反面，结果不仅不能矫平，反而会增加变形。正确的方法是锤击凸起部分四周的金属，使之产生塑性伸长，并沿半径方向由里向外锤击 [见图 2-24（c）]，或者沿着凸起部分四周逐渐向里锤击 [见图 2-24（d）]。

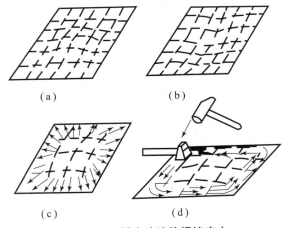

图 2-24 锤击法消除焊接应力

四、搭焊

在车身修理中，搭焊一般用于代替原来存在的焊缝，或是外围板件和非结构性板件。与对接焊不同，这种焊接是将两块板件在搭接边缘处熔化焊接起来，其工艺与对焊相似，可参考上述内容。

1. 焊枪倾角

搭焊的焊缝为一种填角，焊条与焊接方向之间的角度一般取 75°~85°。焊接时，焊枪与下板表面之间的角度应随下板的厚度增加而增大，如图 2-25 所示。

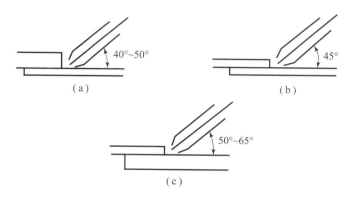

图 2-25　焊枪角度

（a）上板比下板厚；（b）上板与下板一样厚；（c）上板比下板薄

2. 运条方式

当焊脚尺寸较小时，可用单层焊，采用直线形或斜圆形运条方法。焊接时采用短弧，以防止产生焊偏及上板边缘咬边现象。当焊脚尺寸较大时，可用两层两道焊，焊第一层采用直线形运条法，必须将角顶焊透，以后各层采用斜圆形运条法，以防止产生焊偏及咬边等现象。

3. 定位焊接

对焊接板件实施定位焊接，如图 2-26 所示。实施定位焊接可使两片钢板先定位，并且可以减少主焊接产生的热变形。焊接时，将电弧引入下层的金属板，并使熔融金属流入上层金属板的边缘。焊缝余高小于 4 mm，焊缝的起头和收弧处应圆滑，过渡不能太陡，以防止焊缝接头时两端焊不透。定位焊缝长度应为 5 mm 左右，焊缝间距约为 50 mm。

定位焊

4. 搭焊主焊接

定位焊将整个焊缝分成若干段，为防止热变形，主焊接时不得连续完成，应分步按顺序进行，以防止焊接热量蓄积，影响焊接质量。平焊时，容易在上板边缘产生咬边，也容易产生焊偏，造成未焊透，所以要掌握好焊接角度和运条方法。焊枪与下板表面的角度应偏向板厚的一侧，钢板比较薄，故应使用直线运条法进行单层焊接，如图 2-27 所示。

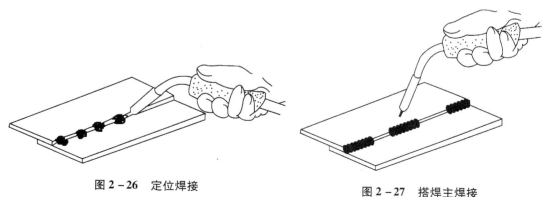

图 2-26　定位焊接　　　　　　　　图 2-27　搭焊主焊接

焊接结束后，关闭电源和气源。

五、焊接质量检查

在操作中使用 0.8 mm 焊丝，钢板厚度 1.0 mm，焊接质量检查参考以下标准：
（1）钢板没有明显变形。
（2）没有裂纹、孔洞和咬边。
（3）没有过多的飞溅。
（4）焊珠形状比较规则。
（5）焊缝完全填满。
（6）焊缝余高不超过 2 mm。
（7）焊珠宽度为 6 mm 左右。
（8）没有烧穿。
（9）有明显熔深。

六、焊后处理

1. 研磨焊缝

使用研磨机研磨焊缝及焊珠周围区域至钢板表面高度为止，如图 2-28 所示。

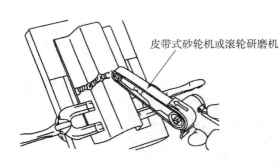
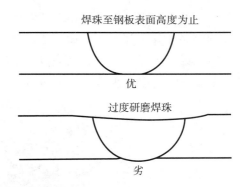

图 2-28 研磨焊缝

2. 施涂防锈剂

在焊接过程中，焊接热量会损伤焊接钢板背面的防锈层，为保证钢板以后的使用性能，需在焊接部位的背面施涂防锈剂，如图 2-29 所示。此程序在涂装作业后实施。

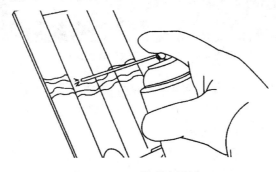

图 2-29 施涂防锈剂

任务2　CO_2气体保护塞焊

学习目标

1. 能够完成本任务的安全及资料查阅。（符合"汽车车身钣金修护与车架调校技术（中级）任务2. 准备工作，2.2 安全及资料查阅"的要求）
2. 能够叙述塞焊在车身维修中的作用与焊珠形成。
3. 能够掌握塞焊施工的操作规程和注意事项。
4. 能够准备CO_2气体保护操作的各种劳动保护及焊前准备。（符合"汽车车身钣金修护与车架调校技术（中级）任务1 工作安全，1.2 安全注意事项"的要求）
5. 能够根据钢板的不同厚度规范完成焊接参数的设定和质量检验。
6. 能够使用CO_2气体保护焊设备规范地完成塞焊作业。（符合"汽车车身钣金修护与车架调校技术（中级）任务4. 钣金焊接与切割，4.3 焊接切割操作"的要求）
7. 能够培养良好的安全、卫生习惯及团队协作意识。

案例分析

某轿车发生刮碰事故，车身后部发生严重变形，扯破右后翼子板下裙位约45 cm。该车备舱内相关联部件全部毁坏，如图2-30所示。基于"弯曲变形就修，折曲变形就换"的汽车碰撞修理原则，且该车后翼子板使用的是高强度钢，而高强度钢在任何情况下都不能用加热来矫正。综合以上因素，应更换后翼子板。

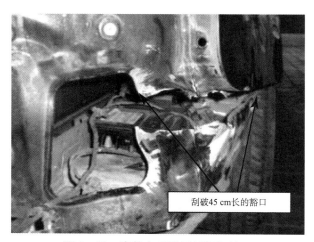

图2-30　事故车后翼子板损坏情况

汽车后翼子板在更换中，因为其与车身不是分离的，即一个整体，因此，在施工中应先切割新件至需要的形状，如图2-31所示，再进行焊接，通常我们用塞焊的方法来代替车身原有的电阻点焊焊点，如图2-32所示。

更换后翼子板的注意事项和技巧：

（1）要确认切割的范围，不要割大或割小，且不要损伤里子或内饰，必须小心切割。

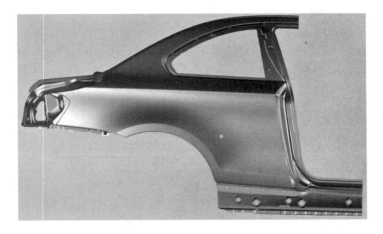

图 2-31 切割新件

图 2-32 事故车后翼子板更换后的情况

（2）在比试新件时，要注意后挡风、后门、后杠、后机盖、后尾灯的线条和整体美观度，做到在比试时分毫不差、心中有数。

（3）上下、左右、前后要临时固定好，焊接时要注意即时变形，特别是在焊接两道处于面上的焊口时，切记要边焊边看，而且注意焊法，不能产生热胀冷缩影响整体效果，造成不可挽回的错误。

更换后翼子板是一个复杂的工程，要做大量的工作，而且不能返工，讲究一气呵成，所以在开始以前准备工作要做到位，做具体。

相关知识

一、塞焊的作用

塞焊

塞焊是焊接的一种工艺方式，是指两板件相叠，其中一块开孔，然后在孔中焊接两板所形成的填满孔形的焊接方法，如图 2-33 所示。

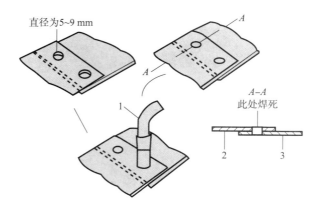

图 2-33 塞焊过程
1—焊枪；2—上层金属板；3—下层金属板

在车身修复过程中，塞焊用来代替汽车制造时所用的电阻点焊。它的应用广泛，焊接后的接头具有足够的强度来承受各结构件的载荷。塞焊还可用于装饰件的外部板件和其他金属薄板。

二、塞焊的焊珠形成

塞焊是通过一个孔进行焊接的，塞焊之前需要先在外侧焊板上钻出或冲出孔来。焊接时应将两焊板夹紧，焊枪应垂直于焊板正面，将焊丝插入孔内，短暂地按下扳机开关激发电弧，然后松开扳机，使熔滴冷却凝固，也可以设定开关时间，以保证每个塞焊点熔池形成的焊珠均匀。塞焊熔滴的形成过程可参考本项目任务 1 中关于"熔滴过渡"的内容。

三、塞焊注意事项

（1）一定要让焊接深入到下面的金属板，在金属板下面的半球形隆起表明有适当的焊接熔深。

（2）间断的塞焊会在金属表面上产生一层氧化物薄膜，从而形成气泡。如果发生这种情况，可用钢丝刷来清理氧化物薄膜。在进行一个孔的焊点塞焊时要求一次完成，以避免二次焊接。

（3）塞焊过的部位应该自然冷却，然后才可以焊接相邻部位。不能用水或压缩空气对焊点周围进行强制冷却，应让其缓慢、自然冷却，以减少金属板的变形，并使金属板保持原有的强度。

（4）当使用塞焊将两个以上的金属板焊接在一起时，应在每一层金属板上冲一个孔（最下面的金属板除外）。每一层金属板的塞焊孔直径应小于最上层金属板塞焊孔的直径。采用塞焊法焊接不同厚度的金属板时，应将较薄的金属板放在上面，并在较薄的金属板上钻较大的孔，这样可以保证较厚的金属板能首先熔化。

四、提高塞焊质量的途径

为了提高塞焊质量，应注意以下几个方面：

（1）调整适当的时间、电流和温度。
（2）把各工件紧密地固定在一起。
（3）使用的焊丝与被焊接的金属相熔。
（4）底层金属应首先熔化。
（5）夹紧装置必须位于焊接位置的附近。

一、劳动安全与卫生

塞焊施工中的劳动安全与卫生要求可参考本项目任务1。

二、焊前准备

1. 设备与工具

此任务所需设备和工具见表2-5。

表2-5 设备和工具

设备和工具名称	用途说明
CO_2气体保护焊机	搭接焊主要设备
气动切割锯	用于切割钢板
气动钻	用于塞焊打孔
打孔器	用于塞焊打孔
皮带式打磨机	打磨焊接区域漆膜、铁锈、毛刺；打磨修整焊缝
夹具	夹紧定位钢板
划针	用于切割钢板划线
色笔	用于画线
直尺、卷尺	切割钢板时，用于测量尺寸，确定切割位置
遮盖毯	遮盖非焊接区域，避免非焊接区域的车身部件损伤

2. 切割焊接板件

根据焊接板件形状和要求，切割需更换的后翼子板。

3. 钻塞焊孔

塞焊应完全按原有的点焊点的数量和尺寸进行，钻出或冲出的孔不应大于原点焊熔核的直径，如图2-34所示。后翼子板为非结构性板件，取塞焊孔径5 mm。钻孔时，注意钻孔形成的毛边应向外，如果形成的毛边向内，在塞焊孔附近会形成间隙，影响塞焊的质量。

外围装饰板件的塞焊孔径通常为5 mm，对于装饰板件，如果孔径过大，则后面的打磨工作量很大，但这个

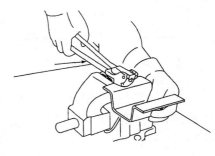

图2-34 钻塞焊孔

孔径对结构件上的塞焊孔是不够的。为满足强度要求，大多数结构件上的塞焊孔径应为 6 ~ 8 mm。结构性板件上的塞焊孔径建议取 8 mm，非结构性板件塞焊孔取 5 mm。

4. 打磨焊接区域

用打磨机清除焊接区域漆膜、铁锈，磨除切割毛刺。

5. 清除粉尘等杂质

清除切割、打磨的粉尘、铁锈等杂质，再用清洁的擦拭布蘸清洁剂擦拭被打磨表面，同时用另一块清洁的擦拭布立即将表面擦干，注意焊接部位的清洁度。

6. 遮护

塞焊部位附近不需要焊接的表面需进行遮护处理，以防止焊接飞溅损伤非焊接表面。

7. 焊接喷嘴的调整

焊接喷嘴的调整见本项目任务 1 中"焊接喷嘴的调整"。

三、焊接施工

1. 板件定位

（1）把更换的后翼子板装配到车身上，调整新板件与周围板件的配合，将新板件与车身原有板件的两块钢板叠加在一起并固定好它们的位置。

（2）从孔中观察两块钢板之间是否有间隙。如果钢板间有间隙，则使用手锤和手顶铁修正钢板的变形或使用大力夹钳夹紧孔口周围，以防止产生任何间隙。

2. 引弧及试焊

可参考本项目任务 1 中的"引弧及试焊"。试焊的过程中，可以采用破坏性试验来检验焊接质量。其试验检测标准为：塞焊扭曲破坏后，下面工件上必须有直径不小于 10 mm 的孔。

3. 塞焊

（1）将焊枪竖立起来，焊枪与板件的角度基本成 90°，如图 2 - 35 所示。

（2）调整好焊接姿势，保证能够斜向观察焊枪的末端，如图 2 - 36 所示。

图 2 - 35 焊枪竖立　　　　图 2 - 36 焊接姿势

（3）填满每个塞焊孔。平焊时，将焊线对准孔的边缘，扳动焊枪开关，沿孔口周围缓慢移动焊枪，填满孔口，松开焊枪开关，如图 2 - 37 所示。立焊时，起点在 1 点钟位置，如图 2 - 38 所示。

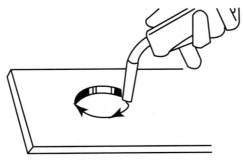
图 2-37 平焊塞孔的方法

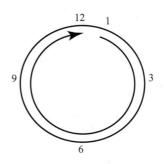
图 2-38 立焊塞孔的方法

(4) 焊接结束后,关闭电源和气源。

四、焊接质量检查

对于 1.0 mm 钢板、0.8 mm 焊丝、5 mm 塞焊孔,质量检查可参考以下标准:
(1) 没有裂纹。
(2) 孔没有完全填满。
(3) 没有咬边。
(4) 焊珠高度不超过 2 mm。
(5) 焊珠宽度为 8 mm。
(6) 无烧穿。
(7) 有明显熔深。
(8) 熔深直径为 2.5~3.0 mm。

五、焊后处理

研磨焊珠。利用皮带式砂轮机对焊珠进行研磨。将焊珠研磨到与周围平齐为止,并根据需要做防锈处理。

微课:气体保护焊的原理

知识与技能拓展

药芯焊丝 CO_2 气体保护电弧焊的基本原理与普通 CO_2 气体保护焊一样,它以可熔化的药芯焊丝作为电极(通常接正极),焊件作为另一极,通常采用纯 CO_2 或 CO_2 + Ar 混合气作为保护气体。其与普通熔化极气体保护焊的主要区别在于焊丝内部装有焊剂混合物。

焊接时,在电弧热的作用下,熔化状态的焊剂材料、焊丝金属、焊件金属和保护气体相互之间发生冶金作用,同时形成一层较薄的液态熔渣,包覆熔滴并覆盖熔池,对熔化金属形成了又一层保护。这种焊接方法实质上是一种气渣联合保护的方法,如图 2-39 所示。

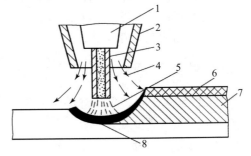

图 2-39 药芯焊丝 CO_2 气体保护焊示意图
1—导电嘴;2—喷嘴;3—药芯焊丝;4—CO_2 气体;
5—电弧;6—熔渣;7—焊缝;8—熔池

一、药芯焊丝 CO_2 气体保护焊的特点

药芯焊丝 CO_2 气体保护焊综合了焊条电弧焊和普通熔化极气体保护焊的优点。

(1) 采用气渣联合保护,电弧稳定,飞溅少且颗粒细,容易清理;熔池表面覆有熔渣,焊缝成形美观。

(2) 焊丝熔敷速度快,熔敷效率为85%~90%,生产率为焊条电弧焊的3~5倍。

(3) 焊接各种钢材的适应性强。通过调整焊剂的成分与比例,可提供所要求的焊缝金属化学成分。

但药芯焊丝 CO_2 气体保护焊也有不足之处,主要有以下几方面。

(1) 焊丝制造过程复杂。

(2) 送丝较困难,需要特殊的送丝机构。

(3) 焊丝外表面容易锈蚀,其内部粉剂易吸潮。

二、药芯焊丝

药芯焊丝是由08F冷轧薄钢板经轧机纵向折叠加粉后拉拔而成。焊丝的断面结构可以有不同的形式,如图2-40所示,常将O形断面的药芯焊丝称为管状焊丝,其他的类型称为折叠焊丝。

管状焊丝由于芯部粉剂不导电,电弧容易沿四周的钢皮旋转,故电弧稳定性较差,飞溅较大,焊缝成分不均匀。折叠焊丝因焊丝内部亦能导电,所以电弧燃烧稳定,焊丝熔化均匀,冶金反应充分,容易获得优质的焊缝。

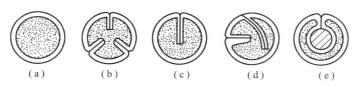

图2-40 药芯焊丝的截面形状

(a) O形;(b) 梅花形;(c) T形;(d) E形;(e) 中间填丝形

由于小直径折叠焊丝制造困难,因此,一般焊丝直径≤2.4 mm 时制成O形;直径>2.4 mm 时,制成折叠型。药芯焊丝芯部焊剂的成分和焊条的药皮类似,含有稳弧剂、脱氧剂、造渣剂和铁合金等,起着造渣、保护熔池、过渡合金和稳弧等作用。其粉剂成分可分为钛型、钙型和钛钙型几种。

三、焊接工艺参数

药芯焊丝 CO_2 气体保护焊的工艺参数主要有焊接电流、电弧电压、焊接速度、焊丝伸出长度、保护气体流量和焊丝位置等。

1. 焊接电流和电弧电压

由于药芯焊丝 CO_2 气体保护电弧焊使用的焊剂成分改变了电弧特性,因此,直流或交流、平特性或下降特性电源均可使用,但通常采用直流平特性电源。

当其他条件不变时,焊接电流与送丝速度成正比。当采用纯 CO_2 气体保护焊时,通

常用长弧法焊接，焊接电流通常在 250～750 A，电弧电压为 24～26 V，焊接速度通常 >500 mm/min。

2. 焊丝伸出长度

焊丝伸出长度对电弧的稳定性、熔深、焊丝熔敷率等均有影响。对给定的送丝速度，焊丝伸出长度随焊接电流的增加而减小。焊丝伸出长度太长，会使电弧不稳定且飞溅大；焊丝伸出长度太短，会使电弧过短，飞溅物易堵塞喷嘴，使气体保护不良而易产生气孔。通常伸出长度为 19～38 mm。

药芯焊丝 CO_2 气体保护焊既可采用半自动焊也可采用自动焊；利用不同焊剂来控制渣的黏度，不仅可进行平焊也可进行全位置焊接。

思考与练习

一、思考题

1. 分析 CO_2 气体保护焊产生飞溅的原因、危害以及减少飞溅的措施。
2. CO_2 气体保护焊可能产生哪几类气孔？说明各类气孔产生的原因。
3. CO_2 气体保护焊设备的组成及工作原理是什么？
4. CO_2 气体保护焊的工艺参数都有哪些？它们是如何选择的？
5. 搭焊与对焊相比有哪些特点？
6. 塞焊的作用是什么？
7. 试述药芯 CO_2 气体保护焊的工艺特点、常用焊丝结构形式及适用范围。

二、单项选择

1. CO_2 气体保护焊不适合于焊接（　　）。
   A. 低碳钢　　　　B. 合金钢　　　　C. 不锈钢　　　　D. 高碳钢
2. 采用 CO_2 气体保护焊时，如果焊缝出现气孔，则最可能是（　　）气孔。
   A. N_2　　　　　B. H_2　　　　　C. CO　　　　　　D. CO_2
3. 采用细焊丝 CO_2 气体保护焊时，焊丝的伸出长度取（　　）倍的焊丝直径较为合适。
   A. 5　　　　　　B. 10　　　　　　C. 15　　　　　　D. 20
4. 采用 CO_2 气体保护焊时，常用焊丝中的（　　）合金元素来联合脱除 CO_2 电弧气氛的氧化性。
   A. Al 和 Ti　　　B. Mo 和 V　　　C. Mn 和 Si　　　D. Ti 和 Mn
5. CO_2 瓶中气体压力降至（　　）MPa 时，应停止用来焊接。
   A. 5　　　　　　B. 3　　　　　　C. 2　　　　　　D. 1
6. CO_2 气体保护焊所用的送丝方式中，（　　）不适于远距离送丝。
   A. 推丝式　　　　B. 拉丝式　　　　C. 推拉式　　　　D. 行星式
7. 焊接对 CO_2 纯度（合格品）的要求是：CO_2 >（　　）%（体积比）。
   A. 99.3　　　　　B. 99.5　　　　　C. 99.7　　　　　D. 99.9
8. 采用 CO_2 气体保护焊时，焊机气路系统中的预热器要通电预热几分钟，目的是（　　）。
   A. 干燥保护气体　　　　　　　　B. 预热保护气体

C. 防止气瓶口结冰　　　　　　　　D. 以上都正确

9. 汽车后翼子板更换时，需要预钻（　　）直径的塞焊孔。

A. 3 mm　　　　B. 5 mm　　　　C. 8 mm　　　　D. 10 mm

10. 塞焊时，焊枪与板件的角度成（　　）。

A. 45°　　　　　B. 60°　　　　　C. 80°　　　　　D. 90°

三、多项选择

1. CO_2 气体保护焊的工艺特点包括（　　）。

A. 焊接成本低　　B. 生产率高　　C. 适用范围广　　D. 抗裂能力较强

2. 在车身维修过程中，CO_2 气体保护焊的主要设备包括（　　）部分。

A. 水冷系统　　　B. 供气系统　　C. 送丝系统　　　D. 控制系统

3. 减压阀在供气系统中能实现（　　）的功能。

A. 降低气体压力　B. 升高气体压力　C. 测量气体压力　D. 控制气体流量

4. 关于 CO_2 气体保护搭焊，下列说法错误的是（　　）。

A. 搭焊一般用于代替外围板件和结构性板件上原来存在的焊缝

B. 搭焊时，焊枪与下板表面之间的角度应随下板的厚度增加而减小

C. 当焊脚尺寸较小时，可用单层焊，采用直线形或斜圆形运条方法

D. 因为搭接处的板厚增加，所以可以采用比对焊更大的电流

5. （　　）是选择 CO_2 气体保护焊气体流量的根据。

A. 焊接电流　　　B. 电弧电压　　C. 焊接速度　　　D. 坡口形式

四、判断

（　　）1. $CO_2 + O_2$ 焊的好处是焊接效率高，主要用于焊接有色金属。

（　　）2. CO_2 气体保护焊机气路系统中的预热器可以去除 CO_2 中含有的水分。

（　　）3. 在用 CO_2 气体保护焊进行车身维修时，若焊接电流增大、焊接速度加快或在室外作业，应增大气体流量。

（　　）4. 在用 CO_2 气体保护焊进行车身维修中，最常使用的熔滴过渡形式是短路过渡。

（　　）5. 通常 CO_2 是以液态装入钢瓶中，气瓶外表涂天蓝色漆并写有黑色字样。

（　　）6. 因没有药皮的作用，CO_2 气体保护焊不会产生烟雾和其他有害气体。

（　　）7. 为减少飞溅，保证焊接电弧的稳定性，CO_2 气体保护焊应选用直流正接。

（　　）8. 焊缝完成后，焊缝冷却的同时，对焊缝及周边区域进行锤击可减小焊接残余应力，锤击的力量越大越好。

项目三 惰性气体保护焊

任务1 熔化极惰性气体保护焊

学习目标

1. 能够完成本任务的安全及资料查阅。（符合"1+x 汽车车身钣金修护与车架调校技术（中级）任务2. 准备工作，2.2 安全及资料查阅"的要求）

2. 能够正确描述 MIG 焊的原理、特点及应用。

3. 能够正确描述 MIG 焊设备和工具的构成及作用。（符合"汽车车身钣金修护与车架调校技术（中级）任务1. 工作安全，1.3 钣金设备使用注意事项"的要求）

惰性气体保护焊

4. 能够准备 MIG 焊操作的各种劳动保护。（符合"1+x 汽车车身钣金修护与车架调校技术（中级）任务1 工作安全，1.2 安全注意事项"的要求）

5. 能够正确完成焊接前的准备工作，明确焊接操作规范。（符合"1+x 汽车车身钣金修护与车架调校技术（中级）任务2. 准备工作，2.1 修复前的准备工作"的要求）

6. 能够使用 MIG 焊设备规范地进行焊接操作。符合"1+x 汽车车身钣金修护与车架调校技术（中级）任务4. 钣金焊接与切割，4.3 焊接切割操作"的要求）

7. 能够注意培养良好的安全、卫生习惯及团队协作意识

案例分析

随着现代汽车制造技术的飞速发展，汽车制造企业在车身生产中开始逐步使用新材料。在众多采用新材料的车辆中，铝合金材料以其低密度、高耐磨性、强抗腐蚀性、优异的导热性、加工成形性好和再生性高等优点脱颖而出，成为使汽车轻量化的首选材料。有些车辆已经在车身局部或整体采用了铝质板材，如图3-1所示。使用铝材的车型有很多，如宝马、奥迪、沃尔沃、路虎、捷豹等，铝合金在汽车上的使用也呈逐年递增的趋势。

当然，汽车使用铝材也存在一些不足。在生产铝质车身的汽车时，焊接铝质车身比焊接传统钢质车身能耗增加60%，而且一旦发生交通事故，铝质车身的维修费用较高。由于铝材的熔点较低、可修复性差，维修技师需要使用专用铝车身修复工具及特殊的工艺方法进行修复。

汽车上的铝合金结构件在修复的过程中最好不要用加热的方法，通常使用铆接和粘接。但是在一些需要良好的机械性能或密封性的位置，必须使用焊接方法。铝合金的焊接方法有

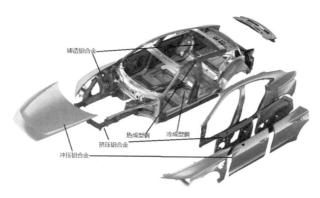

图 3-1 奥迪 A8 铝质车身　　　　各类铝合金在车身中的应用

很多，须根据铝合金的牌号、焊件的用途和工作环境、产品结构、生产条件以及焊接接头质量要求等因素加以选择。本任务以铝质车身的焊接为例，来学习熔化极惰性气体保护焊的焊接工艺特性和使用范围。

相关知识

一、铝合金的焊接特性

1. 铝及铝合金

铝是银白色的轻金属，它的熔点为 658℃，密度为 2.7 g/cm³。铝的电导率较高，仅次于金、银、铜，居第四位，而且是地壳中含量最多的金属元素。纯铝具有面心立方点阵结构，没有同素异构转变，塑性好，无低温脆性转变，但强度低。因此在汽车工业中应用最广泛的是铝合金。铝合金主要有两种类型：变形铝合金和铸造铝合金，其中变形铝合金又可以分为非热处理强化型和热处理强化型两种。

1）非热处理强化型铝合金

非热处理强化型铝合金也称非时效强化铝合金（即防锈铝合金），它包括铝锰和铝镁合金两类。这种合金的特点是强度中等，塑性良好，容易通过压力加工制成各种半成品，并具有良好的焊接性、耐振性和耐腐蚀性，因此又称为防锈铝合金。

2）热处理强化型铝合金

热处理强化型铝合金也称时效强化铝合金（分为硬铝、锻铝和超硬铝合金三类）。硬铝合金中的铜、硅、镁等元素能形成溶解于铝的化合物，从而促使合金在热处理时强化。硬铝的耐蚀性能差，为提高其耐蚀性，常在硬铝板表面上覆盖一层工业纯铝保护层。锻铝系铝—镁—硅系合金在高温下具有良好的塑性，因此适宜于制造锻件及冲压件。超硬铝合金属铝—锌—镁—铜系合金，抗拉强度可达 588 MPa，但塑性较差，且由于合金中含锌量较多，故形成晶间腐蚀及焊接热裂纹的倾向较大。

热处理强化型铝合金经热处理后强度显著提高，例如退火状态下硬铝的抗拉强度为 160~220 MPa，经过淬火及时效后抗拉强度增至 312~460 MPa。这类合金的强度很高，但焊接性差，焊接过程中容易出现热裂纹，焊后接头强度的软化比较严重，用一般的熔焊方法不易保证质量，所以多采用电阻点焊、缝焊制造受力较大的构件。

铸造铝合金具有一定的强度、优良的耐蚀性及铸造工艺性。铸造铝合金具体可分为铝硅、铝镁、铝铜系合金等类型。常用的铝硅合金，其密度小，液体流动性好，并且具有良好的耐腐蚀性及较高的力学性能。典型的铝硅合金牌号为 ZL102，含硅量为 10%~13%。这种合金凝固时的收缩率小，因此用来铸造优质、形状复杂的铸件，如汽车发动机上的汽缸、活塞等。

汽车的焊接结构中主要应用的是变形铝合金,见表3-1。铸造铝合金只在缺陷焊补时会遇到。典型的汽车用变形铝合金的合金系统和其主要组成及力学性能见表3-2和表3-3。

表3-1 在汽车制造中获得应用的变形铝合金

牌号	用途	牌号	用途
1100	车内装潢件、铭牌、镶饰件	6010	壁板、天窗板、门内板、栅栏内板、备用轮架、轮毂、座架和轨道
1200	挤压冷凝管和热传输翅片		
2008	内外覆盖件(壳板)、结构件	6111	车身钣金件、壁板等
2010	内外覆盖件、结构件	6005A	车身零部件
2011	螺钉	6022	内外壳板
2017	紧固件	6051	热交换器
2117	紧固件	6016	车身钣金件
2024	紧固件		
2036	内外覆盖件、承载地板、座位架	6063	挤压结构材料(传动系统零件、连接件、发动机零件等)、门框、窗框、附件等
3002	装潢件、铭牌、镶饰件		
3003	钎焊热交换器管、加热器和蒸发器翅片、加热器内外管、油冷却器及空调管等	6463	挤压结构材料(传动系统零件、连接件等)、门框、窗框等
3004	外用覆盖板和部件	6053	紧固件
3005	钎焊散热器管、加热器和边部支撑、蒸发器零件	6061	车身挤压材、托架挤压材和板、悬架锻件、驱动轴管、冲挤与锻造的驱动轴轭、备用轮架、减震器加强肋、紧固件、制动缸(挤压材)、轮毂、油料输送系统、保险杠、热交换器
4002	复合钎焊板		
4032	锻造活塞		
4044	复合钎焊板		
4104	复合钎焊板		
4043	焊接线、复合钎焊板	6151	结构零件(如传动系统、发动机系统、连接件等)、轮辐、各种支架
5005	装潢、铭牌、镶饰		
5052	覆盖件和零件、卡车减震器	6262	结构零件,如传动系统、发动机系统零件与连接件等
5252	装潢		
5182	内壳板、挡泥板、隔热屏蔽、空气清洁器盘和罩、结构和焊接零件、承载地板	6082	一般结构零件,制动箱零件
		6262	结构零件、制动箱零件、制动活塞、阳极氧化的一般螺钉
5454	各种零件、车轮、发动机辅助托架和发动机座、特种车(自卸车、油罐车、拖车油罐)焊接结构件	6181A	车身板
		7003	座位轨道、减震器加强肋
5457	装潢	7021	减震器用平面规则多边形棒材、托架板、减震器用平面规则多边形光亮棒、减震器用平面规则多边形阳极氧化棒、减震器加强肋
5657	装潢		
5754	内壳板、挡泥板、隔热屏蔽、空气清洁器盘和罩、结构和焊接零件、承载地板		
		7029	光亮的或阳极氧化的减震器用平面规则多边形棒
6591	热交换器、散热器(Radiator)		
6009	车身钣金件(横托架、前翼板、滑动翼板、外翼板)、天窗内板、发动机盖内外板、内门板、栅栏内板、前闸板(Front Flashboard)、承载地板、座架、减震器加强肋、结构和焊接零件	7072	冷凝器和散热器翅片
		7129	减震器用平面规则多边形棒、减震器加强肋、挤压头枕棒、座位轨道挤压件、空气袋充气机零件

表 3-2 汽车用变形铝合金的化学成分（质量分数）　　　%

合金	Cu	Mg	Zn	Si	Fe	Ti	Mn	Ni	其他
2011	5.0~6.0	0.02	0.3	0.4	0.7				Pb0.2~0.6
2014	3.9~5.0	0.2~0.8	0.25	0.5~1.2	0.7	0.15	0.4~1.2	0.1	合计≤0.15
2017	3.5~4.5	0.4~0.8	0.25	0.2~0.8	0.7	0.15	0.4~1.0	0.1	合计≤0.15
2018	3.5~4.5	0.45~0.9	0.25	0.9	1.0		0.2	0.1	Ni1.7~2.3
2024	3.8~4.9	1.2~1.8	0.25	0.5	0.5	0.15	0.3~0.9	0.1	合计≤0.15
2218	3.5~4.5	1.2~1.8	0.25	0.9	1.0		0.2	0.1	Ni1.7~2.3
2219	5.8~6.8	0.02	0.1	0.2	0.3		0.2~0.4	0.02~0.1	V0.10 Zr0.25
2618	1.9~2.7	1.3~1.8	0.10	0.1~0.25	0.9~1.3	0.04~0.1			Ni0.9~1.2
合金2*	0.13~0.23	1.0~1.7	6.5~7.8	0.2	0.4	0.06	0.05~0.35	0.05~0.25	Zr0.08~0.20
7021	0.25	1.2~1.8	5.0~6.0	0.25	0.4	0.1	0.1	0.05	Zr0.08~0.18
X7021	0.25	1.5	5.5		0.46				
7029	0.5~0.9	1.3~2.0	4.2~5.2	0.1	0.12	0.05	0.03	0.03	V≤0.05
X7029	0.7	1.65	4.7		0.12				
7033	0.7~1.30	1.3~2.2	4.6~5.6	0.15	0.30	0.10	0.10	0.20	Zr0.08~0.15
X7046	0.25	1.30	7.1	0.20	0.40	0.06	0.30	0.20	Zr0.1~0.18
7075	1.2~2.0	2.1~2.9	5.1~6.1	0.4	0.5	0.2	0.3	0.18~0.28	合计≤0.15
7129	0.5~0.9	1.3~2.0	4.2~5.2	0.15	0.3	0.05	0.1	0.1	V≤0.05
X7129	0.70	1.65	4.7		0.30				
X7146		1.30	7.1	0.20	0.40	0.06			Zr0.1~0.18
7178	1.6~2.4	2.4~3.1	6.3~7.3	0.4	0.3	0.2	0.3	0.18~0.35	合计≤0.15
A76	0.15	1.61	4.67		0.12				
Z5F	1.25	1.75	4.4		0.25				Zr0.25
ZK55	0.25	1.5	5.5		0.40				
ZK160	0.40	1.0	6.0		0.15				

注：合金2*是由美国铝业公司开发的。

表3-3 汽车用变形铝合金的室温典型力学性能

合金	R_m/(N·mm^{-2})	$R_{p0.2}$/(N·mm^{-2})	A/%	合金	R_m/(N·mm^{-2})	$R_{p0.2}$/(N·mm^{-2})	A/%
2011	405	310	12	X7029	436	387	15
2014	485	415	13	7033	518	483	12
2017	425	275	22	X7046	478	436	13
2018	430	320	12	7075	570	505	11
2024	485	455	10	7129	430	380	15
2218	407	303	13	X7129	436	387	15
2219	485	400	10	X7146	427	387	13
2618	440	370	10	7178	607	538	11
合金2	470	429	14	A76	420	380	15
7021	428	330	13	Z5F	450	400	15
X7021	443	401	13	ZK55	460	410	15
7029	430	380	15	ZK160	420	370	16

2. 铝及铝合金的焊接特点

由于铝及铝合金具有独特的物理化学性能,故在焊接过程中会产生一系列的困难和特点,具体表现有以下几点:

1) 超强的氧化能力

铝板的焊接

铝与氧的亲和力很大,在空气中极易与氧结合生成致密结实的 Al_2O_3 薄膜,厚度约为 0.1 μm。Al_2O_3 的熔点高达 2 050℃,远远超过铝合金的熔点,而且密度大,约为铝的 1.4 倍。在焊接过程中,氧化铝薄膜会阻碍金属之间的良好结合,并易造成夹渣,而且氧化膜还会吸附水分,焊接时会促使焊缝生成气孔。因此,为保证焊接质量,焊前必须严格清理焊件表面的氧化物,并防止其在焊接过程中再氧化,对熔化金属和处于高温下的金属进行有效的保护,这是铝及铝合金焊接的一个重要特点。

2) 较大的热导系数和比热容

铝和铝合金的热导系数、比热容等都很大(约比钢大一倍多),在焊接过程中大量的热能被迅速传导到基本金属内部,因此焊接铝及铝合金比钢要消耗更多的热量。为获得高质量的焊接接头,必须采用能量集中、功率大的热源,有时还需采用预热等工艺措施。

3) 热裂纹倾向性大

铝及铝合金的线膨胀系数约为钢的两倍,凝固时的体积收缩率达 6.5% 左右,因此,焊接某些铝合金时,往往由于过大的内应力而在脆性温度区间内产生热裂纹,这是铝合金,尤其是高强铝合金焊接时最常见的严重缺陷之一。生产中常采用调整焊丝成分的方法防止裂纹的产生,如焊丝 SA1Si5。采用合理的焊接工艺对于防止热裂纹的产生也是有利且必要的。

4) 容易形成气孔

焊接接头中的气孔是铝及铝合金焊接时易产生的另一个常见的缺陷,氢是熔焊时产生气孔的主要原因。铝及铝合金的液体熔池很容易吸收气体,高温下溶入的大量气体,在焊后冷却凝固过程中来不及析出，而聚集在焊缝中形成气孔。弧柱气氛中的水分及焊接材料和母材表面氧化膜吸附的水分都是焊缝气体中氢的主要来源，因此焊接前必须严格清理，并合理选择焊接工艺，以防止产生气孔。

5）焊接热对基体金属的影响

焊接可热处理强化的铝合金时，由于焊接热的影响，会使基体金属近缝区某些部位的力学性能变坏，对于冷作硬化的合金也是如此，使接头性能弱化，并且焊接热输入越大，性能降低的程度也越严重。

6）无色泽变化

铝及铝合金从固态变成液态时，无明显的颜色变化，因此在焊接过程中会给操作者带来不少困难。

二、熔化极惰性气体保护焊的基本原理

熔化极惰性气体保护焊是以连续送进的焊丝作为熔化电极，采用惰性气体作为保护气体的电弧焊方法。在汽车钣金焊接维修作业中，熔化极惰性气体保护焊是最常用的方法之一，它主要应用于一些活性较强金属的焊接，例如不锈钢、耐热合金、铜合金及铝镁合金等。

MIG焊采用可熔化的焊丝与焊件之间的电弧作为热源来熔化焊丝与母材金属，并向焊接区输送保护气体（惰性气体），使电弧、熔化的焊丝、熔池及附近的母材金属免受周围空气的有害作用。连续送进的焊丝金属不断熔化并过渡到熔池，与熔化的母材金属融合形成焊缝金属，从而使工件相互连接起来，其原理如图3-2所示。

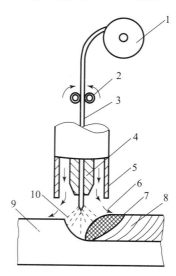

图3-2 熔化极气体保护焊示意图

1—焊丝盘；2—送丝滚轮；3—焊丝；4—导电嘴；5—保护气体喷嘴；
6—惰性气体；7—熔池；8—焊缝；9—母材；10—电弧

三、熔化极惰性气体保护焊的特点

由于MIG焊使用的保护气体是惰性气体，这样就使它具有一些有别于其他熔化极气体

保护焊的特点。

(1) 在氩或富氩气体保护下的焊接电弧稳定。

(2) 由于 MIG 焊熔滴过渡均匀、稳定,所以焊缝成形均匀、美观。

(3) 电弧气氛的氧化性很弱,甚至无氧化性,几乎可以焊接所有金属,尤其适合焊接活泼金属及其合金,如铝及铝合金、镁及镁合金等。

(4) 用焊丝作为电极,可采用高密度电流,因而母材熔深大,填充金属熔敷速度快,与非熔化极惰性气体保护焊相比,大大地提高了焊接工艺性和焊接效率。

熔化极气体保护焊的不足之处有以下几点:

(1) 焊接时采用明弧且使用的电流密度较大,电弧光辐射较强。

(2) MIG 焊比手工电弧焊的焊接设备更复杂,价格高,并且使用惰性保护气体,增加了成本。

(3) 进行室外焊接时,常常受到天气或防护措施的限制。为了避免焊接时保护气体发生爆炸,应对保护气体气瓶采取防护措施。当室外风速超过 2.2 m/s 时,不易采用熔化极气体保护焊进行焊接。

四、焊接设备、工具与材料

1. 焊接设备

MIG 焊设备与工具主要包括电源、控制系统、送丝系统、焊枪及行走系统(自动焊)、供气系统和水冷系统等,如图 3-3 所示。市场上所售的大多数焊机,只需将保护气体由二氧化碳变为氩气,并且大多数送丝方式采用双轮双主动送丝,焊丝变为铝丝,设备及工具的使用可参考本书"CO_2 气体保护焊"部分的内容。用于铝板焊接的焊机在进行任何改装之前,应向焊接设备供应商咨询,并参考焊机操作手册。

图 3-3 MIG 焊设备

2. 焊接材料

1) 氩气

氩气是一种无色、无味的惰性气体,其分子量为 39.938,元素符号为 Ar,在标准状态下,其密度为 1.784 kg/m³(约为空气的 1.4 倍),在空气中含有 0.932% 的氩。氩气的沸点

为 -185.7℃，介于氧和氮之间，是分馏液体空气制取氧气时的副产品。氩气都用瓶装供应，涂有灰色漆以示标记，并写有"氩气"字样。

氩气的密度比空气大，因而焊接时不易漂浮散失，在平焊和横向角焊缝位置施焊时，能有效地排除焊接区域的空气。氩气是一种惰性气体，在焊接过程中不与液态和固态金属发生化学冶金反应，因而使焊接冶金反应变得简单和容易控制，为获得高质量焊缝提供了良好的条件，因此特别适用于活泼金属的焊接。但是氩气不像还原性气体或氧化性气体那样有脱氧或去氢作用，所以对焊前的除油、去锈、去水等准备工作要求严格，否则会影响焊缝质量。

氩气的另一个特点是导热系数很小，加上是单原子气体，不消耗分解热，所以在氩气中燃烧的电弧热量损失较少。氩弧焊时，电弧一旦引燃，燃烧就很稳定，是各种保护气体中稳定性最好的一个，即使在低电压时也十分稳定，一般电弧电压仅为 8~15 V。

2）氦气

同氩气一样，氦气也是一种惰性气体。氦气（He）很轻，其密度约为空气的1/7，它是从天然气中分离而得到的，以液态或压缩气体的形式供应。氦的电离能很高，所以焊接时引弧性能较差。和氩气相比，由于氦的电离能高、导热系数大，在相同的焊接电流和电弧长度下，氦气保护时的电弧电压比氩气要高得多，如图 3-4 所示。因此，氦气保护时其电弧温度和能量密度高，母材的热输入量较大，熔池的流动性较强，焊接效率较高，适用于大厚度和高导热性金属材料的焊接。

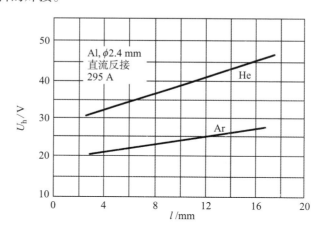

图 3-4　Ar 和 He 的电弧电压特征

氦气比空气轻，因此为了维持适当的保护效果就必须采用大的气体流量。在平焊位置焊接时，其气体流量是氩气的 2~3 倍。氦气适用于仰焊位置，因为氦气上浮能保持良好的保护效果，但纯氦价格昂贵，单独采用氦气保护成本较高，因此应用很少。

3）氩和氦混合气体

氩和氦按一定的比例混合使用时，可获得兼有两者优点的混合气体。其优点是电弧燃烧稳定，温度高，焊丝金属熔化速度快，熔滴易呈现较稳定的轴向喷射过渡，熔池金属的流动性得到改善，焊缝成形好、致密性高。这些优点对于焊接铝及其合金、铜及其合金等热敏感性强的高导热材料尤为重要。

图 3-5 所示为分别采用 Ar、He、He + Ar 三种保护气体焊接大厚度铝合金时的焊缝剖面形状示意图，可见纯氩保护时的"指状"熔深在混合气体保护下得到了改善。

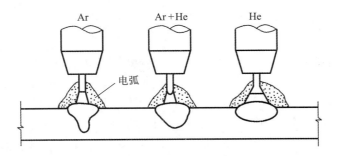

图 3-5 Ar、He、He + Ar 三种保护气的焊缝剖面形状

4）焊丝

铝及铝合金焊丝用作铝合金惰性气体保护焊和气焊时的填充金属。GB/T 10858—2008《铝及铝合金焊丝》规定，这类焊丝的型号以字母"S"表示焊丝，在"S"后面的化学元素符号表示焊丝的主要组成成分，其尾部数字表示同类焊丝不同品种的编号，并用短划"-"与前面化学元素符号分开。表 3-4 列出了铝及铝合金焊丝的型号及其化学成分。

表 3-4 铝及铝合金焊丝

类别	型号	相当于统一牌号②	化学成分（质量分数/%）①										
			Si	Fe	Cu	Mn	Mg	Cr	Zn	Ti	V	Zr	Al	其他元素总和
纯铝	SAl-1	—	Fe+Si=1.0		0.05	0.05	—		0.10	0.05			≥99.0	0.15
	ASl-2	—	0.20	0.25	0.40	0.03	0.03	—	0.04	0.03	—		≥99.7	
	SAl-3	HS301	0.30	0.30	—		—		—	—			≥99.5	
铝镁	SAlMg-1		0.25	0.40	0.10	0.50~1.0	2.40~3.0	0.05~0.20		0.05~0.20			余量	0.15
	SAlMg-2		Fe+Si=0.45		0.05	0.01	3.10~3.90	0.15~0.35	0.20	0.05~0.15				
	SAlMg-3		0.40	0.40	0.10	0.50~1.0	4.30~5.20	0.05~0.25	0.25	0.15				
	SAlMg-5	HS331	0.40	0.40	—	0.20~0.60	4.70~5.70			0.05~0.20				
铝铜	SAlCu	—	0.20	0.30	5.8~6.8	0.20~0.40	0.02		0.10	0.10~0.205	0.05~0.15	0.10~0.25	余量	0.15
铝锰	SAlMn	HS321	0.60	0.70	—	1.0~1.6							余量	0.15
铝硅	SAlSi-1	HS311	4.5~6.0	0.80	0.30	0.05	0.05		0.10	0.20			余量	0.15
	SAlSi-2	—	11.0~13.0	0.80	0.30	0.15	0.10		0.20					

注：摘自 GB/T 10858—2008。
① 除规定外，单个数值表示最大值。
② 统一牌号是指《焊接材料产品样本》中规定的牌号，"HS"表示焊丝，首位数字"3"表示为铝及铝合金焊丝。

技能学习

一、劳动安全与卫生

操作前,学生必须牢记以下劳动安全事项:

(1)铝合金板 MIG 焊时弧光较强,所以焊接时焊工必须戴面罩、穿厚帆布工作服和戴焊工用皮手套,如图 3-6 所示。面罩上的护目镜片应根据焊接电流来选择。

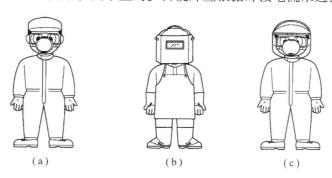

图 3-6 铝板焊接过程使用的防护用品

(a)焊接前;(b)焊接中;(c)焊接后

(2)铝合金板 MIG 焊的紫外线极强,同时焊接过程中还会产生许多有害气体、金属粉尘和清洁剂的蒸气等。为此焊接作业处应当适当通风,但风速不得大于 0.5 m/s,以防破坏气体保护效果。

(3)焊接前要提醒周围的同学,防止弧光误伤他人,刚焊好的焊件不能直接用手接触,要待工件冷却后再接触,以防止烫伤。

(4)焊接接收后要立即切断电源。

(5)焊接完成后,要及时清理场地。

二、焊前准备

1. 设备和工具

需要准备的设备与工具见表 3-5。

表 3-5 设备与工具

名称	用途说明
MIG 焊机	焊接主要设备。电源控制箱承担着提供引弧电流的任务;送丝机构将焊丝以适当的预定速度送至焊区;供气系统将气瓶压力经调节器减压并恒定后送给焊枪
铝用研磨机	焊接前,研磨焊接接口部位的漆膜层;焊接后,用于焊接部位的修饰作业
焊接电缆	传导电流。选择截面积 50 mm^2
通针	通堵塞的针嘴
砂纸(不含铁质)和细钢丝刷	清理焊缝表面和焊缝层间的氧化膜

续表

名称	用途说明
丙酮或四氯化碳等有机溶剂	清理油污
夹具	用于板件的临时固定
空气枪	吹除打磨粉尘、灰尘等杂质
遮盖毯	遮盖非焊接区域，防止飞溅烫伤汽车漆膜
铅笔	用于划线或标记

2. 磨除焊接部位漆膜和氧化膜等杂质

焊接坡口及其附近的表面可用装有 80 号砂轮的砂轮机除去周围的油漆涂层。在打磨过程中，注意不要打磨过度，以磨除漆膜为目的，尽量不要打磨到铝板。

当去除油漆后的铝板暴露于空气中时，很快就会生成一层氧化膜。氧化膜密度高、硬度大，会阻止底材金属焊接在一起。另外，还易于导致铝板变形（特别是薄的铝板），从而增大修理范围。

3. 清除打磨粉尘及表面油污

先用空气枪吹除粉尘等杂质，再用丙酮或四氯化碳等有机溶剂除去表面油污，两侧的清理范围不应小于 50 mm。清洁工具应定期进行脱脂处理。清理好的焊件和焊丝不得有水迹、碱迹或被玷污。

4. 遮护

对焊接部位附近不需要焊接的表面进行遮护处理，以防止焊接飞溅损伤非焊接表面。

5. 焊接工艺参数的选择

若铝板厚度相同而接头形式不同时，工艺参数应加以调整，搭接接头、T 形接头时，电压、电流可稍提高一些。以下数据为平焊时适用的工艺参数，立焊、仰焊、横焊时，应适当调整。

惰性气体保护焊焊接参数的调整

根据焊接工件材料牌号，选用相同焊丝材料牌号进行焊接，可以获得优良的焊接质量。1～2 mm 薄板的对接、搭接、角接及卷边接头等，可以采用短路过渡焊，用带有拉丝式送丝装置的焊枪，焊丝直径为 0.8～1.0 mm，其接头形式及焊接工艺见表 3-6，其他的工艺参数可参考 CO_2 气体保护焊。

表 3-6 铝合金短路过渡焊接的焊接工艺

板厚/mm	接头形式	焊接次数	焊接位置	焊丝直径/mm	焊接电流/A	电弧电压/V	焊接速度/(cm·min⁻¹)	送丝速度/(cm·min⁻¹)	氩气流量/(L·min⁻¹)
2	(0~0.5)	1	全	0.8	70~85	14~15	40~60	—	15
		1	平	1.2	110~120	17~18	120~140	590~620	15~18
1	(0~2)	1	全	0.8	40	14~15	50	—	14
2		1	全	0.8	70 / 80~90	14~15 / 17~18	30~40 / 80~90	— / 950~1 050	10 / 14

6. 安装焊丝盘

安装好焊丝盘,如图 3-7 所示,并装上各种接头。

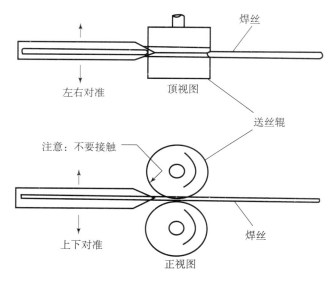

图 3-7 安装好焊丝盘

三、焊接施工

铝及其合金的焊接通常使用惰性气体保护焊,因铝及其合金的特性,其施工要求有其特殊性。在进行铝车身修复前,应查看相关资料以确认板材的成分,并严格按照厂家的要求进行修复操作,不该焊接的部位绝不能进行焊接。

1. 引弧及试焊

MIG 焊一般采用接触短路法引弧。引弧时首先送进焊丝,并逐渐接近母材。一旦焊丝与母材接触,电源将提供较大的短路电流,产生电弧。如果开始焊接前焊丝头部粘附有焊接材料,则会导致电弧生成不良。

以同样材质和厚度的试板进行试焊,如图 3-8 所示。进行钢质车身焊接时,电压和送丝速度调整到正常值,焊接部位会发出平稳清脆的"吱吱"声,而铝材焊接时会发出平稳沉闷的"嗡嗡"声。焊后观察焊缝的成形情况,如图 3-9 所示,再进行适当调整。

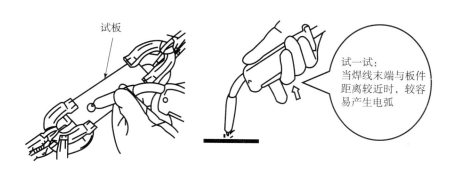

图 3-8 试焊

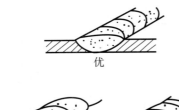

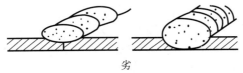

图 3-9 焊缝的成形情况

2. 板件定位

使用大力夹钳定位焊接板件。将工件接缝对准，对焊接板件实施定点焊接。实施定点焊接可使两片铝板先定位，并且可以减少主焊接产生的热变形。焊点间距是板厚的 15~30 倍，如图 3-10 所示。

3. 主焊接

（1）焊枪与焊接部位应接近垂直，稳定地支撑焊枪，电弧对准目标中心点。将焊枪喷嘴末端靠近板件，如图 3-11 所示。

图 3-10 定位焊

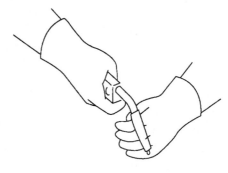

图 3-11 焊枪的稳定支撑

（2）使焊枪开关置于"ON"挡，将焊线末端接触板件以产生电弧。

（3）对准定点焊接的末端，如图 3-12 所示。重复地将开关置于"ON"和"OFF"挡，使用焊枪时间歇性地打开和关闭（间歇操作），以防止出现热蓄积，以及减少焊接烧穿表面的可能，如图 3-13 所示。

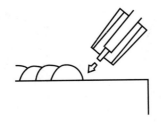

图 3-12 对准定点焊接的末端

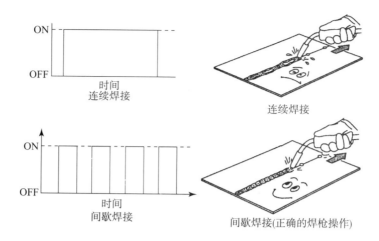

图 3-13 间歇操作

（4）以稳定的姿势移动，防止焊枪晃动。焊枪向前移动，保持 10°~15°，如图 3-14 所示，焊接速度参照表 3-7。这样做是为了使空气与保护气体不发生混合，从而获得稳定的电弧。

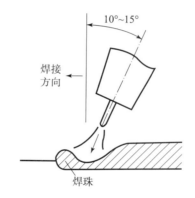

图 3-14 焊枪的角度

表 3-7 焊接速度与焊件厚度的关系

焊件厚度/mm	焊接速度/（cm·min^{-1}）	焊件厚度/mm	焊接速度/（cm·min^{-1}）
0.8	105.0~115.0	1.2	90.0~100.0
>0.8	100.0	1.5	80.0~85.0

（5）最终以焊缝连接定位焊接的点，如图 3-15 所示。

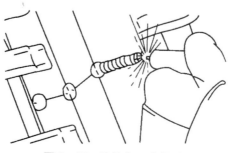

图 3-15 连接每一个焊珠

焊接结束后,关闭电源和气源。

四、焊接质量检查

外观检查。

以肉眼观察为主,观察焊缝外观,评估焊接的完整性,有条件的也可以使用超声波探伤检验。超声波可以检验任何焊件材料及任何部位的缺陷,并且能较灵敏地发现缺陷位置,但对缺陷的性质、形状和大小较难确定,所以超声波探伤常与射线检验(如 X 射线)配合使用。

五、焊后处理

用研磨机研磨去除焊珠和焊珠周围的区域。注意不要过度研磨,否则可能会减弱铝板的强度。

任务 2　钨极惰性气体保护焊

1. 能够正确描述 TIG 焊的原理、特点及应用
2. 能够正确描述 TIG 焊设备和工具的构成及作用。(符合"1 + x 汽车车身钣金修护与车架调校技术(中级)任务 1. 工作安全,1.3 钣金设备使用注意事项"的要求)
3. 能够准备 TIG 焊操作的各种劳动保护。(符合"1 + x 汽车车身钣金修护与车架调校技术(中级)任务 1 工作安全,1.2 安全注意事项"的要求)
4. 能够正确完成焊接前的准备工作,明确焊接操作规范。(符合"1 + x 汽车车身钣金修护与车架调校技术(中级)任务 2. 准备工作,2.1 修复前的准备工作")
5. 能够使用 TIG 焊设备规范地进行焊接操作。符合"1 + x 汽车车身钣金修护与车架调校技术(中级)任务 4. 钣金焊接与切割,4.3 焊接切割操作")
6. 能够注意培养良好的安全、卫生习惯及团队协作意识。

随着汽车工业的不断发展,不锈钢在汽车工业中的应用越来越广。不锈钢不但有耐腐蚀性能,还有良好的物理性能和表面质量,在汽车制造中得到了广泛的使用,目前应用部件主要有以下几类。

1)排气系统用不锈钢

排气系统用不锈钢大部分为铁素体不锈钢,是汽车多数部件应用此类不锈钢。根据排气系统的部位不同,部件结构、气体温度和腐蚀环境等都有较大差别。因此,汽车排气系统除了要求不锈钢材料具有高温强度和耐高温氧化性以外,还要求其具有耐高温腐蚀性、热疲劳特性等性能,如图 3 - 16 所示。

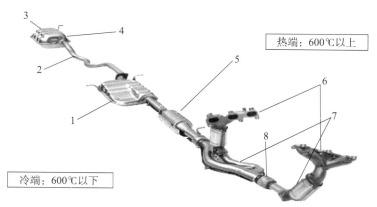

图 3-16 汽车排气系统的组成及使用材料

1—副消声器（409L、436L）；2—中心管（409L、439）；3—尾管（409L、304）；
4—主消声器（409L、436L）；5—催化转换器（409L、436L）；6—排气歧管（441、429、444）；
7—前管（441、429、409L、444）；8—挠性管（304L、321、316L）

2）汽车燃油箱用不锈钢

涂镀普碳钢一般为汽车燃油箱传统用钢，用不锈钢制造的燃油箱不仅没有燃油渗漏的危险，而且具有卓越的耐腐蚀性和良好的成形性能，并可以省去或简化涂装过程，易于回收，如图 3-17 所示。304L、JFE-SX1 等都是常用的不锈钢钢种。

图 3-17 不锈钢燃油箱

3）汽车车架用不锈钢

不锈钢制造的组合式车架最大的特点是刚度大，不锈钢在保证足够高的重量比和强度的同时，还具有良好的韧性、塑性、成形性以及焊接性。组合式汽车车架设计与不锈钢材料的优良性能相结合，便可使制造出的汽车抗撞击性能好、重量轻、安全可靠性高且寿命长，此外，这样的车架还可以完全回收利用。409L、3Cr12、304L 等都是常用的不锈钢钢种。

4）汽车不锈钢零部件

汽车不锈钢零部件主要有不锈钢密封圈和热交换器，密封圈一般采用 301 不锈钢，热交换器一般使用 SUS304、SUS430 和 SUS409L 等不锈钢材料。

5）汽车装饰用不锈钢

汽车上的其他一些外装件除本身应具备的功能外，同时也具有装饰功能。生产企业在小型汽车上使用不锈钢嵌条、天线、车轮盖等，在大型客车及车辆的扶手、安全栏杆、吊手杆上也采用不锈钢。

汽车上的不锈钢制件在修复的过程中通常是使用更换的方法，但是在一些有特殊需要的位置，还需要使用焊接方法。通常我们都使用惰性气体保护焊来修复不锈钢制件，如图 3 – 18 所示。本任务以排气系统不锈钢制件的焊接为例，来学习钨极惰性气体保护焊的焊接工艺特性和使用范围。

图 3 – 18　TIG 焊焊接不锈钢件

一、不锈钢的焊接特性

不锈钢是一种通俗叫法，按用途来讲能抗大气腐蚀的钢就叫不锈钢；能抵抗化学介质酸腐蚀的钢称为不锈耐酸钢；能耐高温的钢称为抗氧化热强钢。按组织状态不同不锈钢可分为马氏体、铁素体、奥氏体、奥氏体—铁素体及沉淀硬化型不锈钢。

不锈钢中最重要的元素是铬，按性能需要还添加一些其他合金元素，如 Ni、Mo、Ti、Nb 等。氧化铬的致密薄膜对钢起保护作用，防止内部继续腐蚀。按照电位腐蚀理论，铬的抗腐性能随含量为 13%、17%、25% 而跳跃上升，所以不锈钢的含铬量都围绕这种含量变化。

不同类型的不锈钢，焊接性能是不一样的，铬镍奥氏体型不锈钢的焊接性比较好，它虽然是高合金钢，但不要求预热，然而若焊接材料选择不当、焊接工艺不合理或没严格遵守焊接工艺，则会出现问题。其主要问题是降低焊接接头的抗晶间腐蚀能力和焊缝出现热裂纹。另外还可能出现 475℃ 脆性和 α 相脆性问题。

焊接铁素体型不锈钢时有产生脆化和冷裂纹的倾向，即过热区晶粒粗大难以热处理细化，常温冲击韧性低。铬含量越高，高温停留时间越长，脆性倾向越严重。当焊缝或热影响区在 400℃ ~ 600℃ 或 650℃ ~ 850℃ 温度停留时间过长时，还可能出现所谓 475℃ 脆性或 α 相脆性，前者是由于铬铁素体的有序化造成的，后者则是铁素体转变成脆性的 α 相而引起的。

马氏体型不锈钢具有强烈的淬硬和冷裂倾向，含碳越高越敏感。焊接时要控制预热温度与层间温度在马氏体始变温度（约 450℃）和终变温度（约 200℃）之间，并控制冷却速度，焊后还要回火（730℃ ~ 790℃）。为防止晶粒粗化，回火不能从预热或层间温度直接加热处理，而应冷却到 150℃ ~ 120℃，保温 2 h，等奥氏体变成马氏体后再及时加热回火处理，以获得具有足够韧性的细晶粒组织。

沉淀硬化型不锈钢焊接时有热影响区产生裂纹的问题。这种裂纹通常是位于近熔合线的微裂纹，与焊缝的热裂纹相似，可以通过控制母材成分来预防，如控制产生低熔共晶的成分。

二、钨极惰性气体保护焊的基本原理

钨极惰性气体保护焊，也称 TIG（Tungsten Inert Gas Welding）焊，是以高熔点的纯钨或钨合金作电极，用惰性气体（氩气、氦气）或其混合气体作保护气的一种非熔化极电弧焊方法。

TIG 焊是在惰性气体的保护下，利用钨极和工件之间产生的焊接电弧熔化母材及焊丝。焊接时，惰性气体从焊枪的喷嘴中喷出，把电弧周围一定范围的空气排出焊接区，从而为形成优质焊接接头提供了保障，如图 3-19 所示。焊接时，保护气体可采用氩气、氦气或氩气 + 氦气混合气体，特殊场合也采用氩气 + 氢气或氦气 + 氢气混合气体。焊丝根据焊件设计要求，可以填加或不填加。如果填加焊丝，一般应从电弧的前端加入或直接预置在接头的间隙中。

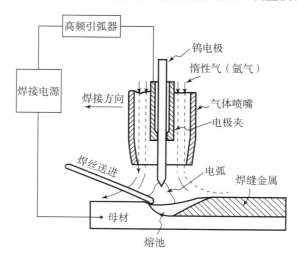

图 3-19　钨极惰性气体保护焊示意图

三、钨极惰性气体保护焊的特点

1. 保护效果好

由于氩气和氦气是惰性气体，既不与金属起反应，又不溶于金属，所以能对钨极、熔池金属及热影响区进行很好的保护，以防止它们被氧化和氮化。

2. 焊接过程稳定

在 TIG 焊电弧燃烧过程中，由于电极不熔化，易维持恒定的电弧长度，故其即使在很小的焊接电流（<10 A）下仍可稳定燃烧。氩气、氦气的热导率小，又不与液态金属反应或溶解在液态金属中，故不会造成合金元素的烧损。同时，填充焊丝不通过电弧区，不会引起很大的飞溅。所以整个焊接过程十分稳定，易获得良好的焊接接头质量。

3. 适宜于各种位置施焊

因为 TIG 焊时热源和送丝可以分别控制，线能量容易调节，可进行各种位置的焊接，也是实现单面焊双面成形的理想方法。

4. 易于实现自动化

TIG 焊是明弧，又没有熔滴过渡，焊接电弧稳定，焊缝成形好，故很容易实现机械化和自动化。现已有环缝自动钨极氩弧焊、管子对接自动钨极氩弧焊等自动 TIG 焊方法。

5. 应用范围广

由于 TIG 焊焊接过程中电弧还有自动清除工件表面氧化膜的作用,因此,TIG 焊不但可以焊接普通的黑金属材料,而且可以焊接易氧化、氮化和化学活泼性强的有色金属、不锈钢及各种合金。

6. 需要特殊的引弧措施

由于氩气和氦气的电离电压较高(15.7V、24.5V),钨极的逸出功又较高,且一般不允许钨极和工件接触,以防止烧损钨极,产生夹钨缺陷,所以 TIG 焊的引弧困难,通常需采用特殊的引弧措施。

7. 对工件清理要求高

TIG 焊进行焊接时没有脱氧去氢的能力,因此对焊前的除油、除锈工作要求严格,尤其焊接易氧化的有色金属如铝、镁及合金等。否则会严重影响焊接质量。

8. 生产率低

由于钨极对电流的承载能力有限,过大的电流会引起钨极的熔化和蒸发,造成钨污染。同时,电流小也限制了焊接熔深和板厚,使得 TIG 焊比各种熔化极电弧焊生产率低。

9. 生产成本高

由于惰性气体(氩气、氦气)较贵,和其他电弧焊方法(如手工电弧焊、埋弧焊、CO_2 气体保护焊等)比较,生产成本较高。

四、钨极惰性气体保护焊的设备与工具

TIG 焊设备一般由焊接电源、引弧及稳弧装置、焊枪、供气系统、水冷系统和控制系统等部分组成。对于自动 TIG 焊还应增加焊车行走机构及送丝装置。图 3-20 所示为手工 TIG 焊设备系统示意图,其中引弧及稳弧装置、控制系统等都位于控制箱内。

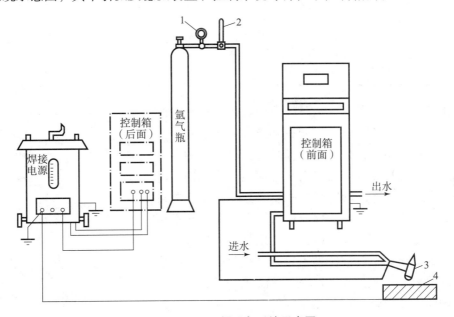

图 3-20 TIG 焊设备系统示意图

1—减压表;2—流量计;3—焊枪;4—工件

1. 焊接电源

TIG 焊焊接电源有直流、交流或交直流两用三种电源形式（见表 3-8），一般根据被焊材料的特点来进行选择。钨极氩弧焊机可采用上述三种电源形式，而钨极氦弧焊机一般采用直流电源。根据电源极性的接法不同，直流 TIG 焊可分为正极性和反极性两种。一般金属（除铝、镁及其合金外）选用直流正极性 TIG 焊为好，交流次之，而铝、镁及其合金的薄件可选用直流反极性焊接。

表 3-8 不同电流 TIG 焊的特点

电流种类	直流		交流（对称的）
	正极性	反极性	
示意图			
两极热量比例（近似）	工件 70% 钨极 30%	工件 30% 钨极 70%	工件 50% 钨极 50%
熔深特点	深，窄	浅，宽	中等
钨极许用电流	最大 例如 3.2 mm，400 A	小 例如 6.4 mm，120 A	较大 例如 3.2 mm，225 A
阴极破碎作用	无	有	有（工件为负的半周）
适用材料	氩弧焊：除铝、镁合金、铝青铜以外其余金属； 氦弧焊：几乎所有金属	铝、镁及其合金	铝、镁合金、铝青铜等

焊接铝、镁等金属及其合金时，焊件表面氧化膜的逸出功都比较低，是形成阴极斑点的有利条件。在这些地方形成阴极斑点后，由于该处受到阳极高速运动过来的大质量正离子的轰击作用，并释放出大量的动能，使该处温度升得很高，氧化膜很快被破碎并气化，达到了清理的目的，如图 3-21 所示。一处清理结束后，阴极斑点又迅速寻找其他地方的氧化膜，随着电弧不断地寻找、迁移，熔池附近区域的氧化膜都会被清理干净。这种阴极自动寻找并破碎清理阴极氧化膜的作用称为"阴极破碎"。一般氩弧焊的这种作用比较强，而氦弧焊则较弱。因此，直流反极性钨极氩弧焊可用于铝、镁等易氧化金属及合金的焊接，但由于受到钨极载流能力的限制，其只适宜焊接

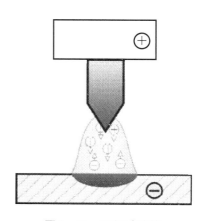

图 3-21 阴极破碎的原理示意图

薄件。

常见的电源包括动圈漏磁式弧焊变压器、晶闸管整流式电源、磁饱和电抗器式硅整流电源，表 3-9 所示为部分国产钨极氩弧焊机的技术数据。

表 3-9 钨极氩弧焊机的主要技术数据

焊机名称及型号 技术数据	手工钨极氩弧焊机			
	WSM-63	NSA-120-1	WSE-160	NSA-300
电源电压/V	220	380	380	220/380
空载电压/V		80		
工作电压/V			16	20
额定焊接电流/A	63	120	160	300
电流调节范围/A	3~63	10~120	5~160	50~300
钨极直径/mm			0.8~3	2~6
焊丝直径/mm				
送丝速度/(m·min^{-1})				
焊接速度/(m·min^{-1})				
氩气流量/(L·min^{-1})				20
冷却水流量/(L·min^{-1})				1
负载持续率/%		60		60
电流种类	直流脉冲	交流	交、直流脉冲	交流
适用范围	锈钢、合金钢薄板	厚度为 0.3~3 mm 的铝、镁及其合金	铝、镁及其合金、不锈钢钛等金属	铝及铝合金

2. 引弧及稳弧装置

TIG 焊常用的引弧方法主要有以下三种：

1）接触引弧

接触引弧是指钨极与引弧板或焊件接触引燃电弧的方法。其缺点是钨极易磨损，并可能在焊缝中产生夹钨现象。

2）高频振荡引弧

该方法利用高频振荡器产生的高频高压击穿钨极与焊件之间的气体间隙（约 3 mm）而引燃电弧。高频振荡器一般用于焊接开始时的引弧。进行交流钨极氩弧焊时，引弧后继续接通也可在焊接过程中起到稳弧的作用。高频振荡器主要与电容和电感组成振荡回路，振荡是衰减的，每次仅能维持 2~6 ms。

3) 高压脉冲引弧

该方法是在钨极与焊件之间加一个高压脉冲，使两极间气体介质电离而引燃电弧。利用高压脉冲引弧是一种较好的引弧方法，进行交流钨极氩弧焊时，往往既用高压脉冲引弧，又用高压脉冲稳弧。引弧和稳弧脉冲由共用的主电路产生，但有各自的触发电路。该电路的设计能保证空载时只用引弧脉冲而不产生稳弧脉冲；电弧一旦引燃，即产生稳弧脉冲，而引弧脉冲自动消失。

3. 焊枪

1）焊枪的功能与要求

（1）能可靠夹持电极。

（2）具有良好的导电性。

（3）能及时输送保护气体。

（4）具有良好的冷却性能。

（5）可达性好，适用范围广。

（6）结构简单，重量轻，使用可靠，维修方便。

2）焊枪结构

TIG焊焊枪一般分为气冷式和水冷式两种。前者供小电流（<150 A）焊接使用，结构简单，使用灵巧；后者因带有水冷系统，所以结构较复杂，焊枪较重，主要供电流大于150 A时使用。它们都是由喷嘴、电极夹头、枪体、电极帽、手柄及控制开关等组成的，如图3-22所示。

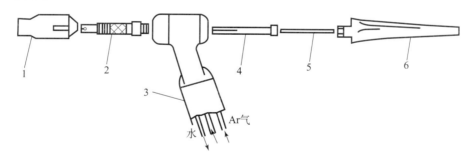

图3-22 TIG焊焊枪的拆解

1—喷嘴；2—电极夹头；3—枪体；4—弹性夹头；5—电极；6—电极帽

TIG焊焊枪的结构可划分为气体镇静室和气体喷嘴两大部分。其内部结构如图3-23所示。

（1）气体镇静室。从焊枪进气口到喷嘴入口这部分称为镇静室，镇静室又可以分为进气部分和导气部分。镇静室的作用是将进入焊枪气体气流的压力、流速沿内腔横截面均匀化，即改变气体进入喷嘴的初始流态，减少紊流程度。为了达到这个目的，进气时一般采用径向进气，因为此时气流冲向气室壁会产生反射减速与均混作用。如果采用轴向进气，可在气室中加挡板，也可使气体得到减速与均混，如图3-24所示，其中径向进气方式效果较好。另外，在导气部分加气筛，如多孔的隔板、多孔铜丝网、蜂窝铜管、透气性塑料等也可起到降低紊流程度的作用，如图3-25所示。

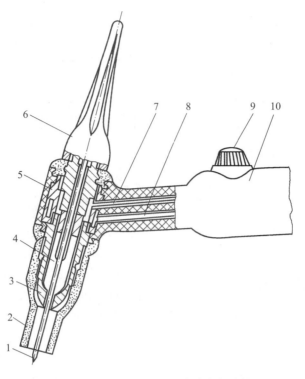

图 3-23 新型 TIG 焊焊枪的内部结构

1—电极；2—陶瓷喷嘴；3—导气套筒；4—电极夹头；5—枪体（有冷却水腔）；
6—电极帽；7—导气管；8—导水管；9—控制开关；10—焊枪手柄

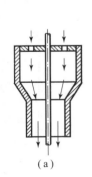  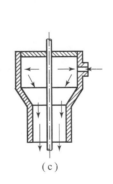 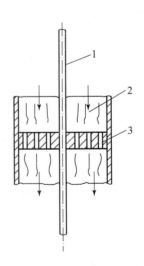

图 3-24 焊枪进气部分的结构形式

(a) 不带挡气板的轴向进气方式；
(b) 带挡气板的轴向进气方式；(c) 径向进气方式

图 3-25 焊枪内部气筛示意图

1—电极；2—气体；3—气筛

（2）喷嘴。喷嘴的结构形式与尺寸对喷出气体的流态及保护效果影响很大。图 3-26 所示为常见的喷嘴形式。其中，圆柱形喷嘴保护效果最好，它喷出的气流具有较长的层流区和较大的保护范围；收敛形喷嘴次之，但其电弧可见度好，应用也较广泛；而扩散形喷嘴由于易形成紊流或减薄近壁层流层，所以很少采用。

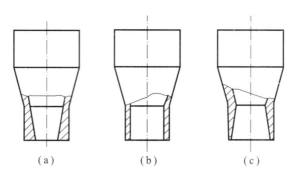

图 3-26 焊枪喷嘴形式示意图

(a) 收敛形；(b) 圆柱形；(c) 扩散形

喷嘴的内壁要光滑，电极或电极夹头与气筛间的间隙不能太大，且喷嘴与电极要同心，否则会严重降低气体对熔池的保护效果。

焊枪结构中，喷嘴为易损件，对不同直径的电极，要选配不同规格的电极夹头及喷嘴。电极夹头要有弹性，通常用青铜制成。喷嘴材料有陶瓷和金属两种；高温陶瓷喷嘴的使用电流不能超过 300 A。金属喷嘴一般用不锈钢、黄铜等材料制成，其使用电流虽可高达 500 A，但在使用中应避免与其焊件接触。

3）保护效果

（1）气体在管道内的流动状况。由流体力学可知，管道中气体的流动状态有层流和紊流两种形式，如图 3-27 所示。层流流动的气体质点在管道内呈有规则的层状或束状运动，质、轴点之间不产生相互干扰或混杂。研究表明，层流和紊流（是指气体质点在管内流动时相互干扰或混杂，在气体内部出现很多漩涡）这两种流态可以相互转化。如果气体以较低流速流入管子，只要长径比大于 40~50，气体在管内就可获得近似的层流流态。影响气体流态的因素有气体流量、气体的物理性能（如黏度、密度等）以及进入管道的气流初始状态等。

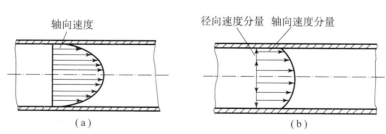

图 3-27 气体的层流和紊流

(a) 层流状态；(b) 紊流状态

（2）焊枪喷出的保护气流。TIG 焊时，气体保护效果的好坏与从焊枪喷嘴中喷出气体的状态有直接关系。从前面的分析知道，只有喷嘴的长径比（压缩喷嘴孔道长度与孔道直径之比）大于 40~50 时，喷嘴出口的气流流态才可能全部转化为层流状态，而这时喷嘴必须做得足够长，但这会给操作带来不便，在实际生产中也是不现实的。所以从喷嘴出口喷出的气流不可能全部转化为层流状态，而只是一种近壁部分为层流、中心部分为紊流的双重气流。要提高保护气体对焊接区的保护效果，关键是采取一定措施改善从喷嘴喷出的气体流态，让出口的气流呈层流或较厚的近壁层流。为此，可以通过改善焊枪结构的方法来获得良好的保护效果。具体的措施如下：

① 在喷嘴上部设置较大空间的镇静室，以减缓气流。

② 喷嘴下部为光滑的圆柱形通道，在不影响操作的前提下，通道越长越好。

③ 在气流通道中设置气筛，如多层铜丝网、多孔隔板等。

4）焊枪标志

焊枪的标志由形式及主要参数组成。TIG 焊焊枪按冷却方式可分为气冷（QQ）和水冷（QS）两种形式。QQ 形式的焊枪适用的焊接电流范围为 10~150 A；QS 形式适用的焊接电流范围为 150~500 A。在其形式符号后面的数字表示焊枪参数：第一个参数表示喷嘴中心线与手柄轴线之间的夹角；第二个参数表示额定焊接电流，在角度和电流值之间用斜杠分开。如果后面还有横杠和字母，则表示是用某种材料制成的焊枪。

例：

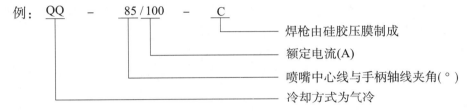

4. 供气系统

供气系统主要由氩气瓶、减压阀、流量计和电磁气阀组成，如图 3-28 所示。

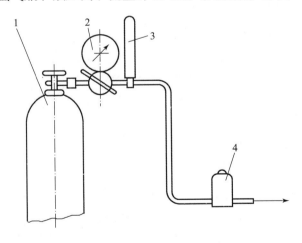

图 3-28 TIG 焊气路系统

1—氩气瓶；2—减压阀；3—流量计；4—电磁气阀

1）氩气瓶

氩气瓶外表涂为灰色，并标有"氩气"字样。氩气在钢瓶中呈气态，使用时无须预热和干燥。氩气瓶的最大压力为 14 700 kPa，容积为 40 L。

2）减压阀

减压阀的作用是将高压气瓶中的气体压力降至焊接所要求的压力，有时也将减压阀和流量计做成一体。

3）流量计

流量计是用来测量和调节气体流量的装置。

4）电磁气阀

电磁气阀是控制保护气体通断的一种电磁开关，它受控于控制系统，以电信号控制电磁气阀的通断，其控制精度较高。

5. 水冷系统

水冷系统主要用来在焊接电流大于150 A时冷却焊接电缆、焊枪和钨棒。对于手工水冷式焊枪，通常将焊接电缆装入通水软管中做成水冷电缆，这样可大大提高焊接电缆承载电流的能力，减轻电缆重量，使焊枪更轻便。同时为了保证冷却水可靠接通并具有一定的压力时才能启动焊机，常在氩弧焊机中设有水压保护开关。

6. 控制系统

控制系统由引弧器、稳弧器、行车（或转动）速度控制器、程序控制器、电磁气阀和水压开关等构成。通过控制系统正常工作一般应达到以下目的。

（1）控制电源的通断。

（2）焊前提前供气1.5~4 s，焊后滞后停气5~15 s，以保护钨极和引弧、熄弧处的焊缝。

（3）自动控制引弧器、稳弧器的启动和停止。

（4）焊接结束前电流能自动衰减，以消除火口和防止弧坑开裂，这点对于环缝焊接及热裂纹敏感材料尤为重要。图3-29所示为TIG焊焊接流程。

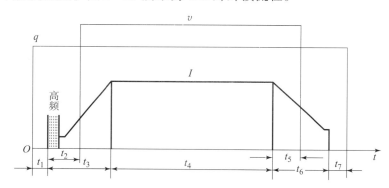

图3-29 TIG焊焊接流程

q—保护气体流量；v—焊接速度；I—焊接电流；t—焊接循环时间；
t_1—提前送气时间；t_2—引弧时焊枪停留时间；t_3—电流递增时间；
t_4—焊接时间；t_5—熄弧时焊枪运动时间；t_6—电流衰减时间；t_7—延迟停气时间

五、气体保护效果

1. 影响气体保护效果的主要因素

1）气体种类

TIG焊时采用的保护气体有氩气、氦气及其混合气体等。它们虽都属于惰性气体，但氩气比氦气的密度大，且比空气重1/4，作保护气体时不易飘散，保护效果好。为了获得同样的保护效果，氦气流量必须比氩气大1~2倍。

2）气体流量和喷嘴直径

如图 3-30 所示，只有气体流量和喷嘴直径获得良好的匹配关系（也就是说，对于一定直径的喷嘴，有一个获得最佳保护效果的流量），才能获得最好的保护效果。流量过小，则从喷嘴中喷出气体的挺度差，排除周围气体的能力减弱，抗干扰能力差，保护效果不好；流量过大，则易使层流层减薄，空气易混入，降低保护效果。

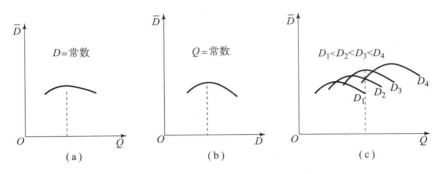

图 3-30　气体流量（Q）和喷嘴内径（D）对气体保护效果
（$\overline{D}$—气体保护的有效直径）的影响

(a) D 为常数，Q 对 $\overline{D}$ 的影响；(b) Q 为常数，D 对 $\overline{D}$ 的影响；(c) Q 和 D 对 $\overline{D}$ 的综合影响

3）喷嘴端面到焊件表面的距离

如图 3-31 所示，在电极外伸长度不变的情况下，喷嘴到焊件表面的距离越小，其喷出的气体挺度越大，抗外界干扰的能力越强，有效保护直径越大。但距离太小，易影响焊接操作的进行并造成飞溅堵塞喷嘴的现象。因此，在不产生不良影响的前提下应尽量采用短弧焊。

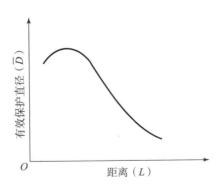

图 3-31　喷嘴到焊件表面的距离与
有效保护直径（$\overline{D}$）的关系

4）焊接速度

焊接时，焊接速度对保护效果影响不大。在高速焊时，由于受到空气的阻碍，保护气层偏离，就有可能使电极末端、部分电弧和熔池暴露在空气中，如图 3-32 所示，从而使保护条件恶化。所以在 TIG 焊时，一般采用较低的焊速，特别是在焊接不锈钢、耐热合金和钛及钛合金的情况下。

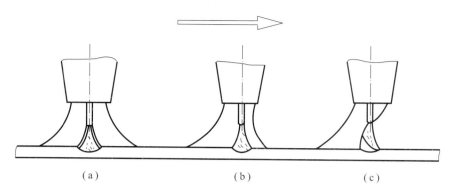

图 3-32 焊接速度对气体保护效果的影响
(a) 静止;(b) 正常速度;(c) 速度过快

5) 焊接接头形式

对于不同的接头形式来说,即使采用同样的喷嘴和保护气流量来进行焊接,其保护效果也不同。通常采用平对接和内角接接头焊接时,保护效果好;外角接和端接接头焊接时,保护效果差,必须采取一定的措施。如图 3-33 所示。

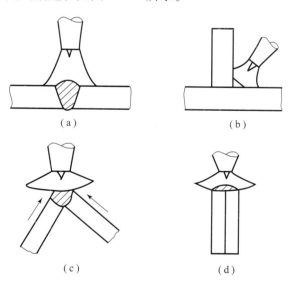

图 3-33 焊接接头形式对气体保护效果的影响
(a) 平对接;(b) 内角接;(c) 外角接;(d) 端接

另外,焊接电流、电弧电压等因素对保护效果也有影响,通常焊接电流、电弧电压增大时,应该相应增大气流量和喷嘴直径,以保持良好的保护效果。

2. 气体保护效果的评定

TIG 焊时,评定气体保护效果的方法有焊点试验法、焊缝表面色泽比较法和激光纹法,用得最多的是焊点试验法和焊缝表面色泽比较法。前者是在铝板上引弧并固定焊炬 5~10 s 不动,然后熄弧。如果铝板上有明显的光亮圆圈,则氩气保护效果好;否则为不好。后者是根据焊缝表面颜色来判断气体的保护效果的。表 3-10 所示为在不锈钢和钛合金上焊接时保护效果的判断方法。

表 3-10 氩气保护效果的判断方法

表面颜色 \ 效果 \ 材料	最好	良好	较好	不良	最坏
不锈钢	银白、金黄	蓝	红灰	灰色	黑色
钛合金	亮银白色	橙黄色	蓝紫	青灰	白色粉末

3. 加强气体保护效果的措施

因为 TIG 焊的焊接对象往往是一些对氧化性较敏感的金属及合金，或者是一些散热慢、高温停留时间长的高合金材料。因此，有必要加强气体保护作用，具体措施如下。

1) 加挡板

如图 3-34 所示，这种方法主要用于焊接端接和外角接接头。

2) 扩大正面保护区

在焊接喷嘴后面安装附加喷嘴（又称拖斗）。附加喷嘴可以另外供气也可不另外供气，如图 3-35 所示。

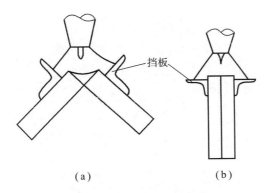

图 3-34 加临时挡板时的保护效果
(a) 外角接；(b) 端接

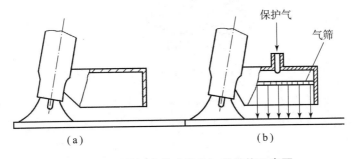

图 3-35 附加喷嘴（拖斗）的结构示意图
(a) 不通保护气；(b) 通保护气

3) 反面保护

在焊缝背面采用可通氩气保护的垫板（见图 3-36）、反面充气罩（见图 3-37）等，以达到在焊接过程中对焊缝背面进行保护的目的。

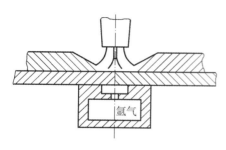

图 3-36 开槽通保护气的垫板示意图

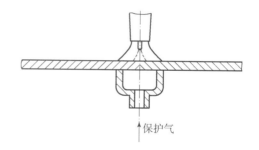

图 3-37 采用充气罩通入保护气进行局部保护示意图

一、劳动安全与卫生

操作前,学生必须牢记以下劳动安全事项:

(1) TIG 焊时弧光较强,所以焊接时焊工必须戴面罩、穿厚帆布工作服和戴焊工用皮手套。面罩要使用自动变光焊接面罩,如图 3-38 所示。

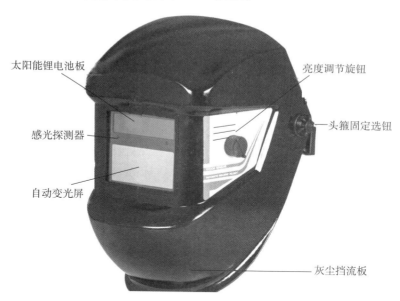

图 3-38 附加喷嘴(拖斗)的结构示意图

(2) TIG 焊会产生对人体有害的紫外线、氩气、臭氧和二氧化氮等。氩气本身无毒,但在密室中作业会驱散大气中的氧气,引起窒息,因此应注意狭小工作场所的通风除尘。

(3) 钍钨极具有一定的放射性,尽管其对人体的危害可忽略,但在使用中仍要注意;应防止修磨钨极时粉尘的吸入和钨极尖端对人体的刺伤。

(4) 焊接前要提醒周围的同学,以防止弧光误伤他人;刚焊好的焊件不能直接用手接触,要待工件冷却后再接触,以防止烫伤。

(5) 安装焊炬、更换钨极或检修焊机前要先关掉焊接电源或切断配电柜的供电。焊炬应注意保持干燥,焊炬电缆及焊机的输入、输出电缆不得有破损,应保持良好的绝缘状态。

（6）焊接完成后，要及时清理场地。

二、焊前准备

1. 设备与工具

需要准备的设备与工具，见表3-11。

表3-11 设备与工具

名称	用途说明
TIG焊机	焊接主要设备。可选择NSA-300型直流手工钨极氩弧焊机
带式研磨机	焊接前，研磨焊接接口部位的锈蚀层；焊接后，用于焊接部位的修饰作业
焊接电缆	传导电流，截面积为50 mm^2
砂纸和细钢丝刷	清理焊缝表面、焊缝层间的氧化膜
丙酮或四氯化碳等有机溶剂	清理油污
夹具	用于板件的临时固定
空气枪	吹除打磨粉尘、灰尘等杂质
遮盖毯	遮盖非焊接区域，防止飞溅烫伤汽车漆膜
氩气瓶	提供保护气体

2. 焊前清理

因为TIG焊采用惰性气体保护，而惰性气体既无氧化性也无还原性，焊接时对油污、水分、氧化皮等比较敏感，故焊前必须对焊丝、焊件坡口及坡口两侧至少20 mm范围内的油污、水分等进行彻底清理；如果使用工艺垫板，也应该进行清理。这是保证焊缝质量的前提条件。对于不同去除物，清理方法也不相同，常用的清理方法有以下几种。

1）清除油污

可用汽油、丙酮等有机溶剂浸泡和擦洗焊件与焊丝表面；也可用自制溶剂去除油污，例如，用Na_3PO_4、Na_2CO_3各50 g，Na_2SiO_3 30 g，加入1 L水，并加热到65℃，清洗5~8 min，然后用30℃清水冲洗，最后用流动的清水冲净，擦干或烘干。

2）去除氧化膜

机械法：此法简单方便，但效率低，一般只用于焊件。它包括机械加工、磨削及抛光等方法。不锈钢等可用砂布打磨或抛光法；铝及铝合金材质比较软，常用细钢丝刷（用直径小于0.15 mm或0.1 mm的钢丝制成）或用刮刀将焊件接头两侧一定范围的氧化膜除掉。

化学法：该法适用于铝、镁、钛及其合金等有色金属的焊件（比较重要或批量大）与焊丝表面氧化膜的清理，效果好，效率高。但应注意，对不同的材料，清理的方法及所用的清理剂也不相同。

不论是机械法还是化学法清理的焊件，都应在清理后尽快施焊，放置时间不应超过24 h。

3. 接头及坡口准备

接头和坡口形式一般是根据被焊材料、板厚及工艺要求等来确定的。TIG焊常采用的接头形式有对接、搭接、角接、T 形接和端接，如图 3-39 所示。

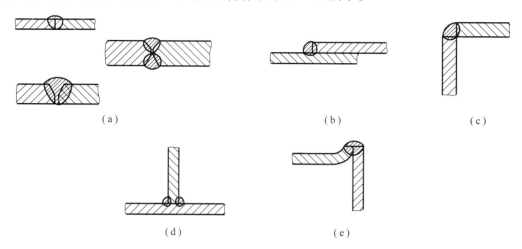

图 3-39 五种基本接头形式

(a) 对接接头；(b) 搭接接头；(c) 角接接头；(d) T 形接头；(e) 端接接头

一般薄板（<3 mm）对接接头常用卷边焊接的形式，不加填充金属一次焊透；板厚 6~25 mm 对接，建议采用 V 形坡口；板厚大于 12 mm 时，则可采用双 Y 形坡口的双面焊接。TIG 焊对接接头的坡口形式如图 3-40 所示。

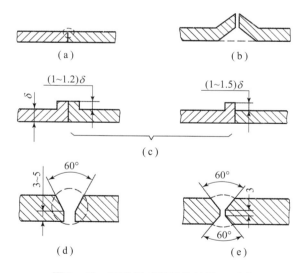

图 3-40 TIG 焊对接接头的坡口形式

(a) I 形坡口；(b) 镦边坡口；(c) 卷边坡口；(d) Y 形坡口；(e) 双 Y 形坡口

4. 焊接工艺参数的选择

TIG 焊的工艺参数有焊接电流、电弧电压（电弧长度）、焊接速度、钨极直径与端部形状、填丝速度与焊丝直径、保护气流量及喷嘴孔径等。TIG 焊焊接时可采用填充焊丝或不填充焊丝的方法形成焊缝，其焊缝形状如图 3-41 所示。一般不填充焊丝法主要用于薄板焊接。

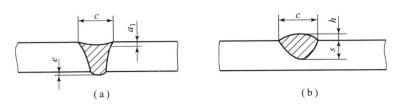

图 3-41 TIG 焊焊缝截面形状

(a) 不填加焊丝；(b) 加填充焊丝

焊接参数的选择方法如下。

(1) 根据焊件的材料性质、板厚与结构特点确定焊接电流和焊接速度。

(2) 根据焊接电流的大小选择合适的钨极直径。

(3) 根据喷嘴口径 (D) 与钨极直径 (d) 之间的关系 [$D = 2d + (2～5)$ mm] 确定喷嘴尺寸。

(4) 根据喷嘴与气体流量之间的配合关系，即保护效果来确定气体流量的大小。

1) 焊接电流

焊接电流是决定焊缝熔深的最主要工艺参数。一般随焊接电流的增大，熔透深度（s）、焊漏高度（e）、凹陷深度（a_1）及焊缝熔宽（c）都相应增大，而焊缝余高（h）相应减小。电流太大，易造成焊缝咬边、焊漏等缺陷；反之，焊接电流太小，易造成未焊透。在选择焊接电流时应考虑母材、厚度、接头形式和焊接位置等因素。

2) 电弧电压

电弧电压是随着弧长的变化而变化的。电弧拉长，则电弧电压增大，焊缝的熔宽（f）和加热面积都略有增大。但电弧长度增大到一定值以后，会因电弧热量的分散而造成熔宽和熔化面积减小。同时，考虑到电弧长度过长气体保护效果会变差的因素，一般在不短接的情况下，应尽量采用较短电弧进行焊接。不加填充焊丝焊接时，弧长一般控制在 1～3 mm；加填充焊丝焊接时，弧长为 3～6 mm。

3) 焊接速度

在其他焊接参数不变的情况下，焊接速度的大小决定了单位长度焊缝热输入量的大小（焊接线能量）。焊接速度选择越大，线能量越小，焊接凹陷深度（d_1）、熔透深度（s）、熔宽（f）等越小，焊缝可能还会出现未焊透、气孔、夹渣和裂纹等现象，同时气体保护效果可能会变差。反之，焊接速度越小，上述成形参数都增大，焊缝易出现咬边和焊穿的缺陷。

4) 钨极直径和端部形状

钨极直径的选择取决于焊件的厚度、焊接电流大小、电源种类和极性。表 3-12 所示为不同钨极直径所允许的电流使用范围。通常焊件厚度越大，焊接电流越高，所采用的钨极直径越大。此外，从表 3-12 中还可以看出对相同直径的钨极，采用不同的电源种类或极性时，所允许的电流范围也不同。其中直流正极性时电流值最大，交流次之，直流反极性最小。焊接时，钨极直径一定要选择适当，否则会影响焊缝质量。

表 3-12　不同钨极直径所允许的电流范围

钨极直径/mm	直流/A		交流/A
	正 极 性	反 极 性	
1~2	65~150	10~20	20~100
3	140~180	20~40	100~160
4	250~340	30~50	140~220
5	300~400	40~80	200~280
6	350~500	60~100	250~300

钨极端部的形状对电弧的稳定性和焊缝成形也有很大影响。一般在焊接薄板和焊接电流较小时，可采用小直径的钨极并将其末端磨成尖锥角（约 20°），这样电弧容易引燃且较稳定。但在焊接电流较大时若仍采用尖锥角电极，则会因电流密度过大而使电极末端过热熔化、加剧烧损，同时电弧斑点也会扩展到钨极末端的锥面上（见图 3-42），使弧柱明显地扩散飘荡不稳，而影响焊缝成形。所以大电流焊接时要求钨极末端磨成钝角（大于 90°）或带有平顶的锥角形，这样可使电弧燃烧稳定，焊缝成形均匀，并减小钨极烧损。图 3-43 所示为常见的电极端部形状。

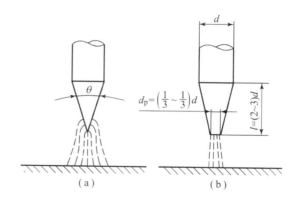

图 3-42　大电流焊接时钨极端部形状对弧态的影响
（a）尖锥角；（b）钝角

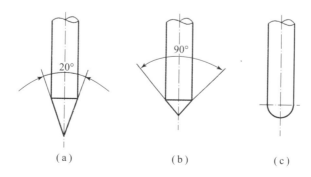

图 3-43　常用的电极端部形状
（a）直流小电流；（b）直流大电流；（c）交流

另外，钨极尖锥角度的大小对焊缝熔深和熔宽也有一定影响。一般减小锥角，焊缝熔深减小，熔宽增大；反之，熔深增大，熔宽减小。

5）填丝速度与焊丝直径

焊丝的填丝速度受焊丝直径、焊接电流、焊接速度和接头间隙等因素的影响。通常焊接电流、焊接速度和接头间隙大时，填丝速度快；焊丝越粗，填丝速度越慢。如果填丝速度选择不合理，则可能造成焊缝出现未焊透、烧穿、凹陷、堆高过大以及成形不光滑等缺陷。焊丝直径的选择与母材的板厚、间隙有关，当板厚、间隙大时，焊丝可选粗一点的；反之，则选细一些的。假如选择不当，则有可能造成焊缝成形不好等缺陷。

6）保护气体流量和喷嘴孔径

保护气体量和喷嘴之间的选择主要考虑气体保护效果的好坏，同时也要考虑焊接电流和电弧长度的影响。

不同材料的对接接头焊接工艺见表3-13～表3-15。

表3-13 铝合金对接接头手工钨极氩弧焊焊接工艺

板厚/mm	坡口形式	焊接位置	焊道层数	电流/A	焊速/(mm·min^{-1})	钨极直径/mm	焊丝直径/mm	氩气流量/(L·min^{-1})	喷嘴内径/mm
1	$b = 0 \sim 8$ mm	平	1	65~80	300~450	1.6 或 2.4	1.6 或 2.4	5~8	8~9.5
		立、横	1	50~70	200~300				
2	$b = 0 \sim 1$ mm	平	1	110~140	280~380	2.4	2.4	5~8	8~9.5
		立、横、仰	1	90~120	200~340			5~10	
3	$b = 0 \sim 2$ mm	平	1	150~180	280~380	2.4 或 3.2	3.2	7~10	9.5~11
		立、横、仰	1	130~160	200~320			2~11	
4	$b = 0 \sim 2$ mm	平	1	200~230	150~250	3.2 或 4.0	3.2 或 4.0	7~11	11~13
		立、横	1	180~210	100~200				
4	$b = 0 \sim 2$ mm	平	1 2（背）	180~210	200~300	3.2 或 4.0	3.2 或 4.0	7~11	11~13
		立、横、仰	1 2（背）	160~210	150~250				
5	$b = 0 \sim 2$ mm $p = 0 \sim 2$ mm $\alpha = 60° \sim 110°$	平	1	270~300	150~200	5.0	5.0	8~11	13~16
	$b = 0 \sim 2$ mm $p = 0 \sim 2$ mm $\alpha = 60° \sim 110°$	平	1 2	230~270	200~300	4.0 或 5.0	4.0 或 5.0	8~11	13~16
		立、横、仰	1 2	200~240	100~200				

续表

板厚/mm	坡口形式	焊接位置	焊道层数	电流/A	焊速/(mm·min⁻¹)	钨极直径/mm	焊丝直径/mm	氩气流量/(L·min⁻¹)	喷嘴内径/mm
6	$b=0\sim2$ mm $p=0\sim3$ mm $\alpha=60°$	平	1 2（背）	180~230	100~200	5.0	4.0或5.0	8~11	13~16
		横、仰	1 2（背）						
	$b=0\sim2$ mm $p=0\sim3$ mm $\alpha=70°\sim90°$	立	1 2 3 4（背）	340~380	170~270	6.4	6	10~15	16
	$b=0\sim1$ mm $p=0\sim2$ mm $\alpha=70°\sim90°$	横	1 2 3 4（背）	340~380	170~270	6.4	6	10~15	16
	$b=0\sim2$ mm $p=0\sim3$ mm $\alpha=60°\sim90°$	平	1、2 3（背） 4（背）	340~380	150~250	6.4	5	10~15	16
		立、横、仰	1、2 3（背） 4（背）	300~350 240~290	70~150	5			

表 3-14 不锈钢对接接头手工钨极氩弧焊焊接工艺

板厚/mm	坡口形式	焊接位置	焊道层数	焊接电流/A	焊接速度/(mm·min⁻¹)	钨极直径/mm	焊丝直径/mm	氩气流量/(L·min⁻¹)
1	I $b=0$	平 立	1 1	50~80 50~80	100~120 80~100	1.6	1	4~6
2.4	I $b=0\sim1$ mm	平 立	1	80~120 80~120	100~120 80~100	1.6	1~2	6~10
3.2	I $b=0\sim2$ mm	平 立	2	105~150	100~120 80~120	2.4	2~3.2	6~10
4	I $b=0\sim2$ mm	平 立	2	150~200	100~150 80~120	2.4	3.2~4	6~10
6	Y $b=0\sim2$ mm $p=0\sim2$ mm	平 立	3 2	150~200	100~150 80~120	2.4	3.2~4	6~10

表 3-15 普通钢对接接头手工钨极氩弧焊焊接工艺

板厚 /mm	电流 /A(直流正接)	焊丝直径 /mm	焊速 /(mm·min^{-1})	氩气流量 /(L·min^{-1})
0.9	100	1.6	300~370	4~5
1.2	100~125	1.6	300~450	4~5
1.5	100~140	1.6	300~450	4~5
2.3	140~170	2.4	300~450	4~5
3.2	150~200	3.2	250~300	4~5

三、焊接施工

在进行不锈钢焊接修复前，应查看相关资料以确认板材的成分，并严格按照厂家的要求进行修复操作，不该焊接的部位绝不能随意进行焊接。

1. 引弧及试焊

钨极氩弧焊的引弧一般采用高频非接触引弧，在引弧前，对准钨极与起弧点，保持 2~3 mm 间距，按下开关，高频器将自动启动，待电弧燃起并加热熔化金属形成熔池后，再根据需要添加焊丝或移动焊枪。

为了防止钨极的烧损，TIG 焊一般采用高频非接触短路法引弧。引弧前，对准钨极与起弧点，保持 2~3 mm 间距（见图 3-44），按下开关，高频器将自动启动，电弧自动引燃。观察电弧形态，直至电弧集中、挺直性好（见图 3-45）。电弧稳定后，会出现有规律的闪烁现象。以同样材质和厚度的试板进行试焊，焊后观察焊缝的成形情况，再进行适当调整。

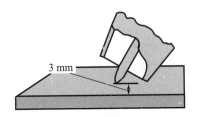

图 3-44 非接触引弧

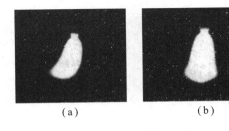

图 3-45 电弧的形态
(a) 较差状态；(b) 较好状态

2. 板件定位

装配质量的好坏是保证焊接质量的重要一环。装配间隙不当，易产生烧穿、焊缝成形不好和未焊透等情况，表 3-16 列出了间隙的要求。手工 TIG 焊时可适当放宽，装配间隙可用塞尺进行检查。

表 3-16　TIG 焊允许的局部间隙　　　　　　　　　　　　mm

焊接方法	工件厚度	允许局部间隙
加焊丝	0.5~0.6	0.10
	0.8~1.0	0.30
	1.2~2.0	0.40
	2.5~3.0	0.50
不加焊丝	0.5~0.6	0.05
	0.8~1.0	0.20
	1.2~2.0	0.30
	2.5~3.0	0.40

为了保证焊件尺寸，减少变形，防止焊接过程中由于翘曲变形而使得焊处错位，焊前大多需要定位焊点。不锈钢由于线膨胀系数大、焊接变形大，故点距应小。对于刚性较大和裂纹倾向大的焊件，应采用长焊点并缩短定位焊点距。表 3-17 列出了不开坡口对接焊定位焊点距与材料及板厚的关系。

表 3-17　定位焊点距与材料及板厚的关系　　　　　　　　　　mm

材料名称	板材厚度	定位焊点距
不锈钢	≤1.2	10~30
	1.5~3	25~60
	3~4	40~80
低碳钢	≤1.2	20~40
	1.5~3	40~10
	3~4	60~12

3. 主焊接

（1）焊枪与焊接部位应接近，稳定地支撑焊枪，电弧对准目标中心点。将焊枪喷嘴末端靠近板件，使焊枪开关置于"ON"挡，使用非接触引弧的方式引燃电弧。

（2）以稳定的姿势移动，防止焊枪晃动。焊接时，在不妨碍焊工视线的情况下尽量采用短弧，以增强保护效果，同时减少热影响区宽度和减少变形。操作时焊枪与工件间成 75°~85°夹角，焊丝沿工件表面成 10°~15°方向伸入，如图 3-46 所示。焊接时，焊枪和工件表面距离应不超过 10 mm，最大不得超过 18 mm。填充焊丝时，必须等待母材熔化后才能加入，以免造成金属不熔合。

当进行管子和筒形构件的环形焊缝焊接时，焊枪与填充丝和焊件之间的相对位置如图 3-47 所示。

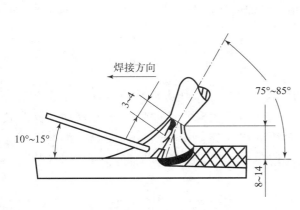

图 3-46 平焊时焊枪的位置　　　　图 3-47 环缝焊时焊枪的位置

(3) 焊枪一般只做直线移动，个别情况下要求焊枪做小幅度的横向摆动。

直线移动有 3 种方式：

①直线匀速移动，适合高温合金、不锈钢、耐热钢薄件的焊接。

②直线断续移动，主要用于中等厚度（3~6 mm）材料焊接。焊接过程中，焊枪停留一段时间，当熔透后，加入焊丝，沿焊缝纵向做断断续续的直线移动。

③直线往复移动。这种移动方式上要用于小电流焊接铝及铝合金薄板材料，可防止薄板烧穿，焊缝成形良好。

横向摆动有 3 种形式，如图 3-48 所示。

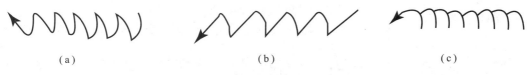

图 3-48 焊枪横向摆动示意图

(a) 圆弧"之"字形平移摆动；(b) 圆弧"之"字形侧移摆动；(c) "r" 形摆动

①圆弧"之"字形平移摆动。这种形式适合于大的丁字形角焊、厚板的搭接角焊、V 形及 X 坡口的对接焊或特殊要求加宽的焊缝。

②圆弧"之"字形侧移摆动。这种形式适于不齐平的角接焊和端接焊，如图 3-49 所示接头。焊接时使焊枪的电弧偏向凸出部分，焊枪做圆弧"之"字形侧移运动，使电弧在凸出部分停留时间增长，熔化凸出部分，不加或少加焊丝，沿对接接头的端部进行焊接。

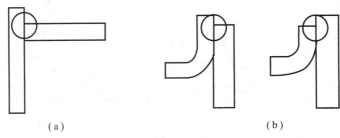

图 3-49 不齐平的接头形式

(a) 角接；(b) 端接

③"r"形摆动。这种形式适合于厚度相差悬殊的平面对接焊。令电弧稍微偏向厚件一边，使厚件受热多些。

（4）焊丝加入方法。

按照手夹持方式分为两种：

①指续法。此法应用于 500 mm 以上的较长焊缝。其操作方法是将焊丝夹在大拇指与食指、中指之间，中指和无名指起撑托和导轨作用，大拇指捻动焊丝向前移动，同时食指往后移动，然后大拇指迅速擦着焊丝表面往后移动到食指的地方，大拇指再捻动焊丝向前移动，如此反复动作，将焊丝不断加入熔池中。用指续法时最好加一个焊丝架，将焊丝支撑住。

②手动法。这种方法使用较普遍，其操作要点是焊丝夹在大拇指与食指、中指的中间，手指不动，只起夹持焊丝作用，靠手或小臂沿焊缝前后移动和手腕上下的反复动作，将焊丝加入熔池。手动法按焊丝加入熔池方式分为 4 种，如图 3-50 所示。点移法和点滴法较常应用。

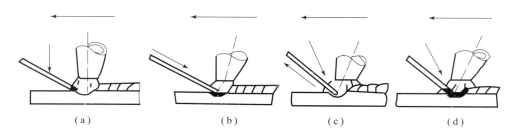

图 3-50　焊丝加入方法
（a）压入法；（b）续入法；（c）点移法；（d）点滴法

焊丝的加入动作要熟练、均匀，加入过快，焊缝易堆积，氧化膜难以排除；加入过慢，焊缝易出现凹下和咬边现象。焊接时焊丝不允许做横向摆动。为了防止焊丝端头氧化，焊丝端头应始终处在氩气保护范围内。焊接终了时，应多加些焊丝，将弧坑填满或者引伸到熄弧板终止焊接。焊接薄件带有卷边的接头可以不加焊丝。

（5）焊接手法。

焊接手法可采用左向焊［见图 3-51（a）］，亦可用右向焊［见图 3-51（b）］。左向焊应用较普遍，焊枪从右向左移动，电弧指向未焊部分，焊丝位于电弧前面，以点移法和点

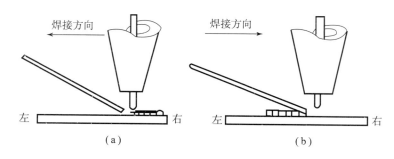

图 3-51　焊接手法
（a）左向焊；（b）右向焊

滴法加入,操作容易掌握。右向焊焊枪从左向右移动,电弧指向已焊部分,焊丝位于电弧后面,焊丝伸向熔池中,操作者观察熔池方向不如左向焊清楚,控制熔池温度较困难。右向焊比左向焊熔透深、焊道宽,适宜较厚材料的焊接。

(6)熄弧。

焊接完毕,切断电源后,不应立刻将焊枪抬起,必须在3~5 s内继续输送保护气体,直到钨极及熔池区域稍稍冷却以后再停止送气并抬起焊枪。环形焊缝的收弧是稍拉长弧,重叠焊接20~40 mm,不加或加少许焊丝。

5. 焊接结束处理

焊接结束后,关闭电源和气源。

四、焊接质量检查

以肉眼观察为主,观察焊缝外观,看是否有气孔、裂纹等缺陷,评估焊接的完整性,如图3-52所示。如有需要应及时处理和返修。

图3-52 效果较好的焊缝

五、焊后处理

用研磨机研磨焊珠和焊珠周围的区域(注意不要过度研磨,否则可能会减弱不锈钢板的强度),喷涂防锈漆,加强焊缝位置的防锈能力。

一、特种钢铁材料及其焊接特点

1. 耐热钢

1)耐热钢的化学成分和性能

耐热钢根据成分的不同,主要分为珠光体耐热钢和马氏体耐热钢两大类。

珠光体耐热钢在正火后得到珠光体组织,在450℃~620℃高温下具有足够的强度和抗氧化性能,并能长期工作。马氏体耐热钢属高合金钢,大致可分成两类:一类是简单Cr13型的马氏体,如1Cr13、2Cr13等;另一类是以Cr12型为基的多元合金马氏体钢,如Cr12Ni2W2MoV、Cr12WMoNiB等。

2）耐热钢的用途和焊接特点

珠光体耐热钢广泛用于动力机械，如锅炉、汽轮机、核反应堆及热换器等设备的零部件。这些设备长期在高温、高压下工作，要求有较高的抗蠕变性能和持久强度，还要求组织稳定。中高压以上锅炉中各种直径的管子，如过热器管、再热器管、集箱、蒸汽导管等绝大多数都采用珠光体耐热钢制造。马氏体耐热钢主要用于制造涡轮机叶片及锅炉受压部件，具有高的热强性、好的减震性和抗腐蚀性。

焊接这些耐热钢时，首先要考虑选用焊材，以保证焊缝的化学成分与母材一致；其次考虑预热，特别是厚壁件，一般预热300℃～400℃，对壁厚小于6 mm的管子可不预热；最后要考虑焊后热处理，以改善接头组织，提高塑性和韧性，消除应力，若焊后不及时进行热处理，则会产生冷裂纹。预热焊接时，应尽量一次焊完。若中途不得不停止焊接，则应用石棉布包扎缓冷，焊前再预热。定位焊时也要注意防裂，除预热外，其长度应为管壁厚度的2～3倍（或≥15 mm），厚度宜为管壁厚度的60%～70%（或≥3 mm），定位焊所用的焊条应与正式焊接用的焊条相同，或选用塑性、韧性更好的焊条。收弧时容易产生弧坑裂纹，为防止收弧时产生弧坑裂纹，可采用将弧坑填满，然后将电弧引向焊缝一侧的母材上或熔池后端的焊缝尾部收弧，也可以调节焊接电流，在收弧时使电流衰减，待弧坑填满后熄弧。

同属于耐热钢类的钢，焊接性是不一样的。马氏体耐热钢焊接性比珠光体耐热钢差，主要问题是焊接冷裂倾向很大，焊接热影响区存在软化带。此外，还有回火脆性问题。马氏体耐热钢虽然可采用各种焊接方法进行焊接，但由于钢的冷裂倾向大，对氢致延迟裂纹非常敏感。因此，必须严格保持在低氢甚至超低氢条件下焊接，同时还应保持较低的冷却速度。对于拘束度较大的接头，最好采用无氢源的TIG焊和MIG焊。

马氏体耐热钢冷裂倾向大，焊前预热和保持层间温度是防止其产生裂纹的有效措施。预热温度应根据钢的碳含量、接头厚度和拘束度以及焊接方法来确定。通常在保证不产生裂纹的情况下预热温度应尽可能降低。表3-18所示为几种马氏体耐热钢焊前预热和焊后热处理温度。

表3-18 马氏体耐热钢焊前预热温度和焊后热处理温度 ℃

钢号	预热温度		焊后热处理
	焊条电弧焊	TIG焊	
1Cr12Mo 1Cr13	250～350	150～250	680～730回火
2Cr13	300～400	200～300	680～730回火
1Cr11MoV	250～400	200～250	716～760回火
1Cr12MoWV 1Cr12NiWMoV	350～400	200～250	730～780回火

2. 铸铁

铸铁是含碳量大于2%的铁碳合金。铸铁中除了铁和碳以外，还有硅、锰、磷、硫等元素，而且这些元素含量比碳钢高。在某些特殊用途的合金铸铁中，还根据需要加入了铜、镁、镍、钼或铝等合金元素。

1) 铸铁的分类和性能

铸铁按照碳在组织中存在的形式不同可分为白口铸铁、灰口铸铁、球墨铸铁和可锻铸铁。

(1) 白口铸铁。铸铁中的碳如果以渗碳体（Fe_3C）的形式存在，则断面呈银白色，称为白口铸铁。白口铸铁性硬而脆，很少直接应用，仅少量用于要求耐磨的机件，如铸造轧钢机轧辊及磨辊等。通常将白口铸铁经高温退火形成可锻铸铁后使用。

(2) 灰口铸铁，也称灰铸铁。当铸铁中的碳以片状石墨的形式分布时，断面呈暗灰色，称为灰铸铁。灰铸铁具有一系列优良性能，如耐磨、吸震、良好的切削加工性、良好的铸造性以及较小的缺口敏感性，所以在生产中得到了大量的推广应用。但由于石墨的强度几乎等于零，所以石墨片相当于小的裂纹，割裂了金属基体，使铸铁的强度和塑性大为降低。

(3) 球墨铸铁。铸铁中的碳如果以球状石墨的形式存在，则称为球墨铸铁。当石墨数量相同时，以球状表面积为最小，所以与片状石墨相比，球状石墨对基体性能的影响最小。因此，相对于灰口铸铁，球墨铸铁具有较高的强度和一定的塑性，可部分代替铸件使用。常用的球化方法是在铁水中加入稀土镁合金和硅铁。

(4) 可锻铸铁。将白口铸铁加热到930℃后缓慢冷却，经过较长时间的退火处理，Fe_3C就被分解为团絮状的石墨，称为可锻铸铁。可锻铸铁具有较高的抗拉强度和较好的塑性，但并不能锻造，适宜于铸造成形状复杂并承受冲击载荷的薄壁零件。

2) 铸铁的焊接特点

在铸铁的焊接中，只有灰铸铁和球墨铸铁可以焊接。铸铁在铸造过程中经常产生气孔、渣孔、夹砂、缩孔、裂缝、浇不足等缺陷。而在使用过程中因超负荷、机械事故以及自然损坏等，造成铸铁机件损坏的也有很多，对于这些有缺陷件及损坏件，应根据铸铁的特点，采取相应的焊补工艺进行焊补修复。

(1) 灰铸铁的焊接。灰铸铁的焊接性较差，特别是在焊条电弧焊时，如果焊条选择不当或者没有采取一些特殊措施，则在焊接过程中会产生一系列缺陷，这些缺陷中危害最严重的是白口和裂纹。

(2) 球墨铸铁的焊接。球墨铸铁本身的强度和塑性较好，所以焊接时除了保证不产生缺陷外，还应从等强度观点出发，使焊缝有较好的强度和塑性。球墨铸铁常用镁来作球化剂，但镁却是阻碍石墨化的元素，所以焊接时白口现象比较严重，这是矛盾的因素，也是焊接球墨铸铁的主要困难之一。

铸铁的焊补方法主要有气焊、钎焊、焊条电弧焊和灰铸铁的手工电渣焊、细丝CO_2气体保护焊。其中气焊方法又分为热焊法和不预热焊法；焊条电弧焊方法又分为冷焊法、半热焊法、不预热焊法和热焊法。

铸铁的焊补方法有很多，但每种方法各有其特点，只能根据某些类型铸件中某些缺陷的焊补来选择确定。常用的铸铁焊接材料见表3-19。

表 3-19 常用铸铁焊接材料推荐

类别、名称	牌号	国际型号	熔敷金属主要化学成分/%	焊接方法	适应铸铁种类、接头强度 σ_b/MPa	焊缝金属 σ_b/MPa	熔敷金属硬度/HV	熔合区白口厚度/mm	可加工性	抗裂性及其他特点
纯镍铸铁焊条	Z308	EZNi-1 EZNi-2	镍≥90 硅≤2.5	电弧冷焊	灰铸铁；147~196	240~390	120~170	0~0.2，平均0.08	好	好，但焊墨铸铁易裂
镍、铁铸铁焊条	Z408 Z438	EZNiFe-1 EZNiFe-2 EZNiFe-3	镍45~60 铁	电弧冷焊	球墨铸铁；294~496	390~540	150~210	0~0.25，平均0.15	较好	好，适应多种铸铁
镍、铜铸铁焊条	Z408A	EZNiFeCu	镍45~60 铜7 铁	电弧冷焊	球墨铸铁	390~540	160~190	—	较好	好，适应多种铸铁，焊芯镀铜是高石墨型药皮保存期的方法之一
镍、铜铸铁焊条	Z508	EZNiCu-1 EZNiCu-2	镍60~70 镍50~60 铜	电弧冷焊	灰铸铁；78~167	190~390	140~180	—	较好	焊缝收缩率大，易裂，锤击有效果显著
纯铁芯及碳钢铸铁焊条	Z112 Z100	EZFe-1 EZFe-2	碳钢	电弧冷焊	灰铸铁	—	—	0.8~1.0	很差	易产生热裂纹 好
高钒焊条	Z116 Z117	EZV	钒8~13 钢	电弧冷焊	高强灰铸铁，球墨铸铁	538~588	200~250	0.3~0.5	尚可	较好，焊缝不易产生热裂纹，含硅高时易脆裂
铜钢焊条	Z607 Z612	—	铜≥80 钢	半热焊、热焊术预热焊	灰铸铁；50~147	—	110~400，很不均匀	0~0.5	勉强	好，多层焊易产生气孔
灰铸铁焊条	Z208 Z248	EZC	灰铸铁	预热焊	普通灰铸铁基本等强度	170~200	150~240，与冷却速度有关	0~1，与工艺有关	较好、很好与工艺有关	大刚度部位的大缺陷易裂
球墨铸铁焊条	Z258	EZCQ	球墨铸铁	预热焊	球墨铸铁	—	—	—	—	铸芯，药皮含钇基重稀土球化剂
	Z308SnCu	EZCQ		不预热焊	多种球墨铸铁，焊后须经相应热处理，接头组织强度、硬度匹配，焊缝塑性低					钢芯、药皮含球化剂及锡，铜珠光体化元素
	Z38F	EZCQ		通常可不预热	球墨铸铁，较低强度	≥500 85%			可加工	较好，钢芯，药皮含铋，白口倾向较低
	Z268	EZCQ		通常可不预热	常用球墨铸铁 σ_b、δ达到标准	≥600 85%			可加工	较好、钢芯、药皮含多量钡、钙、脱氧脱硫，球化稳定，白口倾向较低

续表

类别,名称	牌号	国际型号	熔敷金属主要化学成分/%	焊接方法	适应铸铁种类,接头强度 σ_b/MPa	焊缝金属 σ_b/MPa	熔敷金属硬度/HV	熔合区白口厚度/mm	可加工性	抗裂性及其他特点
蠕墨铸铁焊条	Z288	—	蠕墨铸铁	不预热焊	蠕墨铸铁;315,δ1.6%	381	—	—	可加工	较好
纯镍蠕墨铸铁焊条	Z358	—	镍	电弧冷焊	蠕墨铸铁;298,δ6%	352 δ8%	—	—	好	好
白口铸铁底层焊条	BT-1	—	镍铁1:1	电弧冷焊	白口铸铁	—	—	—	—	好,线膨胀系数与白口铸铁相近,熔合性
白口铸铁工作层焊条	BT-2	—	中碳合金钢	电弧冷焊	白口铸铁	—	48~52HRC	—	—	好,须配用特殊电弧冷焊工艺
灰铸铁焊丝	HS401	RZC-1-2	灰铸铁	气焊热焊不预热气焊	灰铸铁;等强度	—	—	—	好	大刚度长焊缝易裂
合金铸铁焊丝	—	RZCH	镍钼铸铁	气焊	合金铸铁	—	—	—	好	大刚度长焊缝易裂
球墨铸铁焊丝	HS402	RZQ-1-2	球墨铸铁	气焊	常用球墨铸铁;强度接近母材	—	—	—	好	较好,不适于厚大件大缺陷的长时间焊接,以免球化衰退
蠕墨铸铁焊丝	HS403	—	蠕墨铸铁	气焊	蠕墨铸铁;362,δ1.7%	—	—	—	好	较好,冷速须≤9℃/s
铜锌镍锰钎料	—	—	铜锌镍锰	钎焊	灰铸铁;>196	406~554	165~199	0	好	较好,颜色近似
黄铜钎料	HL103	—	黄铜	钎焊	灰铸铁;118~147	≥196	—	0	好	较好,薄壁易裂
低碳低合金细丝焊	—	H08Mn2Si等	钢	细丝CO_2焊	灰铸铁,球墨铸铁	—	—	0~0.25	较好	较好,采用弱规范电弧冷焊
高钒药芯焊丝	—	—	钒8~13钢	CO_2焊	球墨铸铁;410~450	—	—	约0.3	可	较好,底层焊后高温退火可消除熔合区白口
镍铁合金焊丝	—	—	镍45~60铁	Ar弧焊	球墨铸铁	—	—	—	较好	较好

二、有色金属材料及其焊接特点

有色金属是指钢铁材料以外的各种金属材料，所以又称非铁材料。有色金属及其合金具有许多独特的性能，例如比强度高、导电性好、耐蚀性及导热性好等。所以有色金属材料在机电、仪表，特别是在航空、航天以及航海工业中具有重要的作用。在此仅介绍常用的铜、镁、钛及其合金。

1. 铜及铜合金

铜及其合金具有优良的电导、热导、耐腐蚀性能和良好的加工成形性能。某些铜合金还兼有较高的强度。因而在电气、电子、化工、食品、动力及交通等工业部门都得到了广泛的应用。铜及其合金焊件因其选用的材料品种和结构形式的不同，在加工生产过程中使用了目前工业中主要的熔焊、压焊和钎焊方法。随着国民经济的迅猛发展，人们对铜及其合金的焊接技术要求越来越迫切，焊接新工艺、新技术得到了不断的推广，并在大量的科研生产实践中取得了长足的进展。

根据构件的工作条件和加工要求的不同，工业生产的铜及其合金的种类繁多。通常可分为4大类：加工纯铜、加工黄铜、加工青铜和加工白铜。

1) 铜和铜合金的化学成分及性能

（1）纯铜是含 Cu 量不低于 99.5% 的工业纯铜，具有极好的电导性、热导性，良好的常温和低温塑性，以及对大气、海水和某些化学药品的耐腐蚀性。因而在工业中被广泛用于制造电工器件、电线电缆和换热器等。

（2）铜和锌的合金称为黄铜，其表面颜色随含锌量的增加由黄红色变为淡黄色。普通黄铜的强度、硬度和耐蚀性都比纯铜高，并能进行冷、热加工。为了进一步提高黄铜的力学性能、耐蚀性能和工艺性能，在普通黄铜（铜—锌合金）中再加入少量的锡、锰、铅、硅、铝、镍、铁等元素，就成为特殊黄铜，如锡黄铜、锰黄铜、铅黄铜、硅黄铜、铝黄铜、镍黄铜和铁黄铜等。

（3）凡不是以锌元素为主要组成而是以锡、铝、硅、铅、铍等元素为主要组成的铜合金，均称为青铜。常用的加工青铜有锡青铜、铝青铜、硅青铜、铍青铜、锰青铜、锆青铜、铬青铜、镉青铜、镁青铜、铁青铜和碲青铜。在上述青铜中有时还加入其他少量的合金元素，如锌、磷、镍、钛、锰等，以改善合金的综合性能。加工青铜具有较高的力学性能、耐磨性能、铸造性能和耐蚀性，常用来铸造各种耐磨、耐蚀（耐酸、碱、蒸汽等）的零件，如轴套、轴瓦、阀体、泵壳和蜗轮等。

（4）白铜是铜和镍的合金，其是因镍的加入使铜由白紫色逐渐变白而得名。白铜作为一种高耐蚀性能结构材料广泛用于化工、海水工程中。在焊接结构中使用的白铜多是含镍10%、20%和30%的合金。

2) 铜及铜合金的焊接特点

由于铜及铜合金具有独特的物理、化学性能，故其焊接性能既不同于钢材，也不同于铝材。

（1）纯铜的热导率高。常温下纯铜的热导率比碳钢约大8倍，要把纯铜件局部加热到熔化温度是有一定困难的，因此在焊接时要采用能量集中的热源，否则大量的热能将被焊件导失掉，使焊件坡口处达不到熔化温度，以致形成未焊透等缺陷，且随着板材厚度的增加，这一情况将越显严重。纯铜焊接时对焊件应进行预热，即使是热能较集中的熔化极自动氩弧焊及等离子弧焊也同样需要预热，不过预热温度可适当降低些。

（2）铜及铜合金焊接时易出现裂纹。裂纹的位置多数在焊缝上，也有的出现在熔合线及热影响区。裂纹呈晶间破坏特征，从断面上可看到明显的氧化色。

（3）铜及铜合金的焊缝中常出现气孔。纯铜焊缝金属中的气孔主要是由氢气引起的。当纯铜中溶解有 CO 气体时，也可能由水气及由一氧化碳与氧反应生成的 CO_2 气体引起气孔。铜合金焊接时的气孔形成倾向比纯铜要大得多。气孔一般分布在焊缝中心及接近熔合线处。

（4）纯铜及铜合金焊接时，存在着接头力学性能降低的倾向。在铜合金焊接时，或多或少地会发生铜的氧化及合金元素的蒸发、烧损现象。氧化生成的氧化亚铜和氧化铜的共晶体处于晶粒间界，削弱了金属间的结合能力。而低熔点的合金元素（如锌、锡、铅、铝、镉等）氧化、烧损后，不仅会降低合金元素的含量，而且还会形成脆硬的夹杂物、气孔及未焊透等缺陷，并由低熔点的共晶及各种焊接缺陷导致焊接接头强度、塑性、耐蚀性及导电性的降低。

2. 镁及镁合金

1）镁和镁合金的化学成分及性能

镁是最轻的工程结构材料之一，它的熔点为 651℃，密度为 1.74 g/cm³，且镁的比强度较高。镁合金具有极好的切削加工性和良好的铸造性能。绝大多数镁合金可以用气焊、氩弧焊、电阻焊、钎焊等方法焊接，最常用的为氩弧焊方法焊接。氩弧焊适用于一切镁合金的焊接，其能得到较高的焊缝强度系数，焊接变形小，焊接时可不用气剂，且铸件可用氩弧焊修补并能获得满意的焊接质量。

镁合金在汽油、煤油、酚、醇类（甲醇除外）和其他矿物油中较为安定，在稀碱液、氟盐的中性与碱性溶液以及 SO_2 气体和水溶液、液态和气态胺中均无腐蚀倾向。若镁合金经氧化处理后涂漆，则可长期在大气条件下使用而不腐蚀，所以在航天、航空、光学仪器等领域被广泛应用。

纯镁的强度很低（抗拉强度仅为 190 MPa），不宜用于承力构件，一般是在镁中加入某种合金元素，而以镁合金的形式应用于焊接结构。由于镁合金的加工工艺不同，其加入合金元素后可分为变形镁合金和铸造镁合金两类。

2）镁合金的焊接特点

镁及镁合金焊接时所出现的问题和铝有些类似，但因镁比铝更易氧化，故在保护上要求更加严格。

（1）粗晶问题。镁的熔点低（651℃），且导热快，焊接时要用大功率热源，所以焊缝及近缝区金属易产生过热和晶粒长大现象，这是镁合金焊接时的显著特点之一。

（2）氧化和蒸发。镁的氧化性极强，在焊接高温下易形成氧化镁（MgO），MgO 熔点高（2 500℃），密度大（3.2 g/cm³），在熔池中易形成细小片状的固态夹渣，降低焊缝的性能。在高温下，镁还容易和空气中的氮化合生成镁的氮化物，使接头性能变坏。镁的沸点不高（1 100℃），因此在电弧高温下镁易蒸发。

（3）热应力。镁及镁合金热膨胀系数较大，约为钢的 2 倍、铝的 1.2 倍，所以在焊接过程中易引起较大的热应力。这会加剧裂纹的产生和焊接变形。

（4）裂纹。镁容易与一些合金元素（如 Cu、Al、Ni 等）形成低熔点共晶体（如 Mg-Cu 共晶熔点为 480℃，Mg-Al 共晶熔点为 430℃，Mg-Ni 共晶熔点为 508℃），所以脆性温度区间较宽，易形成热裂纹。

（5）气孔。与焊铝一样，焊镁时易产生氢气孔，氢在镁中的溶解度也是随温度的降低而急剧减少，当氢的来源较多时，出现气孔的倾向较大。

此外，镁及其合金在没有隔绝氧的情况下焊接时，还易燃烧，所以在熔化焊时需用惰性气体或焊剂保护。由于焊镁时要求用大功率的电流或火焰，接头处温度较高，使镁合金组织中低熔点化合物在晶界处熔化出现空穴及晶界氧化等，产生所谓的"过烧"现象。因此，焊镁时必须控制好热输入。

3. 钛及钛合金

1）钛及钛合金的化学成分和性能

钛及钛合金与钢材相比，具有许多独特性能，如密度小（约为钢的 60%）、强度高（工业钛 σ_b = 350~450 MPa、钛合金 σ_b = 800~900 MPa）、优良的高温和低温性能（可在 -253℃~500℃使用）、优异的耐腐蚀性（超过 0Cr19Ni13Mo3 奥氏体不锈钢，可耐海水、大多数酸、碱和盐等介质的腐蚀）及没有磁性等。用它制成的设备可用于制酸工业（硝酸、硫酸、盐酸、磷酸、醋酸等）、制碱工业（纯碱、氨联碱、氯碱等）、化肥工业（尿素、硝铵、磷酸铵等）、石油化工（乙醛、聚氯乙烯等）、海洋工程、滨海电厂（凝汽器等）等各行各业。我国缺乏镍、铬资源，特别缺镍，而钛资源丰富，居世界各国之首。钛及钛合金可加工成铸件、锻件、管材、板材等，切削加工性能良好，因此，国内已提出"开发钛技术，推广应用钛设备"的呼吁，这就必然要求焊接技术也要相应发展。

钛合金按组织分为 α 合金、β 合金和 α+β 双相合金。α 合金不能热处理，工艺性能良好，有很好的塑性，能很好地焊接，一般用于制造在 500℃以下工作的结构。β 钛合金室温强度最高，但热稳定性较差，而且切削加工性很差，因此应用很少。广泛应用的是 α+β 合金，它在进行淬火和时效热处理后，σ_b 可达到 1 200~1 400 MPa，退火后有很好的工艺性能，通常在退火状态加工，然后进行热处理强化，用于制造在 400℃以下工作的结构件。

2）钛及钛合金的焊接特点

钛及钛合金的焊接性与其物理化学性能密切相关，关键的问题是：高温时钛具有高活性，易受空气污染，加热时晶粒长大倾向严重，焊接接头冷却时可能形成脆性相。

（1）钛的熔点高达 1 668℃±10℃，比焊接钢需要更多的能量。

（2）钛的化学性能活泼，与氧和氢的作用比钢大得多，在 600℃以上就急剧化合，1 000℃就大量吸收氢和碳，溶氢能力比钢大几万倍，进而生成氢化钛，使韧性急剧下降。气体杂质会增大冷裂纹和延迟裂纹的倾向，并将增大缺口的敏感性，因此焊接用氩气纯度应不低于 99.99%，且湿度≤0.039%，焊丝的含氢量应在 0.002%以下。

（3）钛的传热系数是钢的 1/2，极易过热，一旦过热则性能明显恶化，所以要严格控制温度，特别要控制焊接热循环中的高温停留时间。

（4）焊接钛时没有热裂纹及晶间裂纹问题，但存在气孔问题，尤其是焊 α+β 合金。增加多层焊中焊道量或增加热输入都会使气孔量增加。

选择焊接方法主要看焊接区和接头冷却时保护措施的可靠程度。一般焊接钛合金要保证焊缝金属高温停留时间最短和冷却速度最大。但焊接高强度钛合金时，为避免近缝区的脆性,最好采用缓慢冷却的焊接工艺。已经使用过的熔焊方法有钨极氩弧焊、熔化极氩弧焊、埋弧焊、电渣焊、电子束焊和等离子焊。就氩弧焊而言,气体保护比焊钢时的要求要高,且主要体现在氩的纯度、流量和保护罩上。

3) 钛焊缝质量的判别

钛焊缝的质量在很大程度上与保护有关,而钛焊缝表面的颜色又提供了判别保护好坏的依据,见表3-20,因此除了按技术条件规定的检验方法外,通过钛焊缝表面的颜色也可以作出焊缝质量的判别。

表3-20 钛焊缝表面颜色与焊缝质量的关系

焊缝表面颜色	氩气保护情况	焊缝情况	判定	处理
银白色	良好	良好	使用	—
金黄色	尚好	没有影响	能使用	用酸洗,去除表面金黄色
蓝色	一般	表面氧化,使表面塑性稍有下降	承受负载较大时不能使用	用酸洗,去除表面蓝色或按不合格处理
紫色(花色)	较差	氧化严重,塑性显著降低	使用条件(介质、负载)苛刻时不能使用	用酸洗,去除表面紫色或按不合格处理
灰色或表面有粉状物	极差	完全氧化,焊接区完全脆化,且产生裂纹、气孔及夹渣等	不能使用	不合格

思考与练习

一、思考题

1. 气体保护焊可分为哪几种?试述每种方法的原理、特点及其应用范围。
2. 气体保护焊时为什么要提前供气和滞后停气?
3. 什么是阴极破碎?
4. MIG焊焊接设备通常包括哪几个主要部分?试说明各部分的作用以及对它们的要求。
5. TIG焊时主要工艺参数有哪些?如何选择?
6. 惰性气体保护焊的焊前清理有何作用?常用的清理方法有哪些?

二、单项选择

1. 不属于熔化极气体保护焊的焊接方法为( )。
   A. MIG焊　　　　　B. MAG焊　　　　　C. TIG焊　　　　　D. CO_2焊
2. 按GB/T 4842—2017《氩》的要求,焊接用氩气的纯度应≥( )%。
   A. 99.3　　　　　B. 99.5　　　　　C. 99.7　　　　　D. 99.9
3. Ar气瓶的正确涂色应是( )色。
   A. 灰　　　　　B. 白　　　　　C. 蓝　　　　　D. 红
4. 从焊接的角度看,氩气的惰性是指( )。
   A. 不与金属有化学反应　　　　　B. 不溶于金属

C. 既不反应也不溶解 D. 以上说法都不对

5. 铝及铝合金焊接时生成的气孔主要是（　　）气孔。
A. CO B. CO_2 C. H_2 D. N_2

6. 钨极氩弧焊时，采用（　　）接法钨极烧损最小。
A. 直流正接 B. 直流反接 C. 交流 D. 脉冲

7. 电流相同时，为获得相同的保护效果，MIG 焊所用的气体流量与 TIG 焊相比（　　）。
A. 更大 B. 更小 C. 相等 D. 不能确定

8. 手工钨极氩弧焊设备中没有（　　）。
A. 控制系统 B. 行走机构 C. 气路系统 D. 水路系统

9. 当用氩弧焊、等离子弧切割等工艺时，为减少放射性的危害及电子发射对人的危害，应当选用的电极是（　　）。
A. 纯钨极 B. 铈钨极 C. 钍钨极 D. 锆钨极

10. 奥氏体不锈钢焊接时，如果焊接材料选用不当或焊接工艺不合理，则会产生（　　）等问题。
A. 接头软化和热裂纹 B. 降低接头抗晶间腐蚀能力和冷裂纹
C. 降低接头抗晶间腐蚀能力和再热裂纹 D. 降低接头抗晶间腐蚀能力和热裂纹

11. 要焊钛及钛合金应选用（　　）。
A. 气焊 B. 焊条电弧焊 C. 埋弧自动焊 D. 钨极氩弧焊

12. 珠光体耐热钢最高使用温度一般为（　　）。
A. 350℃～400℃ B. 400℃～450℃ C. 450℃～500℃ D. 500℃～600℃

三、多项选择

1. 氩弧焊机供气系统有（　　）。
A. 减压器 B. 气体流量计 C. 干燥器 D. 电磁气阀

2. 钨极氩弧焊焊接铝及铝合金常采用的电源及极性是（　　）。
A. 直流正接 B. 直流反接 C. 交流焊 D. 直流正接或交流焊

3. 氩弧焊机的高频振荡器可用于（　　）。
A. 稳弧 B. 引弧 C. 整流 D. 变压

4. （　　）是钨极氩弧焊选择钨极直径的主要依据。
A. 焊件厚度 B. 焊接电流大小 C. 电源种类与极性 D. 焊工操作技术

5. （　　）是超声波探伤的优点。
A. 灵敏度较高 B. 探伤周期短 C. 成本低 D. 判断缺陷性质准确

6. 铜及铜合金具有独特的物理和化学性能，则其焊接性能具有既不同于钢材也不同于铝材的特点，为（　　）。
A. 铜的热导率较低 B. 焊接时更易出现裂纹
C. 焊缝中常会出现气孔 D. 存在着接头力学性能降低的倾向

四、判断

（　　）1. MIG 焊的焊前清理要求比 CO_2 气体保护焊高。

(   ) 2. TIG 焊焊接不锈钢时，若焊缝表面呈银白色，则表示气体保护效果最好。
(   ) 3. 焊缝中产生夹渣缺陷，是因为焊工没有认真清理焊道，与其操作水平无关。
(   ) 4. 采用钨极氩弧焊时，焊件产生变形小。
(   ) 5. 装配顺序对焊接变形有影响。
(   ) 6. 镁及镁合金焊接时所出现的问题和铝有些类似，但是镁比铝更不易氧化，价格更高。
(   ) 7. 在铸铁的焊接中，只有灰口铸铁和球墨铸铁可以焊接。
(   ) 8. 白铜是铜和锌的合金。
(   ) 9. TIG 焊时，焊丝加入方法中的指续法主要应用于 500 mm 以下的较短焊缝。
(   ) 10. 为了防止钨极的烧损，TIG 焊一般采用非接触短路法引弧。
(   ) 11. 铝板焊接时，不可以使用铁质工具进行施工。

项目四 气焊与钎焊

任务1 气焊

学习目标

1. 能够正确描述气焊的原理、特点及应用
2. 能够正确描述各种气焊设备和工具的原理及作用（符合焊工操作证（熔化焊接与热切割）中对气焊设备使用的相关要求）
3. 能够正确描述气焊火焰的种类，各类型火焰的特点与用途
4. 能够准备气焊操作的各种劳动保护（符合焊工操作证（熔化焊接与热切割）中对气焊劳动保护的相关要求）
5. 能够使用气焊设备规范地进行焊接操作（符合焊工操作证（熔化焊接与热切割）中对气焊技能的相关要求）
6. 能够注意培养良好的安全、卫生习惯及团队协作意识。

案例分析

汽车钣金件多是薄板件，绝大多数采用厚度为 0.7～1.0 mm 的钢板。这些钢板主要用于复杂的深拉件和车身外部件，例如翼子板、车门、发动机盖等。在使用过程中，由于各种原因造成磨损、裂纹、撞伤等，通常采用气焊的方式进行修补。

裂纹的焊补不必开坡口，一般采用不卷边的对接接头。若裂纹长度小于 8 mm，可直接进行焊补；若裂纹长度大于 8 mm，则应先在裂纹两端用直径 2～3 mm 的钻头打孔（止裂孔），然后再焊补，以避免裂纹扩张。

焊接时，应使裂纹两侧金属板面平整对齐。为防止变形、错位，应先在焊件边缘裂口处作定位焊点，再从裂缝终了处起焊，沿裂缝走向向外边缘方向施焊。若裂缝长度较长，则应从裂缝终了位置起每间隔 30 mm 左右增加定位焊点。通常采用左焊法，焊嘴应不断地上下跳动来调整熔池温度，而焊丝上下跳动并做送进运动。为防止焊缝过热以及热收缩过大引起焊件翘曲变形，定位焊后，应采用分段跳焊法焊接，如图 4-1 所示。

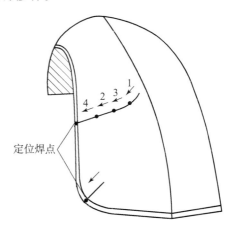

图 4-1 钣金件裂纹的焊接

在焊接过程中,如发现裂纹两侧板面错位,应随时敲平对齐;若定位焊点脱开,应在原焊点边缘重新加焊点。在裂纹边缘及受力较大的部分可多加焊丝或采用双面焊接,以提高焊缝强度。

相关知识

一、气焊的基本原理

气焊是利用可燃气体与助燃气体混合燃烧后,产生的高温火焰对金属材料进行熔化焊的一种方法。在汽车钣金作业中,气焊是最常用的方法之一。如图4-2所示,将乙炔和氧气在焊炬中混合均匀后,从焊嘴喷出燃烧火焰,将焊件和焊丝熔化,形成熔池,待冷却凝固后形成焊缝连接。

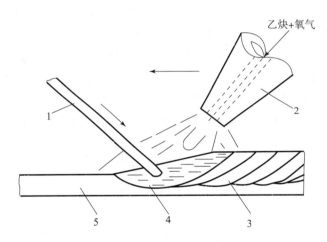

图4-2 气焊原理示意图
1—焊丝;2—焊炬;3—焊缝;4—熔池;5—焊件

气焊所用的可燃气体很多,有乙炔、氢气、液化石油气、煤气等,而最常用的是乙炔。乙炔的发热量大,燃烧温度高,制造方便,使用安全,焊接时火焰对金属的影响最小,火焰温度高达3 100℃~3 300℃。氧气作为助燃气,其纯度越高,耗气越少。因此,气焊也称为氧—乙炔焊。

二、气焊的特点及应用

气焊不同于电弧焊,其具有以下特点及应用:

(1)火焰对熔池的压力及对焊件的热输入量调节方便,故熔池温度、焊缝形状和尺寸、焊缝背面成形等容易控制。

(2)设备简单、轻便,不需要电源,移动方便,操作易掌握,但设备占用生产面积较大。

(3)焊炬尺寸小,使用灵活,但气焊热源温度较低,加热缓慢,生产率低,热量分散,热影响区大,焊件有较大的变形,接头质量不高。

(4)气焊适于各种位置的焊接,如在3 mm以下的低碳钢、高碳钢薄板、铸铁焊补以及铜、铝等有色金属的焊接。在无电或电力不足的情况下，气焊则能发挥更大的作用，常用气焊火焰对工件、刀具进行淬火处理，对紫铜皮进行回火处理，并矫直金属材料和净化工件表面等。此外，由微型氧气瓶和微型溶解乙炔气瓶组成的手提式或肩背式气焊气割装置，在旷野、山顶、高空作业中应用是十分简便的。

三、气焊火焰

常用的气焊火焰是乙炔与氧混合燃烧所形成的火焰，也称氧乙炔焰。根据氧与乙炔混合比的不同，氧乙炔焰可分为中性焰、碳化焰（也称还原焰）和氧化焰3种，其构造和形状如图4-3所示。

1. 中性焰

氧气和乙炔的混合比为1.1~1.2时燃烧所形成的火焰称为中性焰，又称正常焰。它由焰芯、内焰和外焰3部分组成。焰芯靠近喷嘴孔，呈尖锥形，色白而明亮，轮廓清楚，在焰芯的外表面分布着乙炔分解所生成的碳素微粒层，焰心的光亮就是由炽热的碳微粒所发出的，温度并不是很高，约为950℃。内焰呈蓝白色，轮廓不清，并带深蓝色线条而微微闪动，它与外焰无明显界限。外焰由里向外逐渐由淡紫色变为橙黄色。火焰各部分温度分布如图4-4所示。中性焰最高温度在焰芯前2~4 mm处，为3 050℃~3 150℃。用中性焰焊接时主要利用内焰这部分火焰加热焊件。中性焰燃烧完全，对红热或熔化了的金属没有碳化和氧化作用，所以称为中性焰。气焊一般都采用中性焰。它广泛用于低碳钢、低合金钢、中碳钢、不锈钢、紫铜、灰铸铁、锡青铜、铝及合金、铅锡、镁合金等的气焊。

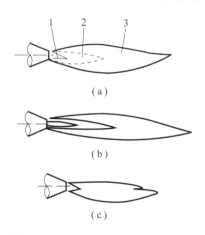

图4-3 氧—乙炔焰的类型及结构
(a) 中性焰；(b) 碳化焰；(c) 氧化焰
1—焰芯；2—内焰；3—外焰

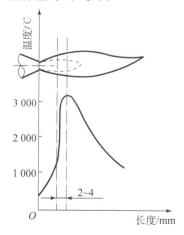

图4-4 中性焰的温度分布

2. 碳化焰

氧气和乙炔的混合比小于1.1时燃烧形成的火焰称为碳化焰。碳化焰的整个火焰比中性焰长而软，它也由焰芯、内焰和外焰组成，而且这3部分均很明显。焰芯呈灰白色，并发生乙炔的氧化和分解反应；内焰有多余的碳，故呈淡白色；外焰呈橙黄色，除燃烧产物CO_2和水蒸气外，还有未燃烧的碳和氢。

碳化焰的最高温度为2 700℃~3 000℃，火焰中存在过剩的碳微粒和氢。碳会渗入熔池金属，使焊缝的含碳量增高，故称碳化焰；不能用于焊接低碳钢和合金钢，同时碳具有较强的还原作用，故又称还原焰。游离的氢也会透入焊缝，产生气孔和裂纹，造成硬而脆的焊接接头。因此，碳化焰只使用于高速钢、高碳钢、铸铁焊补、硬质合金堆焊和铬钢等。

3. 氧化焰

氧化焰是氧与乙炔的混合比大于1.2时的火焰。氧化焰的整个火焰和焰芯的长度都明显缩短，只能看到焰芯和外焰两部分。氧化焰中有过剩的氧，整个火焰具有氧化作用，故称氧化焰。氧化焰的最高温度可达3 100℃～3 300℃。使用这种火焰焊接各种钢铁时，金属很容易被氧化而形成脆弱的焊接接头；在焊接高速钢或铬、镍、钨等优质合金钢时，会出现互不熔合的现象；在焊接有色金属及其合金时，产生的氧化膜会更厚，甚至在焊缝金属内有夹渣，形成不良的焊接接头。因此，氧化焰一般很少采用，仅适用于烧割工件和气焊黄铜、锰黄铜及镀锌铁皮。它特别适合于黄铜类，因为黄铜中的锌在高温极易蒸发，采用氧化焰时，熔池表面上会形成氧化锌和氧化铜的薄膜，起抑制锌蒸发的作用。

不论采用何种火焰气焊，喷射出来的火焰（焰芯）形状应该整齐垂直，不允许有歪斜、分叉或发生"吱吱"的声音。只有这样才能使焊缝两边的金属均匀加热，并正确形成熔池，从而保证焊缝质量。否则不管焊接操作技术多好，焊接质量也会受到影响。所以当发现火焰不正常时，要及时使用专用的通针把焊嘴口处附着的杂质消除掉，待火焰形状正常后再进行焊接。

以上各种火焰，因其性质不同，适用于焊接不同的材料。各种金属材料气焊时火焰的选择见表4-1。

表4-1　各种金属材料气焊时火焰的选择

焊件材料	应用火焰	焊件材料	应用火焰
低碳钢	中性焰或轻微碳化焰	铬镍不锈钢	中性焰或轻微碳化焰
中碳钢	中性焰或轻微碳化焰	紫铜	中性焰
低合金钢	中性焰	锡青铜	轻微氧化焰
高碳钢	轻微碳化焰	黄铜	氧化焰
灰铸铁	碳化焰或轻微碳化焰	铝及铝合金	中性焰或轻微碳化焰
高塑钢	碳化焰	铅、锡	中性焰或轻微碳化焰
锰钢	轻微氧化焰	镍	碳化焰
镀锌铁皮	轻微碳化焰	硬质合金	碳化焰
铬不锈钢	中性焰或轻微碳化焰	蒙乃尔合金	碳化焰

四、焊接设备、工具与材料

气焊所用设备及气路连接如图4-5所示。

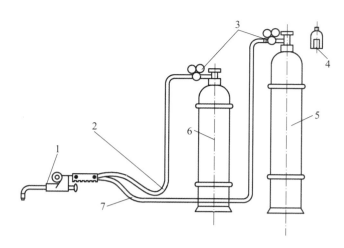

图 4-5 气焊设备及其连接

1—焊炬；2—乙炔胶管（红色）；3—减压器；4—瓶帽；5—氧气瓶；6—乙炔瓶；7—氧气胶管（黑色）

1. 焊炬

焊炬俗称焊枪。焊炬是气焊中的主要设备，它的构造多种多样，但基本原理相同。焊炬是气焊时用于控制气体混合比、流量及火焰并进行焊接的手持工具。焊炬有射吸式和等压式两种，常用的是射吸式焊炬，如图4-6所示。它由主体、手柄、乙炔调节阀、氧化调节阀、喷射管、喷射孔、混合室、混合气体通道、焊嘴、乙炔管接头和氧气管接头等组成。它的工作过程如下：打开氧气调节阀，氧气经喷射管从喷射孔快速射出，并在喷射孔外围形成真空而造成负压（吸力）；再打开乙炔调节阀，乙炔即聚集在喷射孔的外围；由于氧射流负压的作用，乙炔很快被氧气吸入混合室和混合气体通道，并从焊嘴喷出，形成焊接火焰。

氧乙炔焊焊炬的调整操作

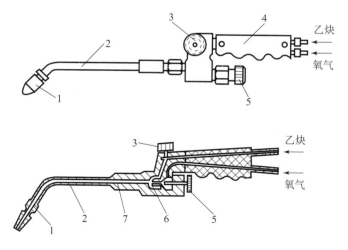

图 4-6 射吸式焊炬外形及内部构造

1—焊嘴；2—混合管；3—乙炔阀门；4—手把；5—氧气阀门；6—喷嘴；7—射吸管

各型号的焊炬均备有5个大小不同的焊嘴，可供焊接不同厚度的工件使用。表4-2所示为H01型焊炬的基本参数。

表 4-2 射吸式焊炬型号及其参数

型号	焊接低碳钢厚度/mm	氧气工作压力/MPa	乙炔使用压力/MPa	可换焊嘴个数	焊嘴直径/mm				
					1	2	3	4	5
H01-2	0.5~2	0.1~0.25	0.001~0.10	5	0.5	0.6	0.7	0.8	0.9
H01-6	2~6	0.2~0.4			0.9	1.0	1.1	1.2	1.3
H01-12	6~12	0.4~0.7			1.4	1.6	1.8	2.0	2.2

2. 乙炔瓶

乙炔瓶是存储溶解乙炔的钢瓶。如图 4-7 所示，在瓶的顶部装有瓶阀，供开、闭气瓶及装减压器用，并套有瓶帽保护；在瓶内装有浸满丙酮的多孔性填充物（活性炭、木屑、硅藻土等），丙酮对乙炔有良好的溶解能力，可使乙炔安全地存储于瓶内，当使用时，溶在丙酮内的乙炔被分离出来，通过瓶阀输出，而丙酮仍留在瓶内，以便溶解再次灌入瓶中的乙炔；在瓶阀下面填充物中心部位的长孔内放有石棉绳，其作用是促使乙炔与填充物分离。

乙炔瓶的外壳漆成白色，用红色写明"乙炔"字样和"火不可近"字样。乙炔瓶的容量为 40 L，工作压力为 1.5 MPa，而输送给焊炬的压力很小，因此，乙炔瓶必须配备减压器，同时还必须配备回火安全器。

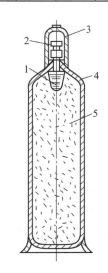

图 4-7 乙炔瓶
1—石棉绳；2—瓶阀；3—瓶帽；
4—瓶壳；5—多孔填充物

乙炔瓶一定要竖立放稳，以免丙酮流出。乙炔瓶要远离火源，以防止乙炔瓶受热，因为乙炔温度过高会降低丙酮对乙炔的溶解度，而使瓶内乙炔压力急剧增高，甚至发生爆炸。乙炔瓶在搬运、装卸、存放和使用时，要防止遭受剧烈的振荡和撞击，以免瓶内的多孔性填充物下沉而形成空洞，从而影响乙炔的存储。

3. 回火安全器

回火安全器又称回火防止器或回火保险器，它是装在乙炔减压器和焊炬之间，用来防止火焰沿乙炔管回烧的安全装置。正常气焊时，气体火焰在焊嘴外面燃烧。但当气体压力不足、焊嘴堵塞、焊嘴离焊件太近或焊嘴过热时，气体火焰会进入嘴内逆向燃烧，这种现象称为回火。发生回火时，焊嘴外面的火焰熄灭，同时伴有爆鸣声，随后有"吱、吱"的声音。如果回火火焰蔓延到乙炔瓶，就会发生严重的爆炸事故。因此，发生回火时，回火安全器的作用是使回流的火焰在倒流至乙炔瓶以前被熄灭，同时应首先关闭乙炔开关，然后再关氧气开关。

图 4-8 所示为干式回火安全器的工作原理。干式回火安全器的核心部件是粉末冶金制造的金属止火管。正常工作时，乙炔推开单向阀，经止火管、乙炔胶管输往焊炬。产生回火时，高温高压的燃烧气体倒流至回火安全器，带非直线微孔的止火管吸收了爆炸冲击波，使燃烧气体的扩张速度趋近于零，而透过止火管的混合气体流顶上单向阀，迅速切断乙炔源，有效地防止火焰继续回流，并在金属止火管中熄灭回火的火焰。该气焊设备经回火后，不必

人工复位，又能继续正常使用。

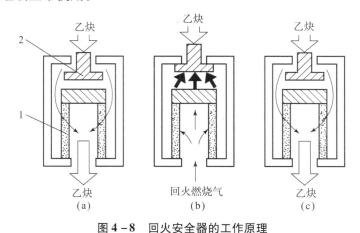

图4-8　回火安全器的工作原理
(a) 正常工作；(b) 发生回火；(c) 恢复正常
1—止火管；2—单向阀

4. 氧气瓶

氧气瓶是存储氧气的一种高压容器钢瓶，如图4-9所示。其是一个圆柱形瓶体，瓶体上有防震圈；瓶体的上端有瓶口，瓶口的内壁和外壁均有螺纹，用来装设瓶阀和瓶帽；瓶体下端还套有一个增强用的钢环圈瓶座，一般为正方形，便于立稳，卧放时也不至于滚动；为了避免腐蚀和发生火花，所有与高压氧气接触的零件都用黄铜制作；氧气瓶外表漆成天蓝色，用黑漆标明"氧气"字样。氧气瓶的容积为40 L，储氧最大压力为15 MPa，但提供给焊炬的氧气压力很小，因此氧气瓶必须配备减压器。由于氧气化学性质极为活泼，能与自然界中绝大多数元素化合并与油脂等易燃物接触剧烈氧化，引起燃烧或爆炸，所以使用氧气时必须十分注意，要隔离火源，禁止撞击氧气瓶，严禁在瓶上沾染油脂，瓶内氧气不能用完，应留有余量等。

5. 减压器

减压器是将高压气体降为低压气体的调节装置，其作用是减压、调压、量压和稳压。气焊时所需的气体工作压力一般都比较低，如氧气压力通常为0.2~0.4 MPa，乙炔压力最高不超过0.15 MPa。因此，氧气瓶和乙炔瓶输出的气体必须经减压器减压后才能使用。

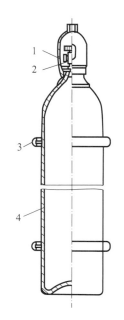

图4-9　氧气瓶
1—瓶帽；2—瓶阀；
3—防震圈；4—瓶体

减压器的工作原理如图4-10所示。松开调压手柄（逆时针方向），活门弹簧闭合活门，高压气体就不能进入低压室，即减压器不工作，从气瓶来的高压气体停留在高压室的区域内，高压表量出高压气体的压力也是气瓶内气体的压力。拧紧调压手柄（顺时针方向），使调压弹簧压紧低压室内的薄膜，再通过传动件将高压室与低压室通道处的活门顶开，使高压室内的高压气体进入低压室，此时的高压气体体积膨胀，气体压力得以降低，低压表可量出低压气体的压力，并使低压气体从出气口通往焊炬。如果低压室气体压力高了，向下的总压力大于调压弹簧向上的力，即压迫薄膜和调压弹簧，使活门开启的程度逐渐减小，直至达到焊炬工作压力时，活门重新关闭；如果低压室的气体压力低了，向上的总压力小于调压弹簧向上的力，此时薄膜上鼓，使活门重新开启，高压气体又进入到低压室，从而增加低压室的气体压力；当活门的开启度恰好使流入低压室的高压气体流量与输出的低压气体流量相等时，即稳定地进行气焊工作。减压器能自动维持低压气体的压力，只要通过调压手柄的旋入程度来调节调压弹簧压力，就能调整气焊所需的低压气体压力。

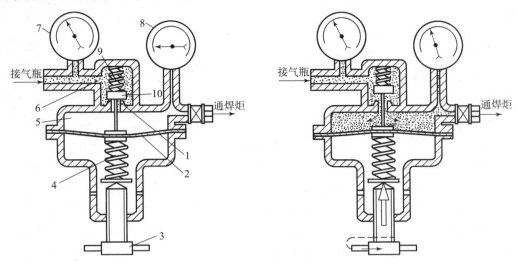

图4-10 减压器的工作示意图

1—通道；2—薄膜；3—调压手柄；4—调压弹簧；5—低压室；6—高压室；
7—高压表；8—低压表；9—活门弹簧；10—活门

减压器的使用有以下注意事项：

（1）安装减压器之前，要略打开氧气瓶阀门，吹去污物，以防止水分和灰尘进入减压器。

（2）在打开氧气瓶前，必须先松开减压调节螺丝。打开氧气瓶冷门要慢慢开启，不要用力过猛，以防止损坏减压器。

（3）减压器不得沾有油脂。如有油脂，应擦干净后再使用。

（4）减压器冻结时，可用热水或蒸汽解冻，不准用火烤。

（5）减压器停止使用时，必须把调节螺丝旋松，并把减压器内气体全部放掉，直到低压表指针指向零为止。

6. 橡胶管

橡胶管是输送气体的管道，分氧气橡胶管和乙炔橡胶管，两者不能混用。国家标准规定：氧气橡胶管为黑色；乙炔橡胶管为红色。氧气橡胶管的内径为8 mm，工作压力为1.5 MPa；乙炔橡胶管的内径为10 mm，工作压力为0.5 MPa或1.0 MPa；橡胶管长一般为10～15 m。

氧气橡胶管和乙炔橡胶管不可有损伤和漏气发生，严禁明火检漏。特别要经常检查橡胶管的各接口处是否紧固、橡胶管有无老化现象、橡胶管是否沾有油污等。

一、劳动安全与卫生

操作前，学生必须牢记以下劳动安全事项，如图4-11所示。

（1）焊接时焊工必须穿戴好工作服、工作帽、手套、鞋、有色眼镜、口罩、毛巾等，以防止高温的火焰刺伤眼睛及飞溅的金属氧化物和炽热的工件烫伤人，并避免扬起的灰尘及有害烟气吸进人体内。

（2）气焊和气割场地要求有良好的通风条件，以减小操作过程中产生的有害气体对人体的伤害。

（3）作业前减压阀、氧气表必须完好，否则禁止使用。

（4）作业中氧气瓶与乙炔瓶、液化气瓶间距应在 3 m 以上，距离明火 10 m 以上；氧气瓶禁止在阳光下暴晒；氧气瓶、乙炔瓶在使用时要直立摆放，严禁用粘有油脂的手、工具接触氧气瓶，瓶体严禁接触油污性物质。

图 4-11　气焊的劳动安全要求

（5）作业后，必须将氧气瓶、乙炔瓶、液化气瓶阀门关紧并放置气瓶存放处。

（6）修理各种容器或管道时，在焊割前，应了解管道或容器内装的是什么液体或气体，残存的液体或气体应清除干净，并将所有的阀门全部打开，否则不能进行焊割操作。

（7）焊接完成后，要及时清理场地。

二、焊前准备

1. 设备和工具

焊前需要准备的设备与工具，见表 4-3。

表 4-3　设备与工具

名　　称	用　途　说　明
氧气瓶	提供助燃气体
乙炔气瓶	提供可燃气体
焊炬	型号 H01-2
皮带式研磨机	焊接前，研磨焊接接口部位的漆膜层；焊接后，用于焊接部位的修饰作业
橡胶管	氧气橡胶管为黑色，乙炔橡胶管为红色。选择长度 10 m
减压器	减压、调压、量压和稳压装置
砂纸和钢丝刷	清理焊缝表面、焊缝层间的焊渣及焊件上的铁锈、油污
回火安全器	防止回火
夹具	用于板件的临时固定
空气枪	吹除打磨粉尘、灰尘等杂质
遮盖毯	遮盖非焊接区域，防止飞溅烫伤汽车漆膜
防风点火器	用于点火

2. 焊丝与焊件的处理

焊接前，应彻底清除焊丝和焊接接头处的油污、油漆、铁锈及水分等。焊件可用焊炬火焰烘烤，但在加热后还应用钢丝刷予以清理，也可以用喷砂的方法清理。

3. 工艺参数的选择

1）焊丝的选择

一般要求焊丝的熔点应等于或略低于被焊金属的熔点；焊丝的化学成分应基本上与焊件相同；焊丝焊得的焊缝应具有良好的机械性能，焊缝内部质量要好，无裂纹、气孔、夹渣等缺陷；焊丝熔化时要平衡，不应有强烈的飞溅或蒸发；焊丝表面应洁净，无油脂、油漆和锈蚀等污物。

碳素结构钢焊丝、合金结构钢焊丝、不锈钢焊丝的牌号及用途见表4-4。铜及铜合金焊丝的牌号及用途见表4-5。铸铁气焊丝的牌号及用途见表4-6。

表4-4 钢焊丝的牌号及用途

碳素结构钢焊丝			合金结构钢焊丝			不锈钢焊丝		
牌号	代号	用途	牌号	代号	用途	牌号	代号	用途
焊08	H08	焊接一般低碳钢结构	焊10锰2	H10Mn2	用途与H08Mn相同	焊00铬19镍9	H00Cr19Ni9	焊接超低碳不锈钢
			焊08锰2硅	H08Mn2Si				
焊08	H08A	焊接较重要的低、中碳钢及某些低合金钢结构	焊10锰2钼高	H10Mn2MoA	焊接普通低合金钢	焊0铬19镍9	H0Cr19Ni9	焊接18-8型不锈钢
焊08特	H08E	用途与H08A相同，工艺性能较好	焊10锰2钼钒高	H10Mn2MoVA	焊接普通低合金钢	焊1铬19镍9	H1Cr19Ni9	焊接18-8型不锈钢
焊08锰	H08Mn	焊接较重要的碳素钢及普通低合金钢结构，如锅炉、受压容器等	焊08铬钼高	H08CrMoA	焊接铬钼钢等	焊1铬19镍9钛	H1Cr19Ni9Ti	焊接18-8型不锈钢
焊08锰高	H08MnA	用途与H08Mn相同，但工艺性能较好	焊18铬钼高	H18CrMoA	焊接结构钢，如铬钼钢、铬锰硅钢等	焊1铬25镍13	H1Cr25Ni13	焊接高强度结构钢和耐热合金钢等
焊15高	H15A	焊接中等强度工件	焊30铬锰硅高	H30CrMnSiA	焊接铬锰硅钢	焊1铬25镍20	H1Cr25Ni20	焊接高强度结构钢和耐热合金钢
焊15锰	H15Mn	焊接高强度焊件	焊10钼铬高	H10MoCrA	焊接耐热合金钢			

表 4-5　铜及铜合金焊丝牌号及用途

焊丝牌号	名　称	主要化学成分/%	熔点/℃	用　途
丝201	特制紫铜焊丝	Sn（1.0~1.1）、Si（0.35~0.5），其余为Cu	1 050	紫铜的氩弧焊及气焊
丝202	低磷铜焊丝	P（0.2~0.4），其余为Cu	1 060	紫铜的气焊及碳弧焊
丝221	锡黄铜焊丝	Cu（59~61）、Sn（0.8~1.2）、Si（0.15~0.35），其余为Zn	890	黄铜的气焊及碳弧焊，也可用于钎焊铜、钢、铜镍合金、灰铸铁以及镶嵌硬质合金刀具等，其中丝222流动性较好，丝224能获得较好的机械性能
丝222	铁黄铜焊丝	Cu（57~59）、Sn（0.7~1.0）、Si（0.05~0.15）、Fe（0.35~1.2）、Mn（0.03~0.09），其余为Zn	860	
丝224	硅黄铜焊丝	Cu（61~69）、Si（0.3~0.7），其余为Zn	905	

表 4-6　铸铁气焊丝的牌号及用途

焊丝牌号	化学成分/%					用　途
	C	Mn	S	P	Si	
丝401-A	3~3.6	0.5~0.8	≤0.08	≤0.5	3.0~3.5	焊补灰口铸铁
丝401-B	3~4.0	0.5~0.8	≤0.5	≤0.5	2.75~3.5	

焊丝直径由工件厚度、接头和坡口形式决定，焊开坡口时第一层应选较细的焊丝。焊丝直径的选用见表 4-7。

表 4-7　不同厚度工件配用焊丝的直径　　　　　　　　　　　mm

工作厚度	1.0~2.0	2.0~3.0	3.0~5.0	5.0~10	10~15
焊丝直径	1.0~2.0	2.0~3.0	3.0~4.0	3.0~5.0	4.0~6.0

2）气焊熔剂的选择

气焊过程中，被加热后的熔化金属极易与周围空气中的氧或火焰中的氧化合生成氧化物，使焊缝产生气孔和夹渣等缺陷。为了防止金属的氧化，消除已形成的氧化物，通常必须采用气焊熔剂。

气焊熔剂要根据焊件的成分及其性质进行选择，一般碳素结构钢气焊时不需要气焊熔剂，而不锈钢、耐热钢、铸铁、铜及铜合金、铝及铝合金气焊时，则必须采用气焊熔剂，才能保证气焊质量。实际选择气焊熔剂时，可参照表 4-8 进行。

表4-8 气焊熔剂的牌号、性能及用途

熔剂牌号	代号	名 称	基本性能	用 途
气剂101	CJ101	不锈钢及耐热钢气焊熔剂	熔点为900℃,有良好的湿润作用,能防止熔化金属被氧化,焊后熔渣易清除	不锈钢及耐热钢气焊时的助熔剂
气剂201	CJ201	铸铁气焊熔剂	熔点为650℃,呈碱性反应	铸铁气焊时的助熔剂
气剂301	CJ301	铜气焊熔剂	硼基盐类,易潮解,熔点约为650℃,呈酸性反应,能有效地熔解氧化铜和氧化亚铜	铜及铜合金气焊时的助熔剂

3）焊接方向的选择

气焊操作是右手握焊炬，左手拿焊丝，可以向右焊（右焊法），也可向左焊（左焊法）。如图4-12所示。

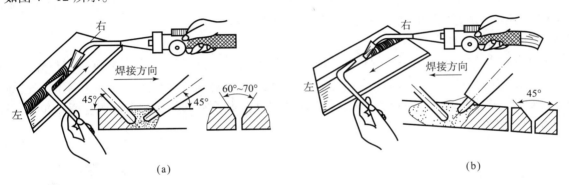

图4-12 气焊的焊接方向

(a) 右焊法；(b) 左焊法

右焊法是焊炬在前、焊丝在后的焊接方法。这种方法的焊接火焰指向已焊好的焊缝，加热集中，熔深较大，火焰对焊缝有保护作用，可避免气孔和夹渣，但较难掌握。右焊法适用于较厚工件的焊接，而一般厚度较大的工件均采用电弧焊，因此右焊法很少使用。

左焊法是焊丝在前、焊炬在后的焊接方法。这种方法的焊接火焰指向未焊金属，有预热作用，焊接速度较快，可减少熔深和防止烧穿，操作方便，适宜焊接薄板。用左焊法还可以看清熔池，分清熔池中铁水与氧化铁的界线，因此左焊法在气焊中被普遍采用。

4）焊接速度的选择

焊接时应根据焊工的操作熟练程度，在保证焊接质量的前提下，尽量提高焊接速度，以减少焊件受热的程度并提高生产率。一般来说，对于厚度大、熔点高的焊件，焊接速度要慢一些，以避免产生未熔合的缺陷；而对厚度薄、熔点低的焊件，焊接速度要快些，以避免产生烧穿和焊件过热而降低焊接质量。

5）火焰的性质及能率

气焊火焰的性质对焊接质量影响很大。一般来说，气焊时对需要尽量减少元素烧损的材料应选用中性火焰；对允许和需要起还原作用和增碳的材料，应选用碳化焰；对母材含有低沸点元素（如锡、锌）的材料，需要生成覆盖在熔池表面的氧化物薄膜，以防止低熔点元素蒸发，故应选用氧化焰。各种不同材料的焊接应采用的火焰性质见表4-1。

火焰能率是指单位时间内可燃气体的消耗量，单位为L/h。火焰能率的大小主要决定于混合气中氧气的压力及流量和乙炔的压力及流量。流量的粗调是通过更换焊炬型号和焊嘴号码实现的；流量的细调是通过调节焊炬上氧气调节阀和乙炔调节阀来实现的。焊炬型号和焊嘴号越大，火焰能率也越大。

火焰能率应根据焊件的厚度、母材的熔点和导热性及焊缝的空间位置来选择。如果焊件较厚、金属材料熔点较高、导热性较好，焊缝又是平焊位置，则应选择较大的火焰能率；如果焊接薄板或其他位置焊缝，为防止焊件烧穿或焊缝组织过热，火焰能率要适当减小。实际生产中，在保证焊接质量的前提下，应尽可能选择较大的火焰能率。

焊炬和焊嘴的选择及其与焊接板厚度之间的关系参照表4-2。

4. 持焊炬的方法

焊接时，一般习惯右手拿焊炬（左手拿焊丝），大拇指位于乙炔开关处，食指位于氧气开关处，以便于随时调节气体流量。其他三指握住焊炬柄，以便使焊嘴摆动及调节输入到熔池中的热量、变更焊接的位置、改变焊嘴与工件的夹角。

5. 定位焊

为保证焊件的装配关系，焊接前，应首先将焊件进行定位焊。若焊件较薄，定位焊可由中间开始向两头进行，如图4-13所示。气焊管子时，应根据管径的大小，采用不同数量的定位焊点。管径小于70 mm时，只需定位两处即可；管径为100~300 mm时，需定位3~5处焊点，如图4-14所示。

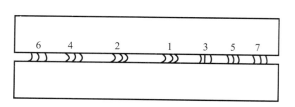

图4-13　薄板定位焊顺序

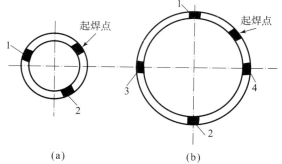

图4-14　不同管径的定位焊和起焊点

（a）管径小于70 mm；（b）管径为100~300 mm

三、焊接施工

1. 点火

点火之前，应先把氧气瓶和乙炔瓶上的总阀打开，然后转动减压器上的调压手柄（顺时针旋转），将氧气和乙炔调到工作压力。再打开焊枪上的乙炔调节阀，此时可以把氧气调节阀少开一点，让氧气助燃点火（用明火点燃），如果氧气调节阀开得大，点火时就会因为气流太大而出现"啪啪"的响声，而且还点不着。点火时，手应放在焊嘴的侧面，不能对着焊嘴，以免点着后喷出的火焰烧伤手臂。

2. 调节火焰

刚点火的火焰是碳化焰，然后逐渐开大氧气阀门，改变氧气和乙炔的比例，根据被焊材料性质及厚薄要求，调到所需的中性焰、氧化焰或炭化焰。需要大火焰时，应先把乙炔调节阀开大，再调大氧气调节阀；需要小火焰时，应先把氧气调节阀关小，再调小乙炔调节阀。

3. 施焊

1）起焊

起焊时，焊件温度低，为便于形成熔池，并有利于对焊件预热，焊嘴倾角应大些（80°~90°），同时在起焊处应使火焰往复运动，以保证焊接处加热均匀。如果两焊件厚度不相等，应将火焰稍微偏向厚件，使焊缝两侧温度基本保持一致，并令熔池刚好在焊缝中间处。当起焊处形成白亮而清晰的熔池时，即可填入焊丝进行正常焊接。在施焊时，应时刻保持火焰喷射方向，以保证熔池处在焊缝中间，并使火焰焰芯的尖端与熔池距离保持 2~4 mm，自始至终保持熔池的大小和形状。

起焊点的选择：一般对接接头焊缝应离一端 30 mm 左右施焊，如图 4-15 所示，以防止从端头处起焊产生裂纹。管子焊接时，起焊点应在两定位焊点中间。

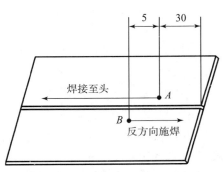

图 4-15 起焊处确定示意图

2）焊接过程中焊炬与工件角度控制

施焊时，要使焊嘴轴线的投影与焊缝重合，并掌握好焊炬与工件的倾角 α。工件越厚，倾角越大；金属的熔点越高，导热性越大，倾角也就越大。在开始焊接时，工件温度较低，为了较快地加热工件和迅速形成熔池，α 应该大一些，即喷嘴与工件近于垂直，使火焰的热量集中，尽快使接头表面熔化。正常焊接时，一般保持 α 为 30°~50°。焊接即将结束时，倾角可减至 20°，并使焊炬做上下摆动，以便持续地对焊丝和熔池加热，这样能更好地填满焊缝，避免烧穿。焊嘴倾角与工件厚度的关系如图 4-16 所示。

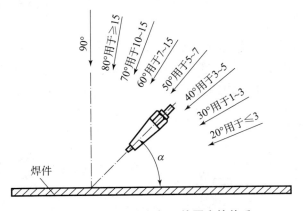

图 4-16 焊嘴倾角与工件厚度的关系

3）焊丝角度控制

在焊接过程中，焊丝与表面的倾斜角一般为 30°~40°，与焊嘴中心线夹角为 90°~

100°，如图4-17所示。

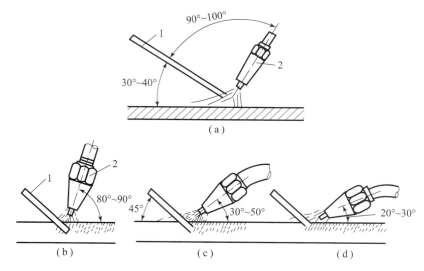

图4-17 焊嘴与焊丝的位置
(a) 焊接示意图；(b) 焊前预热；(c) 焊接过程中；(d) 焊接结束填满弧坑
1—焊丝；2—焊炬

4) 焊嘴与焊丝的运动

在焊接过程中，为了获得优质美观的焊缝，焊嘴和焊丝应均匀协调的摆动。通过摆动，既能使焊缝边缘很好地熔合，获得成形良好的焊缝，又可使焊缝金属不致过热或烧穿。在焊补铸件和焊接有色金属时，不断地用焊丝搅动金属熔池，有利于熔渣和有害气体的排出。

焊嘴和焊丝的运动包括以下3种动作。

(1) 焊嘴沿焊缝纵向移动，不断地熔化焊丝，形成焊缝。

(2) 焊嘴沿焊缝做横向摆动，充分加热焊件，使液态金属搅拌均匀、焊缝边缘熔合良好，以得到致密性好的焊缝。

(3) 焊嘴在垂直焊缝方向跳动，焊丝在垂直焊缝方向做送进跳动，以调节熔池的热量和焊丝的填充量。

焊嘴运动的方法与幅度和焊缝的空间位置、焊件厚度、焊缝宽窄等有关，要根据具体情况灵活应用。气焊厚度小于2 mm的卷边对接接头时均不用焊丝，焊嘴做螺旋形或锯齿形运动，如图4-18所示。气焊不卷边的薄板对接接头时，为了得到平滑的焊缝，可采用熔滴焊

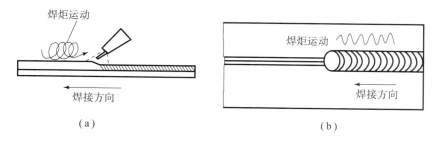

图4-18 卷边接头时的焊嘴运动
(a) 螺旋形运动；(b) 锯齿形运动

法，如图 4-19 所示。焊接时应先在焊件上形成一直径为 4~5 mm 的熔池，再把焊丝末端送入熔池，熔化少量焊丝后，将焊丝末端撤入内焰，此时焊炬做急速的圆周运动，形成焊波，然后转移到下一个位置，准备形成第二个熔池和焊波。各熔池之间约有直径的 1/3 相重叠。气焊厚度大于 3 mm 的对接接头时，焊嘴与焊丝相互交错左右摆动，如图 4-20 所示。焊嘴向左摆动时焊丝向右摆动，焊嘴向右摆动时焊丝向左摆动，这样能使每个焊件焊透并获得成形良好的焊缝。

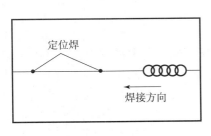

图 4-19 熔滴焊法

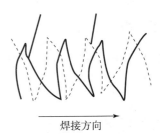

图 4-20 厚度大于 3 mm 的对接接头焊嘴和焊丝的运动

5）接头与收尾

当焊接中途停顿后又在焊缝停顿处重新起焊和焊接时，与原焊缝重叠的部分称为接头，而焊到焊缝的终端时，结束焊接的过程称为收尾。

气焊接头时，应用火焰把原熔池重新加热熔化形成新的熔池后，才可加入焊丝。这时，必须注意新加入的焊丝熔滴与被熔化的原焊缝金属之间要充分熔合。当焊接质量要求较高时，接头处要与前焊缝重叠 5~10 mm，在重叠处注意要少加或不加焊丝，保持焊缝合适的高度，使接头处焊缝与原焊缝圆滑过渡。

收尾时，由于焊缝温度较高，散热较慢，因此，可减小焊嘴倾斜角 20°~30°，加快焊接速度，并多加焊丝，避免熔池面积扩大、烧穿。收尾时，应使火焰抬高，间断加热，直至熔池填满后，火焰才能离开熔池。

6）熄火

焊接结束时应熄火。熄火之前一般应先把氧气调节阀关小，再将乙炔调节阀关闭，最后再关闭氧气调节阀，火即熄灭。如果将氧气全部关闭后再关闭乙炔，就会有余火窝在焊嘴里，不容易熄火，这是很不安全的（特别是当乙炔关闭不严时，更应注意）。此外，这样的熄火黑烟也比较大，如果不调小氧气而直接关闭乙炔，熄火时就会产生很响的爆裂声。

7）回火的处理

在焊接操作中，有时焊嘴头会出现爆响声，随着火焰自动熄灭，焊枪中会有"吱吱"响声，这说明出现"回火"现象。如果不及时消除，不仅会使焊枪和皮管烧坏，而且会使乙炔瓶发生爆炸。所以当遇到回火时，不要紧张，应迅速将焊炬上的乙炔调节阀关闭，同时关闭氧气调节阀，等回火熄灭后，再打开氧气调节阀，吹除焊炬内的余焰和烟灰，并将焊炬的手柄前部放入水中冷却。

8）焊接结束处理

关闭气源，清刷焊缝上残渣及焊剂。

四、焊接质量检查

外观质量检查：焊缝表面平顺，无气孔、咬边及裂缝；焊缝周围没有过多飞溅；焊缝成形比较规则，有明显熔深。

其他检查：重要焊件要通过超声波或拍 X 片检查，如有问题，应将有问题部分的焊缝铲掉重焊。

五、焊后处理

研磨焊缝。利用皮带式砂轮机对焊缝进行研磨，研磨到与周围平齐为止，并根据需要做防锈处理。

任务 2　钎焊

1. 能够正确描述钎焊的原理、特点及应用。
2. 能够正确选择钎焊的工艺参数。
3. 能够准备气焊操作的各种劳动保护。（符合焊工操作证（熔化焊接与热切割）中对钎焊劳动保护的相关要求）
4. 能够规范地进行钎焊焊接操作。（符合焊工操作证（熔化焊接与热切割）中对钎焊施工的相关要求）
5. 能够注意培养良好的安全、卫生习惯及团队协作意识。

汽车上使用的热交换器品种较多，有散热器（俗称水箱）、中冷器、空调冷凝器和蒸发器、暖风散热器（俗称暖风机）及废气再循环（EGR）冷却器等，各种热交换器在汽车上分别属于发动机和车身系统，见表 4-9。

表 4-9　汽车上热交换器

总成名称	归属系统名称	热交换器名称
发动机	冷却系统	散热器
	进气系统	空气冷却器（中冷器）
	EGR 系统	废气再循环（EGR）冷却器
车身	空调系统	蒸发器、冷凝器
	暖风系统	暖风散热器

由于热交换器特殊的使用条件，其在运行中通常会出现各种故障和问题，其中最为常见的就是泄露问题，所以在车身维修过程中，经常会利用焊接的方法进行修补。由于热交换器

对焊接的连接强度要求不高，其更注重对管路密封性的要求，且热交换器的管路多用一些有色金属制造，因此，通常采用钎焊的方式对热交换器进行焊接。

相关知识

一、钎焊的基本原理

钎焊是采用比母材熔点低的金属材料作钎料，将焊件和钎料加热到高于钎料熔点而低于母材熔点的温度，利用液态钎料润湿母材，填充接头间隙并与母材相互扩散实现连接的一种焊接工艺方法。钎焊与熔化焊相比主要有以下不同之处：钎焊时只有钎料熔化，而待焊金属处于固体状态，熔化的钎料依靠润湿和毛细作用吸入或保持在两焊件之间的间隙内，依靠液态钎料和固态金属相互扩散而形成金属结合，如图 4-21 所示。

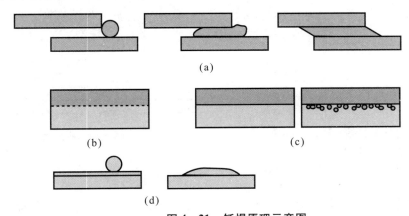

图 4-21　钎焊原理示意图

(a) 钎料的填缝过程；(b) 钎料成分向母材中扩散；(c) 母材向钎料中的溶解；(d) 去除表面的氧化膜

钎焊的原理

二、钎焊的特点与分类

1. 钎焊特点

与熔化焊相比，钎焊有以下优点：

(1) 钎焊时钎料熔化，被焊金属不熔化，因此对钎焊金属的各种性能影响较小。
(2) 钎焊时工件的变形小，尤其是在整体加热钎焊时更小，如炉中钎焊工件变形最小。
(3) 可以连接不同金属以及金属与非金属。
(4) 利用钎焊能制造形状复杂的结构，并可以一次完成多个零件的连接，生产率高。
(5) 钎焊接头平整光滑，外形美观。

然而，钎焊也有明显的缺点：钎焊接头强度较低，耐高温能力差；接头形式以搭接为主，增加了结构质量；钎焊的装配要求比熔化焊高，需严格保证间隙。

2. 钎焊的分类

随着钎焊技术的发展，其种类越来越多，通常按以下两种方式分类。

1) 按钎焊时加热温度分类

可分为低温钎焊（450℃以下）、中温钎焊（450℃~950℃）、高温钎焊（950℃以上）。

通常把加热温度在450℃以下的钎焊称软为钎焊;加热温度在450℃以上的钎焊称为硬钎焊。

2)按加热方式分类

分为火焰钎焊、烙铁钎焊、电阻钎焊、感应钎焊以及浸渍钎焊等。

三、钎焊的接头设计

钎焊接头的设计是影响钎焊接头性能的重要因素之一,在设计钎焊接头时必须考虑以下几个方面。

1. 钎焊接头形式

钎焊接头一般采用搭接接头或套接接头,如图4-22所示。板件多采用搭接,管件多采用套接。

钎焊接头承载能力与接合面大小有关。因此,在接头设计时,应尽量增大接合面积以提高接头强度。薄壁零件钎焊时,可采用锁边接头,以提高接头强度及密封性,如图4-23所示。

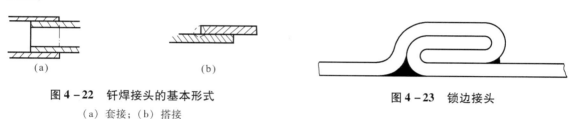

图4-22 钎焊接头的基本形式
(a)套接;(b)搭接

图4-23 锁边接头

2. 搭接长度

如果搭接长度太长,就会耗费材料,增加构件重量;若搭接长度太短,则不能满足强度要求。为使钎焊接头与钎焊金属等强度,搭接长度(L)可按下式进行计算:

$$L = a \frac{\sigma_b}{\sigma_\tau} \delta \qquad (4-1)$$

式中:a——安全系数;

δ——钎焊金属厚度;

σ_b——钎焊金属抗拉强度;

σ_τ——钎焊接头的抗剪强度。

在生产实践中,搭接长度通常为钎焊金属厚度的3倍以上,但很少超过15 mm,因为搭接长度若超过15 mm,则在钎焊操作时很难获得完美的钎缝。

3. 接头的装配间隙

接头装配间隙大小是影响钎缝致密性和接头强度的关键因素之一。间隙过小,会妨碍钎料的流入;间隙过大,则会破坏钎料的毛细管作用,钎料不能填满接头的间隙,致使接头强度降低。

间隙的大小与钎料和钎焊金属有无合金化、钎焊温度、钎焊时间、钎料的安置等有直接关系。一般来说,钎料与钎焊金属相互作用较弱,则要求有较小的间隙;钎焊金属与钎料的相互作用较强,则间隙要求较大。应该指出,这里所要求的间隙是指在钎焊温度下的间隙,与室温时不一定相同。质量大小相同的同种金属接头,在钎焊温度下的间隙与室温差别不大;但质量相差悬殊的同种金属以及异种金属的接头,由于加热膨胀量不同,因此在钎焊温度下的间隙就与室温不同,在这种情况下,设计时必须考虑保证在钎焊温度下的接头间隙,表4-10所示为部分金属的搭接接头的间隙。

表4-10 各种材料钎焊接头推荐的间隙   mm

母材的种类	钎料的种类	钎焊接头间隙	母材的种类	钎料的种类	钎焊接头间隙
碳钢	铜钎料	0.01~0.05	铜及铜合金	黄铜钎料	0.07~0.25
	黄铜钎料	0.05~0.20		银基钎料	0.05~0.25
	银基钎料	0.02~0.15		锡铅钎料	0.05~0.20
	锡铅钎料	0.05~0.20		铜磷钎料	0.05~0.25
不锈钢	铜钎料	0.02~0.07	铝及铝合金	铝基钎料	0.10~0.30
	镍基钎料	0.05~0.10		锡锌钎料	0.10~0.30
	银基钎料	0.07~0.25			
	锡铅钎料	0.05~0.20			

四、焊接设备、工具与材料

1. 设备与工具

参看本项目任务1中的"设备与工具"。

2. 钎料

钎料是为实现两种材料(或零件)的结合,在其间隙内或间隙旁所加的填充物。其熔点必须比焊接的材料熔点低,适宜于连接精密、复杂和异类材料的焊接。钎料按熔点的高、低不同分为软钎料(熔点低于450℃的钎料)和硬钎料(熔点高于450℃的钎料)。按组成成分不同,软钎料有锡基、铅基、锌基等钎料,硬钎料有铝基、银基、铜基、镍基等钎料。

目前我国主要有两种编号方法:一种以HL作钎料代号,HL是"焊料"两汉字拼音的首字母,例如,HLAgCu26-4表示银铜钎料,含铜量为26%,其他元素为4%;另一种编号方法是编号前面用"料"字表示钎料,编号的第一位数字表示钎料的化学组成类型,第二、三位数字表示同一类型钎料的不同牌号,此种钎料编号见表4-11。

表4-11 钎料编号

编号	化学组成类型	编号	化学组成类型
料1××	铜基合金	料5××	锌及镉合金
料2××	铜磷合金	料6××	锡铅合金
料3××	银合金	料7××	镍基合金
料4××	铝合金		

3. 钎剂

钎剂的主要作用是去除钎焊焊件和液态钎料表面的氧化膜,保护钎焊金属和钎料在加热过程中不再被继续氧化,以改善钎料对钎焊金属表面的润湿性。为此,钎剂必须符合以下几点要求:

(1)钎剂的熔点和最低活性温度应比钎料的熔点低,通常钎剂只有在高于其熔点的一定温度范围才能稳定地发挥作用,此温度称为钎剂的活性温度范围。在活性温度范围内,钎剂应具有足够的流动性。

钎焊中焊剂的作用

(2) 钎剂中各组元的气化温度应比钎焊温度高,以防止钎剂挥发而丧失作用。

(3) 钎剂能很好地溶解或破坏钎焊金属和钎料表面上形成的氧化膜。

(4) 钎剂及清除氧化膜后的生成物,其密度应尽量小,以利于浮在表面,不致在焊缝中成为夹渣。

此外,钎剂及其清除氧化膜的生成物对钎焊金属和钎料的腐蚀性要小,挥发物毒性要小,残渣易清除。

钎剂的分类方法很多,通常可分为软钎剂、硬钎剂两大类。软钎剂是在450℃以下进行钎焊用的钎剂(见表4-12),硬钎剂是在450℃以上进行钎焊用的钎剂(见表4-13)。

表4-12 常用的软钎剂

牌号	组分(质量分数)/%	应用范围
RJ1	氯化锌40,水60	钢、铜、黄铜和青铜
RJ3	氯化锌40,氯化铵5,水55	钢、铜、黄铜和青铜
RJ5	氯化锌25,盐酸(密度1.198/cm³)25,水50	不锈钢、碳素钢、铜合金
RJ8	氯化锌65,氯化钾14,氯化钠11,氯化铵10	铜及铜合金

表4-13 常用的硬钎剂

牌号	组分(质量分数)/%	钎焊温度/℃	用途
YJ1	硼砂100	800~1 150	用铜基钎料钎焊碳素钢、铜、铸铁、硬质合金等
YJ2	硼砂25,硼酸75	850~1 150	
YJ7	硼砂50,硼酸35,氟化钾15	650~850	用银基钎料钎焊钢、铜合金、不锈钢和高温合金
YJ8	硼砂50,硼酸10,氟化钾40	>800	用铜基钎料钎焊硬质合金
QJ-101	硼酐30,氟硼酸钾70	550~850	用银基钎料钎焊铜与铜合金、钢、不锈钢和高温合金
QJ-102	氟化钾42,硼酐35,氟硼酸钾23	650~850	
201	硼酐77±1,脱水硼砂12±1,氟化钙10±0.5	850~1 150	用铜基钎料或镍基钎料钎焊不锈钢和高温合金
QJ105	氟化镉29~31,氯化锂24~26,氯化钾24~26,氯化锌13~16,氯化铵4.5~5.5	450~600	钎焊铜及铜合金

一、劳动安全与卫生

操作前,学生必须牢记以下劳动安全事项。

(1) 按规定穿戴劳动保护用品,不要穿戴油污的工作服、手套。戴好有色眼镜、口罩、毛巾等,以防止高温的火焰刺伤眼睛及飞溅的金属氧化物和炽热的工件烫伤人,并避免扬起的灰尘及有害烟气吸进人体内。

(2) 焊接场地要求有良好的通风条件,以减小操作过程中产生的有害气体对人体的伤害。

(3) 检查钎焊工具:焊枪、气管、焊剂瓶、点火器等,保证其完好。用发泡剂检查钎焊工具各连接部位是否有泄漏。

(4) 焊接完成后,要及时清理场地。

火焰钎焊的操作安全与防护参见气焊与气割的相关内容。

二、焊前准备

1. 设备和工具

需要准备的设备与工具,见表 4-14。

表 4-14 设备与工具

名称	用途说明
氧气瓶	提供助燃气体
乙炔气瓶	提供可燃气体
焊炬	型号 H01-6
皮带式研磨机	焊接前,研磨焊接接口部位的漆膜层;焊接后,用于焊接部位的修饰作业
橡胶管	氧气橡胶管为黑色,乙炔橡胶管为红色。选择长度 10 m
减压器	减压、调压、量压和稳压装置
砂纸和钢丝刷	清理焊缝表面、焊缝层间的焊渣及焊件上的铁锈、油污
回火安全器	防止回火
夹具	用于板件的临时固定
空气枪	吹除打磨粉尘、灰尘等杂质
遮盖毯	遮盖非焊接区域,防止飞溅烫伤汽车漆膜
防风点火器	用于点火

2. 焊件的表面处理

焊前要清除焊件表面及接合处的油污、氧化物、毛刺及其杂物,保证铜管端部及接合面的清洁与干燥,另外还需要保证钎料的清洁与干燥。

焊件表面的油污可用丙酮、酒精、汽油或三氯乙烯等有机溶液清洗,此外热的碱熔液除油污也可以得到很好的效果,对于小型复杂或大批零件可用超声波清洗。

表面氧化物及毛刺可用化学浸湿方法,然后在水中冲洗干净并加以干燥。

对于铜管,必须用去毛刺机去除两端面毛刺,然后用压缩空气(压力 $P = 0.6$ MPa)对铜管进行吹扫,以吹净铜屑。

3. 接头安装

钎焊的接头形式有对接、搭接、T 形接、卷边拉及套接等方式,制冷系统所采用的均为套接方式,不得采用其他接头方式。

1) 钎焊间隙

钎焊接头的安装须保证合适均匀的钎缝间隙,针对所使用的铜磷钎料,要求钎缝间隙(单边)为 0.05~0.10 mm。

2) 套接长度

对于套接形式的钎焊接头,选择合适的套接长度是相当重要的。一般铜管的套接长度为 5~15 mm(注:壁厚大于 0.6 mm、直径大于 8 mm 的管,其套接长度不应小于 8 mm),毛细管的套接长度为 10~15 mm。

若套接管长度过短,则易使接头强度(主要指疲劳特性和低温性能)不够,更重要的是易出现焊堵现象。

接头安装完毕后,应检验钎焊接头的变形、破损及套接长度是否合适,如图 4-24 所示,应力求避免出现不良接头,若出现,则应拆除并重新安装后方可焊接。

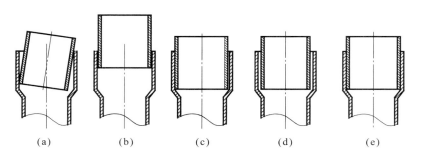

图 4-24 接头安装

(a) 装配倾斜;(b) 套接长度过短;(c) 间隙不均匀;
(d) 间隙过大;(e) 间隙过小

3) 接头定位

钎焊接头在钎焊过程中,特别是在钎料开始流动时,必须保持设计时的正确位置,并保证其要求的间隙。为此,在钎焊装配时要用各种方法固定工件,如紧配合、点焊、铆焊及夹具定位等。图 4-25 所示为典型接头的固定方法。

4. 钎料的预置和定位

钎料的放置应保证使钎料和钎焊金属加热温度均匀,并尽可能使钎料在钎焊过程中依靠重力流入接头。钎料流入间隙的方向应对钎缝中的气体或钎剂的排出有利。钎料通常为丝状、箔片状及粉状,有时还可以是双金属钎焊板。对于粉末状钎料,可以加适当的黏结剂调成膏状使用。钎料可用倒角、凸肩和凹槽定位,如图 4-26 所示。

5. 钎焊温度和保温时间

钎焊过程的主要工艺参数有钎焊温度和保温时间。钎焊温度通常选择高于钎料液相线温度 25℃~60℃,对某些结晶温度间隔宽的钎料,钎焊温度可以高于液相线温度 100℃ 以上。保温时间视工件大小、钎料与母材相互作用的剧烈程度而定。

6. 焊炬及焊嘴选择

使用通用焊炬进行钎焊时,最好使用多孔喷嘴(通常叫梅花嘴),此时得到的火焰比较分散,温度比较适当,有利于保证均匀加热。焊炬及焊嘴的选择见表 4-15 和表 4-16。

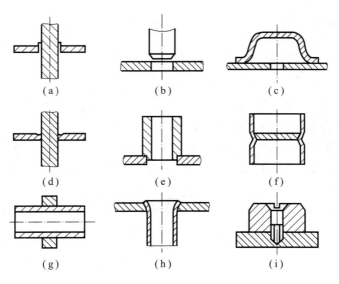

图 4-25 钎焊接头的固定方法

(a),(c) 点焊;(b) 液压;(d),(f) 敛缝;(e) 自重;
(g) 紧配合;(h) 扩管;(i) 螺钉固定

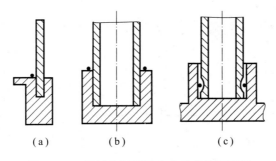

图 4-26 钎料在钎焊接头上的定位示意图

(a) 凸肩定位;(b) 倒角定位;(c) 凹槽定位

表 4-15 焊炬的选择   mm

铜管直径	≤12.7	12.7~19.05	≥19.05
焊炬型号	H01-6	H01-12	H01-02

表 4-16 焊嘴的选择   mm

铜管直径	≥16	12.7~9.53	9.53~6.35	≤6.35 和毛细管
单孔嘴形	3 号	2 号	1 号	—
梅花嘴形	4 号	3 号	2 号	1 号

表 4-15 和表 4-16 所示为选择焊炬和焊嘴的一般原则,在实际选择中,还应考虑铜管的壁厚,也就是说,必须根据铜管的直径与壁厚综合选择焊炬和焊嘴。

三、焊接施工

1. 调节火焰

首先打开乙炔气阀,点火后调节氧气阀,调出明显的碳化焰后再缓慢调大氧气阀直到白色外焰距蓝色火焰 2~4 mm,此时外焰轮廓已模糊,即内焰与焰心将重合,此时的火焰为中性焰;再调大氧气则变为氧化焰,氧化焰的焰心呈白色,其长度随氧气量增大而变短。焊接铜管时应使用中性焰,尽量避免用氧化焰和碳化焰。焊接时,氧气与乙炔的压力选择见表 4-17。

钎焊的操作过程

表 4-17 氧气与乙炔的压力选择　　　　　　　　　　　MPa

焊接材料	钎料	钎剂	供气压力	
			乙炔	O_2
紫铜—紫铜	磷铜钎料	气体助焊剂	0.05~0.09	0.4~0.8
黄铜—紫铜				
钢—铜	银钎料	气体助焊剂+固体助焊剂		

2. 加热

针对现有的情况,焊接有三种方式:竖直焊、水平焊和倒立焊。如图 4-27 所示。

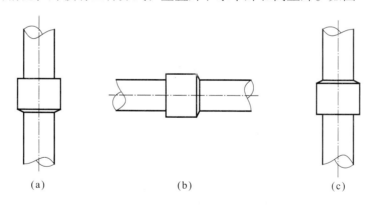

图 4-27 焊接方式
(a)竖直焊;(b)水平焊;(c)倒立焊

三种施焊方式的加热方法如图 4-28 所示,管径大且管壁厚时,加热应近些。为保证接头均匀加热,焊接时应使火焰沿铜管长度方向移动,以保证杯形口和附近 10 mm 范围内均匀受热,但倒立焊时,下端不宜加热过多,若下端铜管温度太高,则会因重力和铺展作用使液态钎料向下流失。

注意事项:

(1) 管径较大时应选用大号的焊嘴,反之则用小号的焊嘴;
(2) 毛细管焊接时应尽可能避免直接对毛细管加热;
(3) 螺纹管钎焊时,加热和保温时间比光铜管要短些,以防钎料流失;
(4) 应先加热插入接头中的铜管,使热量传导至接头内部。

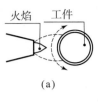
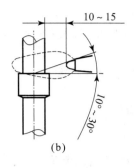
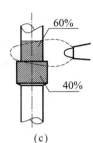

图 4-28 加热方法

(a) 扇形移动焊枪加热工件；(b) 加热距离（从白焰芯起，离工件 10 ~ 15 mm）和加热角度（从工件中心起，火焰成 10°~30°）；(c) 热量分配（直管侧 60%，扩管侧 40%）

3. 加入钎料、钎剂

当铜管和杯形口被加热到焊接温度时呈暗红色，需从火焰的另一侧加入钎料，如果钎焊黄铜和紫铜，则需先加热钎料，焊前涂覆钎剂后方可焊接。

钎料从火焰的另一侧加入的原因主要有三个方面：

(1) 防止钎料直接受火焰加热而因温度过高使钎料中的磷被蒸发掉，影响焊接质量；

(2) 可检测接头部分是否均匀达到焊接温度；

(3) 钎料从低温侧向高温润湿铺展，低温处钎料填缝速度慢，所以让钎料在低温处先熔化、填缝，而高温侧填缝时间要短些，这样可使钎料不至于在低温处填缝不充分而高温侧填缝过度而流失，也就是使钎料能均匀填缝。

焊接时，可能出现焊料成球状滚落到接合处而不附着于工件表面的现象，可能的原因是：被焊金属未达到焊接温度而焊料已熔化或被焊金属不清洁。

4. 加热保持

当观察到钎料熔化后，应将火焰稍稍离开工件（焊嘴离焊件 40 ~ 60 mm），等钎料填满间隙后，焊炬慢慢移开接头，继续加入少量钎料后再移开焊炬和钎料。

5. 焊后降温

钎焊完成后，应将钎焊件置于净水中，使钎焊件的温度降低，以免钎焊件在高温状态下被氧化；若钎焊换热芯组中无法直接置于净水中，则钎焊后应用湿布或湿海绵包附钎焊接头降温，并用水、毛刷把残留在焊缝表面的熔渣清洗干净，同时用压缩空气将其吹干，以防腐蚀。

6. 钎焊后的清洗

钎剂残渣大多数对钎焊接头起腐蚀作用，也会妨碍钎缝的检查，需清除干净。有机类软钎剂的残渣可用汽油、酒精、丙酮等有机溶剂擦拭或清洗；氧化锌和氯化铵等的残渣腐蚀性很强，应在 10% 的 NaOH 溶液中清洗，然后用热水或冷水洗净，硼砂和硼酸钎剂的残渣一般用机械方法或在沸水中长时间浸煮来解决。

7. 焊后处理

熄火（参考气焊），关闭气源。

四、焊接质量检查

对钎焊接的质量要求如下：
（1）焊缝接头表面光亮，填角均匀，光滑圆弧过渡。
（2）接头无过烧、表面严重氧化、焊缝粗糙和焊蚀等缺陷。
（3）焊缝无气孔、夹渣、裂纹、焊瘤和管口堵塞等现象。
（4）部件焊接成整体后，进行气密性试验时，焊缝处不准有泄漏。

关于焊后泄漏检验，一般采用"压力检漏"法，即给焊后的热交换器充 0.5 MPa 以上的氮气或干燥空气，然后对钎焊接头喷洒中性的洗涤剂，观察 10 s 内有无气泡产生，若有气泡产生则判为泄漏，需补焊或重焊。此方法检验精度较低。

钎焊后应立刻检查焊缝是否饱满、圆滑，填缝是否充分，焊缝是否有氧化、焊蚀、气孔、夹渣、漏气及焊堵塞等现象，若检查发现有异常，则根据"常见钎焊缺陷及处理对策"进行异常处理，见表 4-18。

表 4-18 常见钎焊缺陷及处理对策

缺陷	特征	产生原因	处理措施	预防措施
钎焊未填满	接头间隙部分未填满	（1）间隙过大或过小； （2）装配时铜管歪斜； （3）焊件表面不清洁； （4）焊件加热不够； （5）钎料加入不够	对未填满部分重焊	（1）装配间隙要合适； （2）装配时铜管不能歪斜； （3）焊前清理焊件； （4）均匀加热到足够温度； （5）加入足够钎料
钎缝成形不良	钎料只在一面填缝，未完成圆角，钎缝表面粗糙	（1）焊件加热不均匀； （2）保温时间过长； （3）焊件表面不清洁	补焊	（1）均匀加热焊件接头区域； （2）钎焊保温时间适当； （3）焊前焊件清理干净
气孔	钎缝表面或内部有气孔	（1）焊件清理不干净； （2）钎缝金属过热； （3）焊件潮湿	清除钎缝后重焊	（1）焊前清理焊件； （2）降低钎焊温度； （3）缩短保温时间； （4）焊前烘干焊件
夹渣	钎缝中有杂质	（1）焊件清理不干净； （2）加热不均匀； （3）间隙不合适； （4）钎料杂质量过高	清除钎缝后重焊	（1）焊前清理焊件； （2）均匀加热； （3）合适的间隙
表面侵蚀	钎缝表面有凹坑或烧缺	（1）钎料过多； （2）钎缝保温时间过长	机械磨平	（1）适当的钎焊温度； （2）适当的保温时间

续表

缺 陷	特 征	产 生 原 因	处理措施	预 防 措 施
焊堵	铜管或毛细管全部或部分堵塞	（1）钎料加入太多； （2）保温时间过长； （3）套接长度太短； （4）间隙过大	拆开并清除堵塞物后重焊	（1）加入适当钎料； （2）适当的保温时间； （3）适当的套接长度
氧化	焊件表面或内部被氧化成黑色	（1）使用氧化焰加热； （2）未使用雾化助焊剂； （3）内部未充氮保护或充氮不够	打磨除去氧化物并烘干	（1）使用中性焰加热； （2）使用雾化助焊剂； （3）内部充氮保护
钎料	钎料流到不需要钎料的焊件表面或滴落	（1）钎料加入太多； （2）直接加热钎料； （3）加热方法不正确	表面的钎料应打磨掉	（1）加入适量钎料； （2）不可直接加热钎料； （3）正确加热
泄漏	工件中出现泄漏现象	（1）加热不均匀； （2）焊缝过热而使磷被蒸发； （3）焊接火焰不正确，造成结碳或被氧化； （4）气孔或夹渣	拆开清理后重焊或补焊	（1）均匀加热，均匀加入钎料； （2）选择正确火焰加热； （3）焊前清理焊件； （4）焊前烘干焊件
过烧	内、外表面氧化皮过多，并有脱落现象（不靠外力，自然脱落），所焊接头粗糙，不光滑，发黑，严重的甚至有裂管现象	（1）钎焊温度过高（使用了过高温度的氧化焰）； （2）钎焊时间过长； （3）已焊好的口又不断加热、填料	用高压氮气或干燥空气对铜管内外吹	（1）控制好加热时间； （2）控制好加热的温度

五、焊后处理

研磨焊缝。利用皮带式砂轮机对焊缝进行研磨，研磨到与周围平齐为止，并根据需要做防锈处理。

知识与技能拓展

一、气割

气割是利用金属在纯氧气流中能够剧烈燃烧生成熔渣并放出大量热量的原理而进行的。气割可用于切割不同厚度的钢板，在汽车车身修复作业中常用于钢板件的切断及挖补。

1. 气割的原理

气割即氧气切割。它利用割炬喷出乙炔与氧气混合燃烧的预热火焰，将金属的待切割处预热到其燃烧点（红热程度），并从割炬的另一喷孔高速喷出纯氧气流，使切割处的金属发生剧烈的氧化，成为熔融的金属氧化物，同时被高压氧气流吹走，从而形成一条狭小整齐的割缝，而使金属割开，如图 4-29 所示。因此，气割包括预热、燃烧和吹渣 3 个过程。气割

原理与气焊原理在本质上是完全不同的，气焊是熔化金属，而气割是金属在纯氧中的燃烧（剧烈氧化），故气割的实质是"氧化"并非"熔化"。由于气割所用设备与气焊基本相同，而操作也有近似之处，因此常把气割与气焊放在一起。

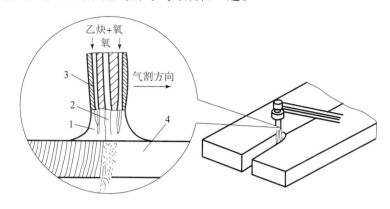

图 4-29 气割过程示意图
1—预热焰；2—切割氧射流；3—割嘴；4—割件

2. 气割的条件

根据气割原理，被气割的金属材料必须满足下列条件。

（1）金属熔点应高于燃点（即先燃烧后熔化）。

（2）氧化物的熔点应低于金属本身的熔点。

（3）金属氧化物应易熔化且流动性好，否则不易被氧气流吹走，难以切割。

（4）金属的导热性不能太高，否则预热火焰的热量和切割中所发出的热量会迅速扩散，使切割处热量不足，切割困难。

（5）金属在氧气中燃烧时应能发出大量的热量，足以预热周围的金属。其次，金属中所含的杂质要少。

满足以上条件的金属材料有纯铁、低碳钢、中碳钢和低合金结构钢，而高碳钢、铸铁、高合金钢及铜、铝等非铁金属及合金均难以气割。

3. 气割的特点

与一般机械切割相比较，气割的最大优点是设备简单，操作灵活、方便，适应性强。它可以在任意位置、任何方向切割任意形状和任意厚度的工件，生产效率高，切口质量也相当好。气割的状况如图 4-30 所示。气割的最大缺点是对金属材料的适用范围有一定的限制，但由于低碳钢和低合金钢是应用最广泛的材料，所以气割的应用非常普及。

4. 气割的设备

气割所需的设备中，氧气瓶、乙炔瓶和减压器同气焊一样，所不同的是气焊用焊炬，而气割要用割炬（又称割枪）。

割炬有两根导管，一根是预热焰混合气体管道，另一根是切割氧气管道，割炬比焊炬只多一根切割氧气管和一个切割氧阀门，如

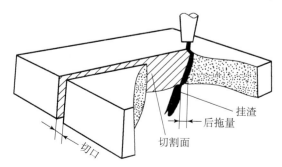

图 4-30 气割状况

图 4-31 所示。此外，割嘴与焊嘴的构造也不同，割嘴的出口有两条通道，周围的一圈是乙炔与氧的混合气体出口，中间的通道为切割氧（即纯氧）的出口，二者互不相通。割嘴有梅花形和环形两种。常用割炬的型号有 G01-30、G01-100 和 G01-300 等。其中"G"表示割炬，"0"表示手工，"1"表示射吸式，"30"表示最大气割厚度为 30 mm。同焊炬一样，各种型号割炬均配备几个不同大小的割嘴。

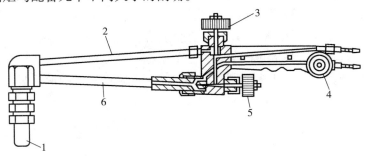

图 4-31 割炬
1—切割嘴；2—切割氧管道；3—切割氧阀门；4—乙炔阀门；
5—预热氧阀门；6—氧乙炔混合管道

5. 气割的工艺参数

气割的工艺参数主要包括气割氧气压力、气割速度、预热火焰能率、割嘴与工件的倾斜角、割嘴与工件表面的距离等。气割工艺参数选择的正确与否，将直接影响到切口表面的质量，而气割工艺参数的选择主要取决于工件的厚度。

1）气割氧气压力与纯度

气割氧气压力主要取决于工件的厚度，被割工件越厚，割炬型号、割嘴号码、氧气压力均应增大。如割件较薄，则气割氧气压力可适当降低；若氧气压力不够或供应不足，则会引起金属燃烧不完全，不仅会降低气割速度，而且很难将熔渣全部吹除，使割缝背面留下很难清除干净的挂渣，甚至还会出现割不透的现象；若氧气压力过高，则过剩的氧气起冷却作用，不仅会影响气割速度，而且会使割口表面粗糙、割缝过宽，氧气消耗量也会相应增大。

一般选择氧气压力的原则是随着工件厚度的增大而加大，随着割炬型号和割嘴号码的增大而加大。手工气割割炬型号和气体压力选择见表 4-19。

表 4-19 手工气割割炬型号和气体压力的选择

板材厚度 /mm	割炬型号	割炬号码	切割氧孔径 /mm	切割氧孔形状	氧气压力 /MPa	乙炔压力 /MPa
4.0 以下	G01-30	1	0.6	环形	0.3~0.4	0.001~0.12
4~10	G01-30	1~2	0.6	环形	0.4~0.5	0.001~0.12
10~25	G01-30	2 3	0.8 1.0	环形 环形	0.5~0.7	0.001~0.12
25~50	G01-100	3~5	1.0 1.3	环形 梅花形	0.5~0.7	0.001~0.12
50~100	G01-100	3~5 5~6	1.3 1.6	梅花形 梅花形	0.5~0.7	0.001~0.12

氧气纯度对氧气消耗量、切口质量和气割速度也有很大影响。氧气纯度降低，会使金属氧化过程缓慢，切割速度降低，同时使氧气消耗量增加。

2）气割速度

气割速度与割件厚度和割嘴形状有关。割件越厚，气割速度越慢；相反，割件越薄，则气割速度越快。气割速度太慢，会使割缝边缘熔化，割口粗糙不齐，割后清渣也较困难；若气割速度过快，则会造成后拖量过大，使割缝不光洁，甚至造成割不穿。所谓后拖量，就是在氧气切割过程中，在切割面上切割氧气流轨迹的始点与终点在水平方向上的距离，如图4-32所示。气割速度选择的正确与否，主要根据割缝后拖量来判断。合适的气割速度应以使切口产生的后拖量尽量减小为原则，同时应尽可能降低氧气的消耗量。

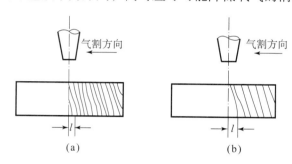

图4-32 切割速度对后拖量的影响

（a）速度正常；（b）速度过快

3）预热火焰能率

预热火焰的作用是把金属工件加热至燃烧温度，并始终保持这一温度，同时还使钢材表面的氧化皮剥离和熔化，以便于切割氧气流与金属接触。

气割时，预热火焰应采用中性焰或轻微氧化焰。碳化焰中有游离碳存在，会使割缝边缘增碳，使其组织、性能发生变化，所以不能采用。气割前，必须先调整好火焰性质，而且在切割过程中，要随时防止火焰性质发生变化。

预热火焰能率的大小与工件的厚度有关，工件越厚，火焰能率应越大；但当火焰能率过大时，会使割缝上缘连续产生珠状钢粒，甚至熔化成圆角，还会造成割缝背面黏附的熔渣增多而影响气割质量；但当预热火焰能率过小时，割件难以获得足够的热量，气割速度减慢，甚至会造成气割过程中断。

4）割嘴与工件间的倾斜角

割嘴与工件间的倾角如图4-33所示，其将直接影响气割速度和后拖量。当割嘴沿气割相反方向倾斜一定角度时，能使氧化燃烧过程产生的熔渣吹向切割线的前缘，这样可充分利用燃烧反应产生的热量来减小后拖量，从而提高气割速度。

割嘴倾角的大小主要根据工件的厚度来确定。一般气割厚度为4 mm以下的钢板时，割嘴后倾角为25°～45°；气割4～20 mm厚的钢板时，割嘴后倾角为20°～30°；气割20～30 mm厚的钢板时，割嘴应垂直于工件；气割大于30 mm厚的钢板时，开始气割

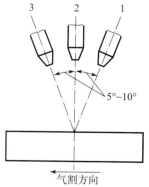

图4-33 割嘴的倾斜角

1—割嘴沿切割相反方向倾斜；2—割嘴垂直；3—割嘴沿切割方向倾斜

时应将割嘴前倾 20°~30°，待割穿后再将割嘴垂直于工件进行正常切割，当快割完时，割嘴应逐渐向后倾斜 20°~30°。

5）割嘴与工件表面的距离

割嘴与工件表面的距离主要由工件的厚度决定。一般来说，气割薄板时，由于切割速度较快，火焰可以长一些，割嘴与工件表面的距离可大些；切割厚板时，由于气割速度慢，为了防止割缝上缘熔化，预热火焰应短一些，割嘴与距离不能过近，否则预热火焰将使割缝上缘熔化，剥离的氧化皮会崩起堵塞割嘴孔，造成回火现象，甚至烧坏割嘴。因此，一般选择火焰焰芯离工件表面距离为 3~5 mm。

6. 气割操作

1）劳动保护

气割操作的劳动保护与气焊操作基本相同。

2）气割姿势

手工气割操作姿势有多种，初学者可参照以下姿势：双脚成八字形蹲在工件切割线的一侧，脚跟着地蹲稳，右臂靠住右膝盖，左臂悬空在两膝之间，以保证移动割炬方便，如图 4-34 所示。右手握住割炬把手，并用拇指和食指把住下面的预热氧气调节阀，以便于随时调整预热火焰，并可在回火时及时切断氧气。左手拇指和食指把住切割氧气调节阀，其余手指托住射吸管，保持割炬端平，并掌握好移动方向。上身不能弯得太低，呼吸要均匀，眼睛注视

图 4-34　气割操作姿势

割嘴和割件，重点要注视割口前面的割样线。这种气割方法通常称为"抱切法"（"抱膝法"）。为便于观察，通常从右向左切割。

3）预热

先在切割线的端头（工件的边缘）预热，使其温度达到燃烧温度（呈红色）。

4）切割

慢慢开启切割氧气调节阀，当看到氧化铁渣被切割氧气流吹掉时，便逐渐加大切割氧气流，待听到割件下面有"啪啪"的声响，说明工件已被割穿。这时应按工件的厚度灵活掌握切割速度，沿着割样线向前切割，如图 4-35 所示。在切割过程中，割炬移动要均匀，割嘴与

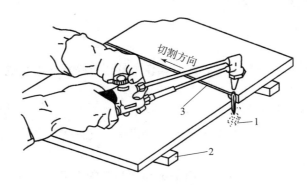

图 4-35　气割操作示意图

1—氧化铁渣；2—支撑块；3—切割线

工件的距离应保持不变（3~5 mm）。手工气割时，割嘴沿气割方向后倾20°~30°，以提高气割速度。气割速度是否正常，可根据熔渣流动方向来判断。当熔渣的流动方向基本上与工件表面垂直时，说明气割速度正常；若熔渣成一定角度流出，后拖量较大，则说明气割速度过快。

5）移位

气割较长割线时，一次割300~500 mm后，需移动操作位置。此时应先关闭切割氧气调节阀，将割炬火焰离开工件后再移动身体位置。接着切割时，割嘴一定要对准割线的续割处，并预热到燃烧温度，再缓慢开启切割氧气调节阀，继续切割。若续割薄板，也可先开启切割氧气流，再将割炬的火焰对准续割处切割。

6）终割

气割临近终点时，割嘴应向气割方向后倾一定角度，使钢板下部提前割穿，并注意余料下落位置，然后将钢板全部割穿，这样收尾的割缝较平整。气割完毕后，应迅速关闭切割氧气调节阀，并将割炬拿起，再关闭乙炔调节阀，最后关闭预热氧气调节阀。

7）回火处理

在气割过程中，若发现鸣爆及回火，应迅速关闭切割氧气调节阀和预热氧气调节阀，以防止氧气倒流入乙炔管内，并使回火熄灭。如果此时在割炬内还在发生"嘘嘘"的声响，说明割炬内回火尚未熄灭，应立即将乙炔调节阀关闭，使回火熄灭。经过几秒钟后，再打开预热氧气调节阀，将混合气管内的碳粒和余焰吹尽，然后重新点燃，继续切割。鸣爆和回火现象是由割嘴过热或者氧化铁熔渣飞溅物堵住割嘴导致的。因此在终止回火后，应去除粘在割嘴上的熔渣，并用通针捅通切割氧气射流孔，也可将割嘴放在冷水中冷却后再继续切割。

二、锡钎焊

1. 锡钎焊的原理

锡钎焊（简称锡焊）一般情况下是利用烙铁头积聚的热能来熔化焊料的，在焊件不熔化的情况下，焊料应熔化并浸润焊接面，然后依靠二者原子的扩散形成焊件的连接。锡钎焊的焊接温度并不高，所以它属于一种软钎焊。

锡钎焊时，必须依靠焊剂的辅助功能，方可完成施工作业。由于锡料的熔点较低，焊件的应力与变形非常小，所以适用于超薄板、仪表、易熔金属和尺寸精度要求较高的焊件焊接。锡钎焊的效率非常高，几条或者多条焊缝可以同时进行焊接，而且可以对其他焊接方法无法完成的结构与形状复杂的接头进行焊接。

2. 焊接工具与材料

1）电烙铁

常见的电烙铁有直热式、感应式、恒温式，此外还有吸锡式电烙铁。直热式电烙铁的结构如图4-36所示。

综上所述，电烙铁的种类和规格有多种，由于被焊工件的大小、性质不同，因而应合理地选用电烙铁的种类和功率，这与提高焊接质量和效率有直接关系。选用电烙铁一般遵循以下原则：

（1）烙铁头的形状要适应被焊件物面要求和产品装配密度。

（2）烙铁的顶端温度要与焊料的熔点相适应，一般要比焊料熔点高30℃~80℃（不包括在电烙铁头接触焊接点时下降的温度）。

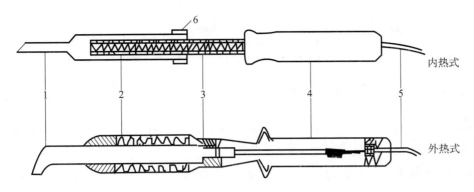

图 4-36 直热式电烙铁结构示意图

1—烙铁头；2—加热元件；3—外壳；4—手把；5—软电线；6—卡箍

（3）电烙铁热容量要恰当。烙铁头的温度恢复时间要与被焊件物面要求相适应。温度恢复时间是指在焊接周期内，烙铁头顶端温度因热量散失而降低后，再恢复到最高温度所需的时间。它与电烙铁功率、热容量以及烙铁头的形状、长短有关。烙铁头的形状如图 4-37 所示。

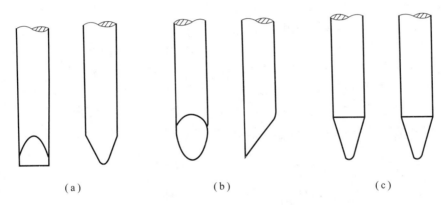

图 4-37 烙铁头的形状

(a) 錾式；(b) 圆斜面式；(c) 锥式

2）锡钎焊料

锡钎焊料可分为锡基钎料和铅基钎料。锡基钎料含锡量高，流动性好；铅基钎料含铅量高，硬度大，强度高。一般含铅量高于10%的焊料，不能用于食用器皿的焊接。否则，铅含量大时，易导致人中毒。

锡钎焊料的选用都有一定的技术要求，牌号不同，其成分、用途也有区别，一般在焊接之前，应根据焊件的质量要求和用途来选用。

如果牌号不明，则可依据颜色来判断，颜色越白越亮，表示含锡量就越高；反之，颜色越灰暗，则表示含铅量越高。

如果锡焊料是条状体，则可通过物理方法进行判断，一般锡含量高的，弯曲时较柔并发出清脆的细碎响声。

好的锡钎焊料表面无气孔，无夹渣，晶体细小，颜色均匀一致。在汽车维修焊接作业过程中，一般常用的锡钎焊料的含锡量为30%~40%。常用的锡钎焊料牌号、成分及用途见

表4-20。

表4-20 常用的锡钎焊料牌号、成分及用途   %

牌号	名 称	含Sn量	含Sb量	Pb	用 途
料602	30%锡铅焊料	29~31	1.5~2.0	余量	用于钎焊散热器、仪表、无线电元件等
料603	40%锡铅焊料	39~41	1.5~2.0	余量	用于钎焊散热器、仪表、无线电元件等

3）锡钎焊剂

锡钎焊剂的种类很多，锡钎焊接时，可根据不同材质的工件，针对各类钎剂的作用与性能进行选用。

（1）氯化锌溶液，锡钎焊作业中最常用的一种钎剂，在化工店可以购买，也可以自己配制。配制方法：把盐酸倒入玻璃瓶内（注意：切不可用金属器皿盛装盐酸），不断地加入锌块（一般用废电池的外壳锌皮代替），反应至不冒气泡为止，如果冒气泡就继续投放锌块。焊接铜质工件时，配制的氯化锌溶液需加入50%的清水稀释使用；焊接钢质工件时，配制的氯化锌溶液只需加30%的清水稀释即可使用。

（2）稀盐酸，可以直接作为镀锌铁皮的钎剂使用。如果是浓盐酸，在使用时根据工件材质的需要，适当加入清水稀释即可。

（3）焊锡膏是由74%的石油胶、20%的无水氧化锌、5%的氯化铁以及1%的水配制而成，但焊锡膏具有腐蚀性，在焊接完工后应及时将焊接区残存的药膏清除。

（4）松香，用作钎剂虽然能溶解氧化物，但作用比其他钎剂小，一般用于仪表、无线电等精密零件的焊接，可以直接使用，也可以将松香溶化在酒精内使用。溶化方法：在一个小铁盒内倒入酒精后，用火点燃，将已敲成粉末的松香洒入其中，待粉末溶化为膏状时，吹灭火焰即可。

3. 锡钎焊的接头工艺

锡钎焊一般适用于薄料，在日常施工中，为了达到焊件的技术和强度要求，一般在接头的形式上进行工艺处理，最常见的接头形式有搭接、拼接、咬接、套接和T形接头等，如图4-38所示。

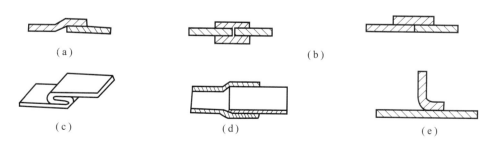

图4-38 锡钎焊的接头形式
(a) 搭接；(b) 拼接；(c) 咬接；(d) 套接；(e) T形接

4. 焊接操作

1）安全操作规程

（1）在实施锡钎焊作业的准备工作中，应先做好安全防护措施，清理周边场地，必要时进行隔离保护。

（2）在锡焊前应对焊件进行检查，如果是焊接用途不明的盛装容器，还要检查是否有易燃、易爆物品。

（3）用盐酸作为焊剂，操作时一定要谨慎，如不慎溅入眼中，应立即用清水冲洗，再送医院治疗。

（4）用电烙铁焊接时，不能使用火焰加热，否则可能造成后部的零件损坏，下次通电作业时有触电的危险。

（5）焊剂加热挥发出的化学物质对人体是有害的，如果操作时鼻子距离烙铁头太近，则很容易将有害气体吸入。一般烙铁离开鼻子的距离应至少不小于 30 cm，通常以 40 cm 时为宜。

（6）焊接完工后，混合气源设备必须关好阀门，使用的烙铁不得随意丢放，以防止热烙铁烧坏东西或引发火灾。

2）焊接操作姿势

电烙铁拿法有 3 种，如图 4-39 所示。反握法动作稳定，长时间操作不宜疲劳，适于大功率烙铁的操作；正握法适于中等功率烙铁或带弯头电烙铁的操作；一般在操作台上焊印制板等焊件时多采用握笔法。

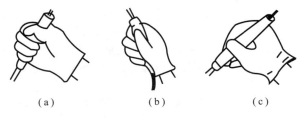

图 4-39　电烙铁的拿法

(a) 反握法；(b) 正握法；(c) 握笔法

焊锡丝一般有两种拿法，如图 4-40 所示。由于焊锡丝成分中铅占一定比例，众所周知铅是对人体有害的重金属，因此操作时应戴手套或操作后洗手，以避免食入。

使用电烙铁要配置烙铁架，一般放在工作台右前方，电烙铁用后一定要稳妥放于烙铁架上，并注意导线等物不要碰烙铁头。

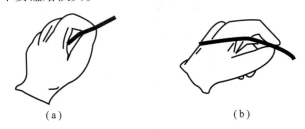

图 4-40　焊锡丝的拿法

(a) 连续锡焊时焊锡丝的拿法；(b) 断续锡焊时焊锡丝的拿法

3）五步焊接法

烙铁锡焊的操作方法有以下两种：

（1）先用烙铁头沾上一些焊锡，然后将烙铁放到焊点上停留，等待加热后焊锡润湿焊件。这种方法不是正确的操作方法。虽然这样也可以将焊件焊起来,但却不能保证质量。

如图 4-41 所示,当把焊锡熔化到烙铁头上时,焊锡丝用的焊剂伏在焊料表面,由于烙铁头温度一般都在 300℃ 以上,当烙铁放到焊点之前,松香焊剂将不断挥发,而当烙铁放到焊点上时,由于焊件温度低,加热还需一段时间,在此期间焊剂很有可能已挥发大半甚至完全挥发,因而在润湿过程中会因缺少焊剂而使润湿不良。同时由于焊料和焊件温度差很大,结合层不容易形成,故很难避免虚焊,且焊剂的保护作用丧失后焊料容易氧化,则质量很难得到保证。

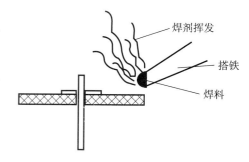

图 4-41　焊剂在烙铁上的挥发

(2) 五步焊接法,也是正确的方法,如图 4-42 所示。

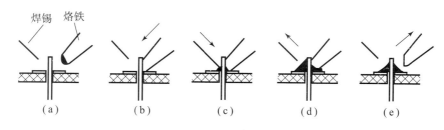

图 4-42　五步法

(a) 准备; (b) 加热; (c) 加焊锡; (d) 去焊锡; (e) 去烙铁

①准备施焊。准备好焊锡丝和烙铁。此时特别强调的是烙铁头部要保持干净,即不可以沾上焊锡(俗称吃锡)。

②加热焊件。将烙铁接触焊接点,首先要注意保持烙铁加热焊件各部分,例如印制板上引线和焊盘都使之受热,其次要注意让烙铁头的扁平部分(较大部分)接触热容量较大的焊件、烙铁头的侧面或边缘部分接触热容量较小的焊件,以保持焊件均匀受热。

③熔化焊料。当焊件加热到能熔化焊料的温度后将焊丝置于焊点,焊料开始熔化并润湿焊点。

④移开焊锡。当熔化一定量的焊锡后将焊锡丝移开。

⑤移开烙铁。当焊锡完全润湿焊点后移开烙铁,注意移开烙铁的方向应该是大致 45° 的方向。

思考与练习

一、思考题

1. 什么叫气焊?气焊需要哪些条件?
2. 说明氧—乙炔火焰的性质和结构。
3. 气焊与气割需要哪些设备和工具?它们的使用方法及操作注意事项是什么?
4. 什么是钎焊?钎焊的分类及特点是什么?
5. 气焊熔剂的作用是什么?常用的气焊熔剂有哪些?

6. 气焊过程中焊嘴的倾斜角度应怎样变化？

7. 什么叫气割？气割需要哪些条件？

二、单项选择

1. 氧气瓶的正确涂色应是（　　）色。
   A. 灰　　　　　　B. 白　　　　　　C. 蓝　　　　　　D. 红

2. 气焊补铸铁要求使用（　　）。
   A. 中性焰　　　　B. 碳化焰　　　　C. 氧化焰　　　　D. 弱氧化焰

3. 火焰能率的物理意义是指单位时间（　　）的消耗量，单位为 L/h。
   A. 助燃气体　　　　　　　　　　　B. 可燃气体
   C. 助燃气体 + 可燃气体　　　　　　D. 助燃气体 – 可燃气体

4. 气焊火焰性能是根据焊件的（　　）和性质来选择的。
   A. 种类　　　　　B. 厚度　　　　　C. 硬度　　　　　D. 强度

5. 黄铜接头焊接应采用（　　）较为合适。
   A. 中性略偏炭化火焰　　　　　　　B. 中性略偏氧化火焰
   C. 氧化略偏碳化火焰　　　　　　　D. 炭化火焰

6. 钎焊前应对焊接接头附近（　　）内用清洗剂进行清洁。
   A. 10 mm　　　　B. 20 mm　　　　C. 30 mm　　　　D. 40 mm

7. 钎焊时，应采用火焰的（　　）部位对母件进行预热，枪嘴离母件距离应为（　　）。
   A. 外焰；70~80 mm　　　　　　　　B. 内焰；70~80 mm
   C. 外焰；60~70 mm　　　　　　　　D. 内焰；60~70 mm

8. 切割氧气的压力主要是根据预切割件的（　　）确定的。
   A. 材料　　　　　B. 厚度　　　　　C. 硬度　　　　　D. 强度

9. 锡焊电烙铁的拿法有三种，（　　）适于大功率烙铁的操作。
   A. 握笔法　　　　B. 反握法　　　　C. 正握法　　　　D. 以上方法都可以

三、多项选择

1. 气焊的供气系统有（　　）。
   A. 减压器　　　　B. 气体流量计　　B. 干燥器　　　　D. 电磁气阀

2. 引起回火的主要原因有（　　）。
   A. 熔化金属的飞溅物、碳质微粒及乙炔的杂质等堵塞焊嘴或气体通道
   B. 焊嘴过热，混合气体受热膨胀，压力增高，流动阻力增大，焊嘴温度超过 400 ℃，部分混合气体即在焊嘴内自燃
   C. 焊嘴过分接近熔融金属，焊嘴喷孔附近的压力增大，混合气体流动不畅通
   D. 胶管受压、阻塞或打折等，致使气体压力降低

3. 气割的工艺参数主要包括（　　）与工件表面的距离等。
   A. 火焰能率　　　B. 切割氧气流量　C. 切割速度　　　D. 割嘴倾角

4. 关于钎剂的主要性能要求，下列说法正确的是（　　）。
   A. 钎剂的熔点和最低活性温度应比钎料高
   B. 钎剂中各组元的气化温度应比钎焊温度高，以防止钎剂挥发而丧失作用

C. 钎剂能很好地溶解或破坏钎焊金属和钎料表面上形成的氧化膜
D. 钎剂及清除氧化膜后的生成物，其密度应尽量大，以利于浮在表面

四、判断

（　　）1. 一般在气焊设备中，红色胶管用于输送可燃气体，黑色胶管用于输送助燃气体。

（　　）2. 乙炔气体一般是使用溶解的方式存储在气瓶中，而不是以压缩气体的方式存储。

（　　）3. 减压器是将高压气体降低为低压气体的调节装置，其作用是减压和调压，没有量压的作用。

（　　）4. 气焊结束时应熄火。熄火之前一般应先把氧气调节阀关小，再将乙炔调节阀关闭，最后再关闭氧气调节阀，火即熄灭。

（　　）5. 平焊是指焊缝朝上呈水平状态或稍有倾斜位置的焊接形式，是气焊中最常用的焊接方法。其操作方便、质量可靠、生产率高。焊接时，一般采用右焊法。

（　　）6. 根据气割原理，被气割的金属材料必须满足金属熔点高于燃点的要求。

（　　）7. 一般钎焊的强度比母材强，所以结合较大配管时不一定要使用套接。

（　　）8. 氧气瓶严禁接触和靠近油物及其他易燃品，严禁与乙炔等可燃气瓶混放在一起。

（　　）9. 钎焊完成后，焊渣和氧化皮必须及时去除，以防腐蚀。

（　　）10. 钎料有软、硬钎料之分：熔点在550℃以上的为硬钎料，在550℃以下的为软钎料。

（　　）11. 用于气焊与气割的氧气瓶和乙炔气瓶及氢气瓶属于压缩气瓶，石油气瓶属于液化气瓶。

项目五

电阻点焊

电阻点焊

1. 能够完成本任务的安全及资料查阅。（符合"1+x 汽车车身钣金修护与车架调校技术（中级）任务 2. 准备工作，2.2 安全及资料查阅"的要求）

2. 能够正确描述电阻焊的原理、特点及应用。

3. 能够正确描述电阻焊设备和工具的原理及作用。（符合"1+x 汽车车身钣金修护与车架调校技术（中级）任务 1. 工作安全，1.3 钣金设备使用注意事项"的要求）

4. 能够准备电阻点焊操作的各种劳动保护。（符合"1+x 汽车车身钣金修护与车架调校技术（中级）任务 1 工作安全，1.2 安全注意事项"的要求）

5. 能够使用点焊设备规范地进行焊接操作。符合"1+x 汽车车身钣金修护与车架调校技术（中级）任务 4. 钣金焊接与切割，4.3 焊接切割操作"的要求）

6. 能够注意培养良好的安全、卫生习惯及团队协作意识。

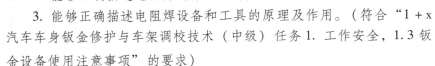

在汽车车身的生产中，除了在局部前立柱部位少量采用气体保护焊外，95% 以上的焊接都是采用电阻点焊，一辆车大约有 4 000 个电阻点焊焊点，如图 5-1 所示。在生产中大量采用电阻点焊的主要原因是：可实现焊接自动化（大量采用焊接机器人）及流水线大规模生产；焊接强度高，可保证每个焊点的强度一致；成本低，只需耗电不需要其他耗材；速度快，一个焊点的焊接时间不超过 1 s。

图 5-1　车身上的电阻点焊焊点

171

随着现代汽车车身越来越多地采用高强度或超高强度钢板，焊接的高温会引起钢板强度的降低，以致车身强度不够，焊接产生的大量热量会产生应力，修复一段时间后车身会产生变形，导致车身尺寸变化（表现为板件错位），还会影响机械部件的性能。所以点焊在国外汽车车身维修中应用非常广泛，其与汽车制造过程中的整体式车身焊接方法相同，可以最大限度地保证维修质量，大有取代传统电弧焊的趋势，但在国内用于汽车车身维修尚处于起步阶段。

相关知识

一、电阻焊的分类、特点及应用

1. 电阻焊的分类

电阻焊的种类较多，可按多种方式分类。通常按工艺方法分类，如图5-2所示。

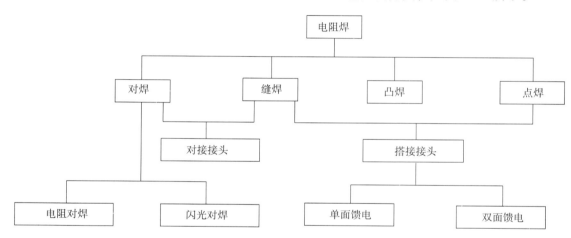

图 5-2 按工艺方法的电阻焊分类

1）点焊

点焊及其接头如图5-3（a）所示。接头装配为搭接形式，电源通过电极向焊件通电加热，在焊件内部的熔化核心达到预定的要求后即可切断电流，在压力作用下凝固结晶形成焊点。在焊点周围有一个环状尚未达到熔化状态的塑性变形区，称为塑性环。它有防止空气对熔化金属的侵袭和防止熔核飞溅的作用。

搭接点焊

2）凸焊

凸焊是点焊的一种变化形式，它是利用零件原有型面、倒角、底面或预制的凸点焊到另一块面积较大的零件上。因为是凸点接触，故提高了单位面积上的压力与电流，有利于板件表面氧化膜的破裂与热量集中，减小了分流电流，可用于厚度比超过1：6的焊件的焊接。另外，可采用多点凸焊，以提高生产率和降低接头变形。在使用平板电极凸焊时，零件表面平整无压坑，电极寿命长。凸焊既可在通用点焊机上进行，也可在专用凸焊机上进行，广泛应用于成批生产的仓口盖、筛网、管壳以及T形、十字形、平板等零件的焊接，如图5-4所示。

3）缝焊

缝焊及其接头形式如图5-3（b）所示。它实际上是点焊的延伸，缝焊用一个圆形的滚

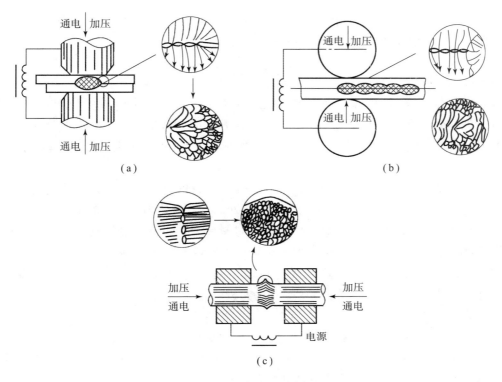

图 5-3 电阻焊示意图
(a) 点焊接头；(b) 缝焊接头；(c) 对焊接头

盘代替点焊时的柱状电极，焊接时电极一面通电、加压，同时滚动，即可得到连续焊缝。在实际生产过程中，为了提高电极使用寿命，保证焊接质量，其通电电流通常是断续的，在焊件上形成一个个焊点，并使每个焊点之间相互重叠而形成焊缝。缝焊一般用于有气密性要求的构件焊接，如汽车油箱、消声器等。在某些情况下为了提高点焊的速度，也可考虑采用滚点焊法进行点焊，即使用缝焊方法，只要焊点之间不重叠即可。

4）对焊

对焊及其接头如图 5-3（c）所示，它的接头一般为对接形式。对接一般按加压及通电方式的不同分为电阻对焊、闪光对焊及滚对焊几种。

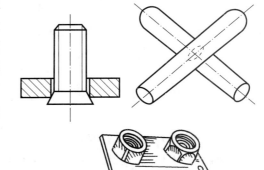

图 5-4 凸焊零件示例

对焊的生产率高、易于实现自动化，因而获得了广泛的应用。其应用范围可归纳如下。

（1）工件的接长。如带钢、型材、线材、钢筋、钢轨、锅炉钢管、石油和天然气输送等管道的对焊。

（2）环形工件的对焊。如汽车轮辋和自行车、摩托车轮圈的对焊、各种链环的对焊等。

（3）部件的组焊。将简单轧制、锻造、冲压或机加工件对焊成复杂的零件，以降低成本。如汽车方向轴外壳和后桥壳体的对焊，各种连杆、拉杆的对焊，以及特殊零件的对焊等。

（4）异种金属的对焊。异种金属的对焊可以节约贵重金属，提高产品性能，如刀具的工作部分（高速钢）与尾部（中碳钢）的对焊、内燃机排气阀的头部（耐热钢）与尾部（结构钢）的对焊及铝铜导电接头的对焊等。

2. 电阻焊的特点

1）电阻焊的优点

（1）焊接生产率高。例如，点焊时，通用点焊机的生产率约为 60 点/min，若用快速点焊机则可达到 500 点/min 以上；对焊直径为 400 mm 的棒材每分钟可焊一个接头；缝焊厚度 1～2 mm 的薄板时，其焊速可达 0.5～1 mm/min。因此，电阻焊非常适用于大批量生产。

（2）焊缝质量好。电阻焊冶金过程简单，焊缝金属的化学成分均匀，并且基本上与母材一致；热作用集中，受热范围小，热影响区很小，焊接变形较小，且容易控制。

（3）焊接成本比较低。电阻焊不使用填充材料，焊接也无须保护气体，所以在正常情况下除必要的电力消耗外，几乎没有其他消耗，因此焊接成本比较低。

（4）焊接操作比较规范。电阻焊易于实现机械化和自动化，焊接过程中既没有较强的弧光辐射，也没有有害气体的侵蚀，劳动条件比较好。

2）电阻焊的缺点

（1）无易行的检测手段。由于焊接过程进行的比较快，当焊接过程中某些工艺因素发生波动而对焊接过程的稳定性产生较大影响时，往往来不及调整；同时焊后也没有简便易行的无损检测手段，因此重要结构使用电阻焊应慎重。

（2）价格高。电阻焊设备比较复杂，除了必要的电力系统外，还需要精度较高的机械系统、液压系统，因而其整套设备的价格比一般焊机要高许多。

（3）焊件的厚度、形状和接头形式受到一定程度的限制。例如，点焊、缝焊一般只适用于薄板搭接；若厚度太大，则受到设备功率的限制。对焊主要适用于紧凑截面的对接接头，而对薄板类零件的焊接比较困难。

二、电阻点焊的基本原理

点焊（电阻点焊）是在电极压力作用下，通过电阻热来加热熔化金属，断电后在压力下结晶而形成焊点焊接的方法。

1. 电阻热的产生及影响因素

电阻焊的热源是电流通过焊件内部及其接触处所产生的电阻热。其热的产生及影响产热的因素由下式决定：

$$Q = I^2 R t \quad (5-1)$$

式中：Q——产生的热量（J）；

I^2——焊接电流（A）的平方；

R——电极间电阻（Ω）；

t——焊接时间（s）。

1）电阻 R 的影响

式（5-1）中电极间的电阻包括焊件本身电阻（R_w）、两工件间接触电阻（R_c）和电极与工件间接触电阻（R_{ew}）三部分，如图 5-5 所示。

点焊时的电阻：

$$R = 2R_w + R_c + 2R_{ew} \qquad (5-2)$$

2）焊接电流的影响

由式（5-1）可见，电流对产热的影响比电阻和时间都大。因此，在电阻焊过程中，它是一个必须严格控制的参数。引起电流变化的主要原因是电网电压波动和交流焊机次级回路阻抗变化。阻抗变化的原因是回路的几何形状变化或因在次级回路中引入了不同磁性金属。对于直流焊机，次级回路阻抗变化对电流无明显影响。

除焊接电流总量外，电流密度也对加热有显著影响。已焊成焊点的分流以及增大电极接触面积或凸焊时的凸点尺寸，都会降低电流密度和焊接热，从而使接头强度显著下降。

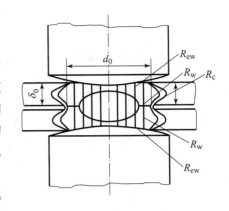

图 5-5 点焊时电阻分布和电流线

3）通电时间的影响

为了保证熔核尺寸和焊点强度，焊接时间与焊接电流在一定范围内可以互为补充。获得一定强度的焊点，可以采用大电流和短时间（强条件，又称强规范），也可以采用小电流和长时间（弱条件，又称弱规范）。选用强条件还是弱条件，则取决于金属的性能、厚度和所用焊机的功率。但对于不同性能和厚度金属所需的电流和时间，仍有一个上、下限，超过此限，将无法形成合格的熔核。

4）电极压力的影响

电极压力对两电极间总电阻（R）有显著影响，随着电极压力的增大，R 显著减小，此时焊接电流虽略有增大，但不能影响因 R 减小而引起的产热的减少。因此，焊点抗剪强度总是随着电极压力的增大而降低，如图 5-6 所示。在增大电极压力的同时，可以增大焊接电流或延长焊接时间，以弥补电阻减小的影响，保持焊点强度不变。采用这种焊接条件有利于提高焊点强度的稳定性。电极压力过小，将引起飞溅，也会使焊点强度降低。

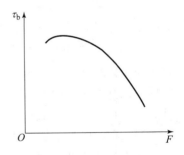

图 5-6 电极压力 F 对焊点抗剪强度 τ_b 的影响

5）电极形状及材料性能的影响

由于电极的接触面积决定着电流密度，电极材料的电阻率和导热性关系着热量的产生和散失，因而电极的形状和材料对熔核的形成有显著影响。随着电极端头的变形和磨损，接触面积将增大，焊点强度将降低。

6）工件表面状况的影响

工件表面上的氧化物、污垢、油和其他杂质增大了接触电阻，过厚的氧化物层甚至会使电流不能通过。局部的导通，由于电流密度过大，则会产生飞溅和表面烧损。氧化物层的不均匀性还会影响各个焊点的加热程度，引起焊接质量的波动。因此，彻底清理工件表面是保证获得优质接头的必要条件。

2. 焊点的形成过程

普通的点焊循环包括预压、通电加热、锻压和休止四个相互衔接的阶段，如图 5-7 所示。

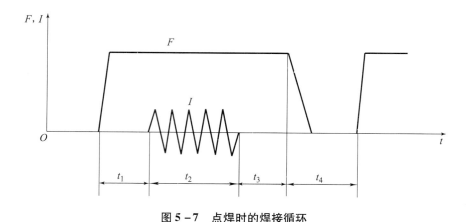

图 5-7 点焊时的焊接循环

通电前的加压为预压阶段（t_1）；加热熔化金属形成熔核称为通电加热阶段（t_2）；断电后焊点在压力作用下冷却结晶称为锻压阶段（t_3）；一个焊点焊完并转向下一个焊点的间隔时间称为休止阶段（t_4）。但具体焊点的形成只在前三个阶段，在此期间所发生的物理过程对焊点质量有较大影响。

1）预压阶段

预压是为了在通电前使焊件之间紧密接触，并使接触面的凸点处产生塑性变形，破坏表面的氧化膜，以获得稳定的接触电阻。因此，焊机电极预压力在焊接电流接通前即应达到规定值。若电极预压力不足，可能只在少数接触点上形成较大电阻，产生较大电阻热，接触点处的金属很快熔化，并以火花形式飞溅出来，产生所谓的初期飞溅。此时，焊件可能会被烧穿，电极可能被烧损。当焊件较厚、结构刚性较大或焊件表面质量较差时，为了使焊件表面紧密接触，稳定电阻，可以加大预压力或在预压阶段施加辅助电流。此时的预压力通常为正常压力的 0.5~1.5 倍，而辅助电流为正常焊接电流的 1/4~1/2。加辅助电流的目的是通过预热使焊件产生塑性变形。

2）通电加热阶段

预压使工件紧密接触后，即可通电焊接。当焊接工艺参数合适时，焊点总是在电极夹持处的两焊件接触面上，在压力作用下，焊件间接触点内开始形成塑性环与熔核，并随着通电时间的加长而长大，直至所需熔核大小。熔核在压力作用下结晶，结晶后在焊件间形成牢固的结合。

熔核内的熔化金属被塑性金属塑性环包围，如果这个环不够紧密，部分液体金属将会溢出，形成飞溅。飞溅经常在下列两种情况下出现。

（1）在过程开始时加热过快且电极压力过小，导致塑性环形成前金属开始熔化。

（2）在点焊过程终了时，由于熔核直径很大，较薄的环已经开始弯曲，熔核中液压增大而使塑性环破坏，如图 5-8（a）所示；或者由于熔核厚度过大而发生表面烧穿，如图 5-8（b）所示。

在合理的点焊过程中，熔核直径随焊件厚度的增大而增大，在电极压力作用下，焊件表面也会形成凹陷。

3）锻压阶段

当熔核达到合适的形状与尺寸后，切断焊接电流，熔核在电极压力作用下冷却结晶。结

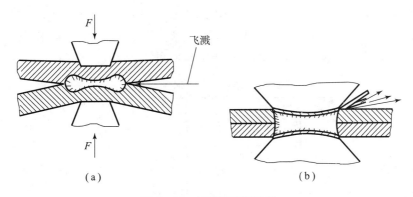

图 5-8 点焊的终期飞溅

晶一般从温度较低、散热能力较强、首先达到结晶温度的熔核边界开始，即从半熔化晶粒表面开始，以枝晶形式沿着与散热相反的方向生长。枝晶生长过程取决于被焊金属及焊接参数。在焊接钢时，几乎全部是枝晶组织。

熔核结晶是在封闭的金属模内进行的，结晶时不能自由收缩，用电极挤压就可使正在结晶的金属变得紧密，使之不会产生缩孔和裂纹。因此，电极压力要在焊接电流断开、熔核金属全部结晶后才能停止作用。板厚为 1~8 mm，锻压时间相应为 0.1~2.5 s。

当焊接较厚焊件时（铝合金 $\delta > 1.5 \sim 2$ mm，钢 $\delta > 5 \sim 6$ mm），因熔核周围的金属膜较厚，常采用在切断电流经间歇时间 0~0.2 s 后加大锻压力的焊接循环。如果锻压力加得太早，则会挤出熔化金属而产生飞溅；若锻压力加得太迟，则会因熔化金属已凝固而失去作用。

三、点焊接头

最常见的点焊接头是板材的搭接接头及卷边接头，如图 5-9 所示。另外，圆棒的横交叉点焊也较为常用。圆棒间接触面积小，电流密度大，可在功率较小的点焊机上进行。平行圆棒间的点焊和圆棒与板材间的点焊，由于接触面比较大，故焊接比较困难，而弯曲棒与板材作 T 形点焊是很方便的。在重要结构上，同时点焊的焊件数目尽量不要超过两点。因为随焊点数目的增加，分流的影响将加大，焊点强度会更加不稳定。两板厚度之比在 1∶3 范围内，都能成功地进行点焊。

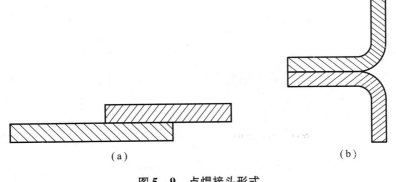

图 5-9 点焊接头形式
(a) 搭接接头；(b) 卷边接头

焊点的布置受分流和变形条件的限制。当焊件厚度增大时，允许的最小节距及从焊点中心到阻碍焊件变形的构件最小距离就会相应增大，见表5-1。否则，会降低焊点强度。电阻率较高的奥氏体钢及合金进行点焊时，最小节距应再增大25%～30%。

表5-1 结构钢点焊时焊点布置   mm

焊件厚度	最小节距		从焊点中心到折边的最小距离	从焊点中心到焊件边缘的最小距离
	2焊件重叠	3焊件重叠		
1	12	20	8	6
2	18	30	12	9
3	26	40	18	10
4	36	50	25	12

对点焊接头结构形式的要求由焊接工艺及所选用的设备确定。在特殊的装备上能进行形状十分复杂结构的点焊。在通用式焊机及简单夹具上点焊时，焊接结构的设计要遵循下列原则：

（1）伸入焊机回路内的铁磁体焊件或夹具的长度 a 应尽可能小，并在焊接过程中不能剧烈地变化，如图5-10（a）所示。因为在焊机回路内铁磁体能使回路阻抗增大、焊接电流减小。带折边的结构［见图5-10（b）］比箱形结构［见图5-10（c）］合理。

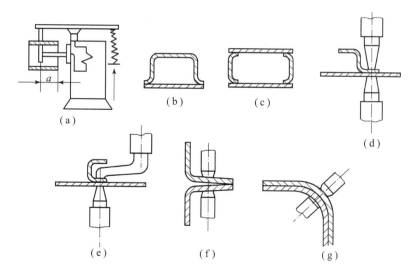

图5-10 点焊结构

（2）尽可能采用有强制水冷的通用电极进行点焊，因而图5-10（d）所示接头形式比图5-10（e）所示接头形式更合理。

（3）可任意调整焊接顺序，以防止变形。

（4）焊点到焊件边缘距离不宜过小。

（5）焊点不应布置在难以进行变形的部位。如图5-10（f）和图5-10（g）所示均为不合理的布置。

四、点焊设备与工具

挤压式电阻点焊机的部件包括焊接变压器、控制器及带有可以互换的电极臂和电极头的焊枪（焊炬），如图5-11所示。

标准电极臂用于焊接难以到达的部位，如轮槽凸缘、雨檐、尾灯孔、车厢地板、门槛和门窗孔等部位。挤压式电阻点焊机夹头和电极头通常以铜作为基本金属。电极头的作用是将焊接电流传导至焊接件上，同时又作为对焊接部位施加挤压力的工具。

1. 变压器

变压器的作用是将220 V或380 V的电源电压（初级电压），转变成为只有2 V或5 V的次级电压，以避免高电压电流焊接时可能造成的人身电击伤害。小型点焊机变压器一般连接在焊炬上，常用点焊机的变压器一般安装在主机上，通过电缆与焊炬连接，安装在焊炬上的变压器电效率高，变压器与焊炬之间的焊接电流消耗较少，焊炬与变压器分离的点焊机变压器功率必须大，而且还要使用较大的电流，以补偿变压器与焊炬之间电缆电阻所造成的电力能耗。当使用加长型电极臂时，高电流也会因臂的长度增加而减小。因此，在焊接时应及时调整焊机上的控制器，补偿相应的电能消耗。

2. 焊机控制器

焊机控制器可调节变压器输出焊接电流的强弱和电压的高低，并可以调节出精确的焊接电流通过的时间，在焊接时间内，焊接电流被接通并通过被焊的金属板，然后电流被切断。焊机控制器能够进行全范围的焊接电流调整，焊接时所需电流的大小应由需要焊接金属板的厚度和电极臂的长度来决定，当使用较短的电极臂时，应减小焊接电流；当使用加长的电极臂时，应增大焊接电流。

图5-11 挤压式电阻点焊机

3. 焊炬

焊炬的作用通过电极臂向被焊金属施加挤压力，并流入焊接电流，将电极压紧部位熔化。大多数电阻点焊机都带有一个加力机构，可以产生很大的电极压力来稳定焊接质量，这些加力机构有的是弹簧式的手动夹紧装置，如图5-12所示；有的是由汽缸产生压力的气动夹紧装置；有的小型挤压型电阻点焊机不具备加力机构，完全靠操作人员的手来控制压力的大小，其只适用于单面点焊。

1）加压机构

电阻焊在焊接中要对工件进行加压，所以加压机

图5-12 点焊机焊炬

构是点焊机中的重要组成部分。为了保证焊接质量,加压机构应力求满足下列要求:

(1) 加压机构刚性要好,在加压中不会因机臂刚性不足而发生挠曲或因导柱失去稳定而引起上下电极错位。

(2) 加压、消压动作灵活、轻便、迅速。

(3) 加压机构应有良好的工艺性,适应焊件工艺特性的要求。

(4) 焊接开始时,能快速地将预压力全部压上,而焊接过程中压力应稳定,焊件厚度变化时,压力波动要小。

2) 电极

电极工作条件复杂,其寿命与焊接质量首先由材料决定。电极材料应满足下列要求:

(1) 在高温与常温下都有合适的导电、导热性。

(2) 有足够的高温强度和硬度。

(3) 常温与高温下具有高的抗氧化能力,并且与焊件材料形成合金的倾向小。

(4) 加工制造方便,价格便宜。

不同焊件材料与结构,对电极材料性能要求并不一致。对合金钢,特别是高温合金来说,要求电极材料的主要性能是热强度稳定性;对轻合金则是导电性和导热性。这突出了不同情况下的主要要求,以作为选择电极材料的依据。电极材料主要是由加入 Cr、Cd、Be、Al、Zn、Mg 等元素的铜合金生产的。

车身修理所使用的大多数焊炬随着焊臂的加长,焊接压力会减小,焊接质量会下降。当配备 100 mm 或更短的缩短型电极臂时,其可焊接两层 2.5 mm 厚的钢板。一般要求配有加长型或宽距离电极臂的焊机至少可焊接两层 1 mm 厚的钢板。

用于整体式车身修理的电阻点焊机可带有全范围的可更换电极臂装置,能够焊接车身上各个部位的板件。适用的各种电极臂应可以焊接汽车上的大多数难以焊接的部位,例如轮口边缘、流水槽、后灯孔、地板、车门槛板、窗洞、门洞和其他焊接部位。修理人员在进行车身焊接作业时,应查阅修理手册,寻找合适的专用电极臂,以便对汽车上难以焊接的部位进行焊接。

五、挤压式点焊分类及特点

挤压式电阻点焊按工件供电方式分为单面点焊和双面点焊两大类。单面点焊是在焊件的一侧供电,通电一次可焊成一个焊点或两个焊点。它直接在装配夹具上施焊,通常用在焊件尺寸较大、夹具笨重而不便移动,或受夹具限制而不便使用通用焊机的场合。双面点焊则是一般电阻点焊中通常使用的点焊方法。

点焊还可按一次形成焊点的数目分为单点焊、双点焊和多点焊几种类型,如图 5-13 所示。多点焊通常用于大批量生产的焊接结构中。

挤压式电阻点焊在使用中具有以下特点:

1) 优点

(1) 因是内部热源,热量集中,加热时间短,在焊点形成过程中始终被塑性环包围,故电阻点焊冶金过程简单,热影响区小,变形和应力很小,易于获得质量较好的焊接接头。焊后不必校正和热处理。

(2) 焊接速度快,只需 1 s 甚至更短时间便可焊接 4~5 个焊点,不同材质的钢板焊接

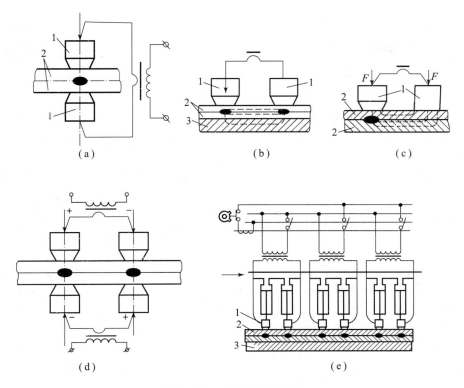

图 5-13 点焊方法示意图
(a) 双面单点焊；(b) 单面双点焊；(c) 单面单点焊；(d) 双面双点焊；(e) 多点焊
1—电极；2—焊件；3—铜垫板

时受热范围小，焊接强度高，金属不易变形，焊接效率高。

(3) 除消耗电能外，电阻点焊不需要填充材料，不消耗焊丝、焊条和气体等，因此材料成本较低。

(4) 与铆接结构相比，质量轻，结构简化，易于焊接形状比较复杂的构件。减轻结构质量不但能节省金属，还能改进结构承载能力、减少动力消耗、提高运行速度。

(5) 操作简便，焊接时不必去除一些金属保护层，不必对焊缝进行特殊处理，能有效地保护金属焊件，易于实现机械化、自动化，并减轻劳动强度。

(6) 改善劳动条件和工作环境，焊接过程不产生气体、焊渣和蒸汽，对环境污染小，不会对操作人员造成危害。

(7) 表面质量好，易于保证气密性。采用点焊或缝焊装配，可获得较好的表面质量，避免金属表面的损伤。焊点外形美观，点焊焊点与汽车制造过程中的焊点外观相同。

2) 缺点

(1) 由于焊接在短时间内完成，需要用大电流及高电极压力，因此焊机功率要大，且价格比一般弧焊机贵数倍至数十倍，成本高，维修困难。

(2) 灵活性、方便性不如焊条电弧焊机。

(3) 焊件的尺寸、形状、厚度受到设备条件的限制。

(4) 目前尚缺少简单而又可靠的无损伤检验方法。

(5) 两板间熔核周围易形成尖角，导致抗拉强度和抗疲劳强度较低。

六、不等厚度板件的点焊方法

当进行不等厚度或不同材料点焊时,熔核将不对称于其交界面,而是向厚板或导电、导热性差的一边偏移,偏移的结果将使薄件或导电、导热性好的工件焊透率减小、焊点强度降低,如图 5-14 所示。

调整熔核偏移的原则是增加薄板或导电、导热性好的工件的产热而减少其散热。常用的方法如下:

(1) 采用强规范使工件间接触电阻产热的影响增大、电极散热的影响降低。如电容储能焊机采用大电流和短的通电时间就能焊接厚度比很大的工件。

(2) 采用不同接触表面直径的电极在薄件或在导电、导热性好的工件一侧采用较小直径,以增加这一侧的电流密度并减少电极散热的影响。

(3) 采用不同的电极材料薄板或在导电、导热性好的工件一侧采用导热性较差的铜合金,以减少这一侧的热损失。

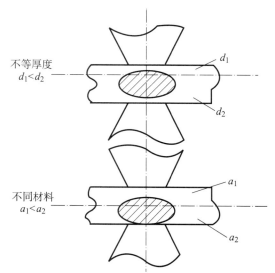

图 5-14 不同厚度和不同材料点焊时的熔核偏移情况

(4) 采用工艺垫片。在薄件或导电、导热性好的工件一侧垫一块由导热性较差的金属制成的垫片(厚度为 0.2~0.3 mm),以减少这一侧的散热。

技能学习

一、劳动安全与卫生

点焊焊接作业中有大量的火花和炙热的颗粒溅出,为保障操作人员的安全,在点焊施工过程中,对操作人员的着装应有严格的要求,并对操作人员经常进行安全教育和安全培训,使操作人员具有必要的安全知识,同时也是保证焊接质量的必要措施。因此,操作人员在进行点焊工作之前必须穿戴好工作帽、护目镜、工作服、皮手套和安全鞋等。

二、焊前准备

1. 点焊机的检查和调整

(1) 选择电极臂。根据需要焊接的部位来选择电极臂,如图 5-15 所示。

电阻点焊机的调整

(2) 调整电极臂。为获得最大的焊接压力,焊炬的电极臂应尽量缩短。将焊炬电极臂和电极头完全上紧,使它们在工作中不至于松开,如图 5-16 所示。

(3) 将两个电极头对准。将上、下两个电极头对准在同一条轴线上,如图 5-17 所示。电极头对准状况不好将导致加压不充分,造成电流过小,甚至降低焊接部位的强度。

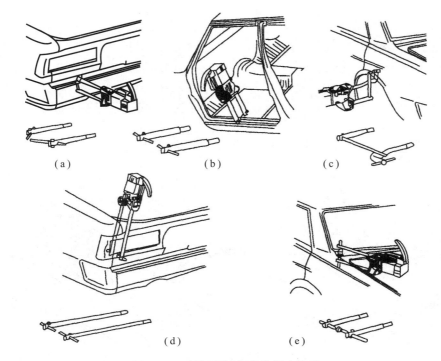

图 5 – 15　根据焊接部位选择电极臂

(a) 45°电极臂；(b) 标准电极臂；(c) 用于轮罩的电极臂；(d) 长电极臂；(e) 旋转电极头

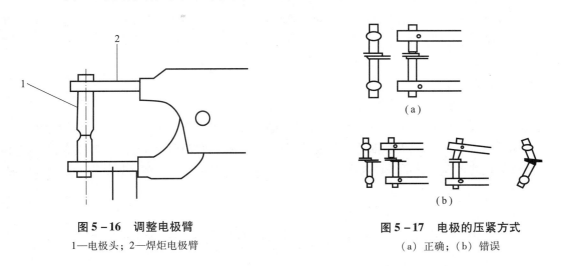

图 5 – 16　调整电极臂

1—电极头；2—焊炬电极臂

图 5 – 17　电极的压紧方式

(a) 正确；(b) 错误

（4）电极头的直径增加，点焊的直径将减小。必须适当控制电极头直径，如图 5 – 18 所示，以获得理想的焊接深度。开始操作前，应先弄清楚电极头直径是否合适，然后用锉刀将它锉光，以便清除电极头表面的燃烧生成物和杂质。电极头端部杂质增加，该处的电阻也随之增加，将会减少流入母材的电流并减少焊接熔深，导致焊接质量下降。经过长时间的连续使用以后，电极头端部将不能正常地散热而造成过热。如有必要，可每进行 5~6 次焊接后，让电极头端部冷却，如果端部已被损坏，要用电极头端部清理工具进行处理，如图 5 – 19 所示。

（5）电流流过的时间也与点焊的形成有关。时间延长时，所产生的热量增加，点焊直

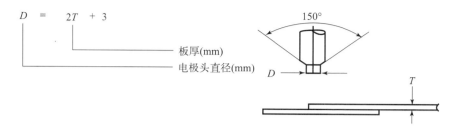

图 5-18 确定电极直径的方法

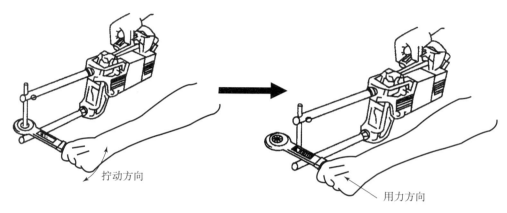

图 5-19 对电极端部进行处理

径和焊接熔核随之增大。焊接部位散发出的热量随着通电时间的延长而增加,但经过一定的时间以后,焊接温度将不会再增加,此时即使通电时间超过了这一时间,点焊直径也不会再增大。

2. 焊前清理

1)工件焊接表面间隙的消除

焊接时,两个焊件表面之间如果留有任何间隙,都会影响电流的通过,造成电流分流,如图 5-20 所示。尽管不消除这种间隙也能进行焊接,但会使焊点面积变小,造成焊接强度不足。所以焊接之前应当保证焊件表面平整,以消除这一间隙,并用夹钳将焊件牢牢地夹紧。

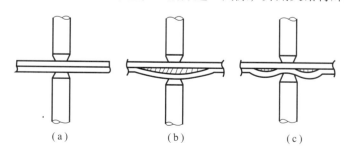

图 5-20 工件焊接表面间隙的消除
(a)正确;(b)、(c)错误

2)工件焊接金属表面的处理

焊接的工件表面如果有油漆、锈迹、灰尘或其他污物,都会减少电流强度而使焊接质量降低,所以应将这些物质从焊件的表面清除干净,如图 5-21 所示,以使电流畅通。为保证焊接质量，工件搭铁处也必须进行表面处理，以保持良好的通电状态。

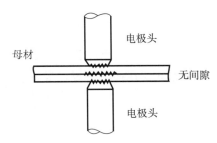

图 5-21　母材表面的状态

3）磨除旧漆膜

把焊接区域的旧漆膜打磨掉，可以使电流能够顺利地通过钢板，从而达到更好的焊接效果，如图 5-22 所示。

注意：在进行旧漆打磨处理时应选用合适的打磨工具，尽可能避免损伤工件的金属板面。

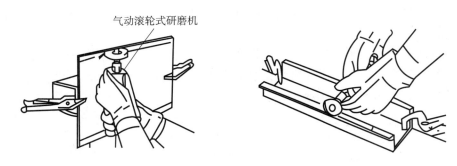

图 5-22　磨除旧漆膜

4）表面清洁

表面处理的方法主要是用空气枪吹去打磨后的粉尘或用抹布擦掉粉尘。表面如有油脂，应用抹布蘸上除油剂进行清除；如有密封胶和防水涂料等，应用热风枪或刮刀清除。

5）焊接表面的防腐处理

焊接部位接触面在焊接完成后不易喷涂漆层，为了保证车身寿命和车身钢板防锈处理的需要，焊接前两板件的焊接面必须实施防锈处理，应在需要焊接的金属板表面上涂一层导电系数较高、透焊的防锈底漆，并将防锈底漆均匀地涂在所有裸露的金属板面上，如图 5-23 所示。

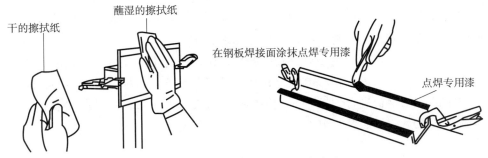

图 5-23　焊接表面的防腐处理方法

三、焊接施工

1. 钢板定位

钢板定位是为了焊接时使工件不易挪位，保持设计的尺寸，同时使两焊件的表面有很好的结合，以达到良好的焊接效果。因此，在操作中要保证钢板表面平整并且要求钢板间隙尽量吻合。具体操作时，应先将板件进行尺寸定位，周边间隙用比照法进行调整，在得到确认后再用大力钳将其固定。

2. 焊接参数的设定与试焊

电阻点焊机的操作相对比较简单，开始进行焊接时，操作人员必须手握焊枪，使电极头与车身上需要焊接的部位相接触，然后通过加压机构从板件两侧加压。加压后，加压机构便向焊机控制器发出电信号，电信号能接通焊接电流并维持一个事先设置的时间，然后切断电流。焊接时间一般不超过 1 s，因此整个过程完成得非常迅速。

使用电阻点焊机进行焊接时，根据金属板的厚度来调节电极臂的长度以及焊接时间，便可以得到最佳的焊接效果（可依焊接机说明书的数值进行调节）。点焊机在焊接时要获得良好的结合强度，必要时需要正确地调整参数（焊接时的焊点压力、焊接电流和通电时间）。

1）焊点压力

若焊点的压力过小，则焊接时会发出轻微的声音，且板面上没有什么变化，同时伴有大量的火花产生；若焊点压力过大，则焊接时会发出沉闷的声音，板面上会出现较深的焊坑，且没有火花出现，如图 5-24 所示。

图 5-24 压力的影响

2）焊接电流和通电时间

查阅点焊机操作手册，根据钢板的厚度和材料来调整焊接电流和通电时间，如图 5-25 所示。初步选定电极压力和焊接时间，然后调节焊接电流，以不同的电流焊接试样，当检查熔核直径符合要求后，再于适当的范围内调节电极压力、焊接时间和电流，并进行试样的焊接和检验，直到焊点质量完全符合技术条件的要求为止。

表面有镀层零件的点焊，由于镀层金属的物理化学性能不同于零件金属本身的性能，故必须根据镀层性能选择点焊设备、电极材料和焊接工艺参数，以尽量减少镀层的破坏。

对车身上的防锈钢板进行焊接时，应将焊接电流按普通钢板的电流强度提高 10% 左右，以弥补电流的损失。如无法调整电流，则可将通电时间稍作延长。

3. 焊接条件的设定与检查

（1）尽量采用双面点焊的方法，对于无法进行双面点焊的部位，可采用二氧化碳气体

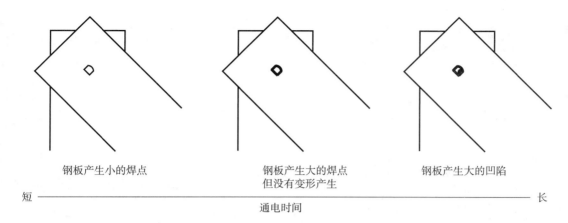

钢板产生小的焊点	钢板产生大的焊点但没有变形产生	钢板产生大的凹陷

短 ←——————————————— 通电时间 ———————————————→ 长

图 5-25 调整电流

保护焊中的塞焊进行焊接,而不能用单面点焊来焊接车身结构性板件。

（2）电极与金属板之间的夹角应呈 90°,使电极头与板件表面保持垂直,如果这个角度不正确,电流强度便会减弱,从而降低焊接接头的强度。

（3）对于三层或更多层金属板的点焊,应分两次或多次进行,同时应加大焊接电流。

（4）修理厂用点焊机的功率一般都比制造厂的小。因此,和制造厂相比,修理厂进行点焊时应将焊点数量增加 20%。

（5）电阻点焊的强度由焊点间距（两个焊点之间的距离）和边缘距离（焊点到金属板边缘的距离）来决定,两块金属板之间的接合力随着焊接间距的缩短而增大。但是,点间距小到一定程度后如果再减小,板件的连接强度也不会再增大,因为此时电流会流向以前的焊点,且随着焊点数量的增加,电流分流也会增多,而这种分流出的电流又不会使焊点的温度升高。焊点的间距大小应控制在不致形成支路电流的范围内,一般要遵循表 5-2 给出的值。

表 5-2 焊点间距的参考值   mm

板厚	焊点间距	焊点到边缘距离
0.4	≥11.0	≥5.0
0.8	≥14.0	≥5.0
<1.2	≥18.0	≥6.5
1.2	≥22.0	7.0
1.6	≥29.0	≥8.0

（6）焊点到边缘的距离也是由焊接电极头的位置决定的。即使焊接的情况正常,但如果边缘距离不足,则焊接强度也不够。在靠近板件断面焊接时,焊件到金属板的边缘距离应遵循表 5-3 给出的值。

（7）检查焊接条件。对与焊件具有相同厚度和材质的试板进行焊接,如图 5-26 所示,焊好后再进行破坏检查。一般采用扭转试板来破坏焊接焊点,以测试焊接强度,如图 5-27 所示。

表 5-3　焊点边距的参考值　　　　　　　　　　　　　　　　　　　　mm

板厚	最小距离	板厚	最小距离
0.4	≥11.0	1.2	≥14.0
0.8	≥11.0	≥1.6	≥16.0
<1.2	≥12.0	2.0	≥17.5

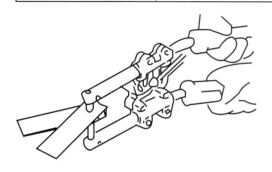

图 5-26　试板焊接

图 5-27　破坏试验

（8）电极与钢板表面必须保持约 90°的焊接角度，如图 5-28 所示。

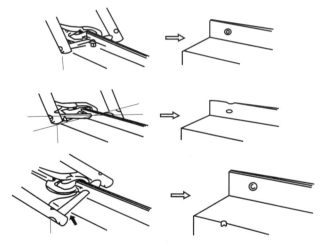

图 5-28　焊接角度

（9）连续点焊的三个重要因素是焊接间距、边距和电极冷却。

① 焊接间距。连续点焊时应保持适当的焊接间距，如图 5-29 所示。

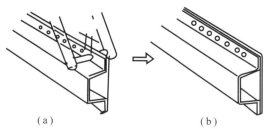

(a)　　　　　　　　　(b)

图 5-29　焊接间距

(a) 焊点间距太小；(b) 焊接强度不足

② 边距。连续点焊时应保持适当的边距，如图 5-30 所示。

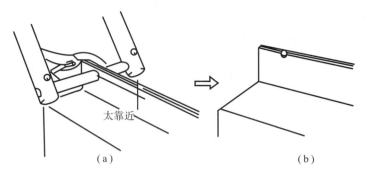

图 5-30　焊接边距
（a）焊接的位置太靠近钢板边缘；（b）形成孔洞或焊点被压缩

③ 电极冷却。连续焊接数个焊点后，热量将传导并堆积于电极与焊接夹臂上，当电极与焊接夹臂的温度升高时，焊接电流将变小或电极提早磨损，难以获得好的焊点。因此要每隔一段时间使用一次压缩空气或水冷却电极，如图 5-31 所示。

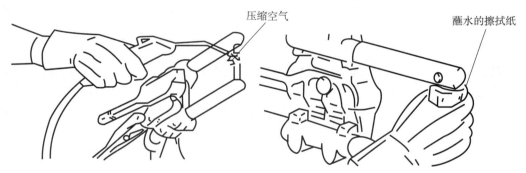

图 5-31　电极冷却

4. 点焊作业

点焊必须进行定位焊，并安排好正确的焊接顺序。

1）点焊的顺序

点焊作业时，不要只沿一个方向连续进行点焊，否则会使电流产生分流而降低焊接质量，应按正确的顺序进行焊接，如图 5-32 所示，如果电极头过热而改变颜色时，应停下来

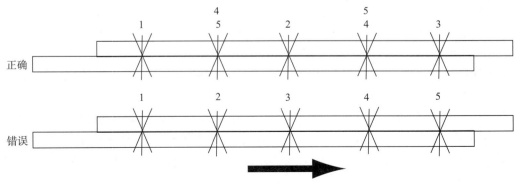

图 5-32　点焊顺序

使之冷却。

2) 转角部位的焊接

不要在转角的半径部位进行点焊，如图 5-33 所示，否则会因为焊接时产生应力集中而导致开裂。如前支柱和中心支柱的上部顶角、后顶侧板的前上方角落及前、后窗框的转角部位等需特别注意。

3) 电流的调整

在进行电阻点焊作业时，电流通过第一个与第二个焊点的电流强度不同，特别是在两层板之间涂有防锈漆而使导电系数降低的情况下，第二个焊点流过的电流会小一些，这将使得第二个焊点的强度下降，如果电流调大后焊接，则会造成第一个焊点电流过大。一般在正常焊接完第一个焊点后，应把电流适当调大一些后再进行焊接，这样才能使得两个焊点的焊接强度一致。

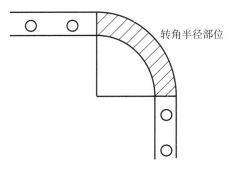

图 5-33 拐角部位的正确焊法

四、焊接质量检查

焊点可采用目测外观检验或非破坏性试验两种手段进行质量检查。目测外观检验只是通过外观的几个基本标准来判断焊接质量的，而非破坏性试验则是检验焊接强度的基本手段。

1. 目测外观检验

目测外观检验是指通过外观及触摸来检验挤压式电阻点焊的焊接质量与粗糙度。以下几个方面的检验内容可供检验时参考：

（1）焊点位置。焊点应处在板缘的中间，无电极头压力过大引起的孔洞，板缘上应无焊点，也不得在原焊点上进行焊接。

（2）焊点数量。因修理厂的焊机功率比制造厂的焊机功率小，所以新焊点数应比原焊点数多 50% 左右。

（3）焊点间距。修理作业时焊点间距应比原焊点间距稍短，且分布均匀。最小间距应以无支路电流形成为限。

（4）压痕（电极头在板件上留下的痕迹）。不应出现深度超过板厚一半的电极头压痕。电极头不得焊偏而产生透孔现象。

（5）气孔。在焊接的压痕上不应有大到足以看得见的气孔。

（6）飞溅。焊完后戴上手套在焊件表面上抚摸，如果擦过时被刮住，则说明焊接时飞溅现象严重。

（7）评估焊接外观的完整性，如图 5-34 所示，焊点表面应干净且压痕圆滑。

2. 非破坏性检验

在工件点焊完工后，可用撬棒和手锤对焊件进行焊接的质量检验，具体操作如下：

（1）将撬棒插入如图 5-35 所示部位，即两焊件的中间，用手锤轻轻敲击撬棒的端部，直到两金属板之间形成 2~3 mm 的间隙（这个间隙值由点焊的位置、凸缘的长度、金属板的厚度、焊接的间距以及其他因素来决定，这里提供的只是一个参考数值）。若在金属板的厚度约为 1 mm 时，焊点的位置仍然保持正常而没有分开，则说明所进行的焊接是成功的。

（2）如果两块金属板的厚度不同，则在操作时两块金属板之间的间隙应限制为 1.5~

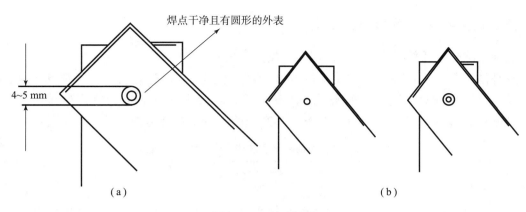

图 5-34 外观评估
（a）优；（b）劣

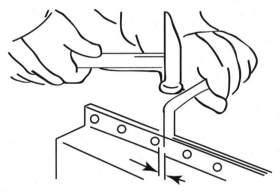

d(撬棒外圆直径)/mm	适用钢板厚度/mm
φ10	0.8~1.2
φ15	1.6~2.3

图 5-35 非破坏性检验

2.0 mm；如果进一步下插撬棒，则将变成破坏性试验。

（3）修复被撬开部位，如图 5-36 所示，检验完毕后，一定要把被撬的变形金属板修复好，具体操作方法是：一手拿垫铁，一手拿手锤将被撬开的部位进行敲击修复。

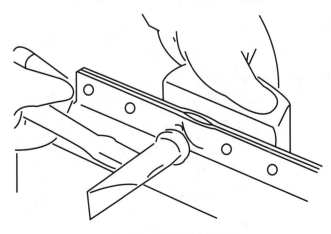

图 5-36 修复被撬开部位

五、电阻点焊常见质量问题及原因

点焊缺陷分为外部缺陷和内部缺陷两大类。

外部缺陷是指表面缺陷,主要是指溢出、表面发黑、接头边缘压溃、开裂及焊点脱开等。这些缺陷可通过肉眼直接观测到。表5-4所示为常见表面缺陷及其产生原因。由于这些缺陷都是显而易见的,所以只要查出其产生原因就不难找出防止缺陷产生的办法。

表5-4 常见外部缺陷及其产生原因和改进措施

序 号	缺 陷	产生缺陷的可能原因	改进措施
1	焊点压坑过深及表面过热	通电时间过长	调整焊接参数
		电极压力不足	改变电极端面锥角角度
		电流过大	改善冷却条件
2	表面局部烧穿或金属强烈外溢	焊件或电极表面不净、污物多	清理焊件与电极表面
		电极压力不足或焊件与电极间未真正接触	提高电极压力,更换磨损过度的电极
		电极接触表面形状不正确,滚盘过热	修整电极,改善冷却条件
3	焊点表面径向裂纹	电极压力不足或电极冷却不足	调整规范
		锻压力加得不及时或锻压力不足	检查气路系统,消除锻压压力滞后原因
4	焊点表面环裂纹	电流通电时间过长	改变参数,注意消除过热因素
5	接头表面发黑包覆层破坏	焊件或电极表面清理不良	注意及时清理表面
		电极压力不足	调整焊接工艺
		通电时间过长,电流过大	降低焊速或改善冷却条件
6	接头边缘压溃或开裂	边距过小,电极未对中	改进接头设计
		电流过大,时间过长或锻压力过大	调整工艺参数
7	焊点脱开	装配不良,焊接时焊件有位错	注意装配,调整板件间隙与电极挠度

点焊接头的内部缺陷有未焊透、缩孔、裂纹、结合线伸入、核心成分不均匀以及核心中产生层状花纹等。表5-5所示为焊接接头内部缺陷及其产生原因和改进措施。

表5-5 常见内部缺陷及其产生原因和改进措施

序 号	缺 陷	产生缺陷的可能原因	改进措施
1	未焊透,核心小	电流小,电极压力大	调整工艺参数
		电极工作表面直径大	修整电极
		表面清理不良	清理表面

续表

序号	缺陷	产生缺陷的可能原因	改进措施
2	裂纹与缩孔	通电时间过长，过热，晶粒边界熔化	调整工艺参数
		通电时间短，冷速过大，电极压力不足或锻压力加得不及时	选用合适的焊接循环形式
		表面清理不良或大量飞溅	表面清理，检修焊机加锻压的速度
3	核心内涡旋状成分不均匀	（1）通电时间短，电流密度小；（2）电极压力过大	调整焊接工艺
4	结合线伸入	表面氧化膜清除不净	注意硬、脆氧化膜的清理，并防止再氧化
5	环形层状花纹	加热时间过长	调整工艺
6	核心偏移	电极材料、端面尺寸或冷却条件不当	改变电极尺寸、材料和冷却条件，采取其他工艺措施
7	焊透率过大	电流过大，电极压力不足	调整焊接工艺
		通电时间过长，电极冷却条件差	加强冷却
8	板缝间有金属溢出	电流过大，电极压力不足	调整规范
		焊接时焊件放置不平，有倾斜	改进接头设计
		边距小	必要时加支撑夹具
9	脆性焊点	通电时间短，焊接循环不合理	调整工艺，改变热循环形式
10	焊缝不气密	焊接参数不稳定，点距不当	调整设备与控制装置

六、焊后处理

在焊接过程中，焊接热量会损伤焊接钢板背面的防锈层，为保证钢板以后的使用性能，需在焊接部位施涂防锈剂。

微课：电阻点焊工艺

一、高能量密度焊在车身焊接中的应用

由于电子束、激光和压缩电弧产生的等离子体三种束流的能量密度特别高，所以将电子束焊、激光焊和等离子弧焊统称为高能量密度焊，下面主要介绍激光焊。

激光技术是 20 世纪 60 年代初期发展起来的一项新兴的技术。工作物质受激发而产生的波长均一、方向一致、强度很高的光束称为激光，它与普通光源（电灯光、太阳光、荧光）相比，具有能量密度高、单色性好以及方向性强等特点。

1. 激光焊的基本原理

激光焊实质上是激光与非透明物质相互作用的过程，微观上是一个量子过程，宏观上则表现为反射、吸收、加热、熔化和气化等现象。激光焊时，激光照射到被焊接件的表面，与其发生作用，一部分被反射，另一部分则进入焊件内部，如图5-37所示。

激光焊的热效应取决于焊件吸收光束能量的程度，常用吸收率来表征。金属对激光的吸收率主要与激光波长，金属的性质、温度、表面状况以及激光功率密度等因素有关。

材料的加热：吸收了光子而处于高能级的电子，将在与其他电子的碰撞以及与晶格的互相作用中进行能量的传递，光子的能量最终将转化为晶格的热振动能，引起材料温度升高，改变材料表面及内部温度。

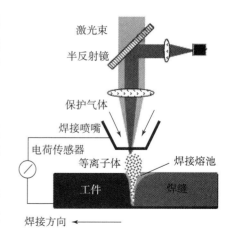

图5-37 激光焊的原理示意图

材料的熔化及气化：激光加工时，材料吸收的光能向热能的转换是在极短的时间（为10^{-9} s）内完成的。在这个时间内，热能仅仅局限于材料的激光辐射区，然后通过热传导，热量将由高温区传向低温区。

当功率密度大于10^6 W/cm²时，被焊材料会产生急剧的蒸发。在连续激光深熔焊接时，由于被焊材料蒸发，蒸气压力和蒸气反作用力等能克服熔化金属表面张力及液体金属静压力而形成"小孔"。"小孔"类似于"黑洞"，有助于对光束能量的吸收。

壁聚焦效应：激光束射入"小孔"中时，由于激光束聚焦后不是平行光束，会与孔壁间形成一定的入射角，故激光束照射到孔壁上后将经多次反射而达到孔底，最终被完全吸收。

焊缝的形成：随着工件和光束做相对运动，由于被焊材料剧烈蒸发而产生的表面张力将使"小孔"前沿的熔化金属沿某一角度得到加速，并在"小孔"后面的近表面处形成熔流。"小孔"后方液态金属由于散热的结果，温度将迅速降低，并凝固而形成连续的焊缝。

2. 激光焊的特点

激光焊接与传统的熔焊工艺相比，具有的优势主要集中在以下几个方面：

（1）可将热输入降到最低的需要量，热影响区小，且因热传导所导致的变形最小。

（2）可降低厚板焊接所需的时间，甚至可省掉填料金属的使用。

（3）工件可放置在封闭的空间（经抽真空或内部气体环境在控制下）。

（4）不需使用电极，没有电极污染或受损的顾虑，且因不属于接触式焊接制程，机具的耗损及变形皆可降至最小。

（5）激光束易于聚焦、对准及受光学仪器所导引，可放置在离工件适当的距离，且可在工件周围的机具或障碍间再导引，其他焊接法则因受到上述的空间限制而无法发挥。

（6）激光束可聚焦在很小的区域，并可焊接小型且间隔相近的部件。

（7）可焊材质种类范围大，亦可相互接合各种异质材料。

（8）易于以自动化进行高速焊接，亦可用计算机控制，以方便地进行任何复杂形状的焊接。

（9）不受磁场影响（电弧焊接及电子束焊接则容易受磁场影响），能精确地对准焊件。

（10）可焊接不同物理性质（如不同电阻）的两种金属。

激光焊接也存在以下不足：
(1) 焊件位置须非常精确，务必在激光束的聚焦范围内。
(2) 焊件需使用夹具时，必须确保焊件的最终位置与激光束将冲击的焊点对准。
(3) 最大可焊厚度受到限制，渗透厚度远超过 19 mm 的工件不适合使用激光焊接。
(4) 高反射性及高导热性材料如铝、铜及其合金等，焊接性会受激光影响。
(5) 当进行中能量至高能量的激光束焊接时，需使用等离子控制器将熔池周围的离子化气体驱除，以确保焊道的再现。
(6) 能量转换效率太低，通常低于 10%。
(7) 焊道快速凝固，因而有产生气孔及脆化的顾虑。
(8) 设备昂贵。

3. 激光焊的应用

德国大众、奔驰、奥迪，瑞典的沃尔沃等欧洲汽车制造厂早在 20 世纪 80 年代就率先采用激光焊焊接车顶、车身、侧框等。20 世纪 90 年代，美国通用、福特和克莱斯勒公司竞相将激光焊接引入汽车制造行业，尽管起步晚，但发展快。意大利菲亚特公司在大多数钢板组件的焊接装配中采用了激光焊，日本的日产、本田和丰田汽车公司在制造车身覆盖件中均使用了激光焊，高强钢激光焊焊接装配件因其性能优良在汽车车身制造中使用越来越多。

激光焊接还广泛应用到变速箱齿轮、半轴、传动轴、散热器、离合器、发动机排气管、增压器轮轴及底盘等汽车部件的制造，并成为汽车零部件制造的标准工艺。我国一些汽车制造厂家已经在部分新车型中采用激光焊接技术，而且从激光焊接技术本身研究的角度看，我国一些科研院所在一些具有特色的领域也已取得了一定的成果。随着我国汽车工业的快速发展，激光焊接技术一定会在汽车制造领域取得丰硕的成果和广泛的应用。

二、空气等离子弧切割

在汽车车身修理时，等离子弧切割正在取代氧—乙炔焰切割，成为当今汽车行业金属切割的最先进方法，它能够迅速有效地切割受损坏的金属而不改变母材的性能。因为现在很多整体式车身的轿车上都装有高强度钢或高强度合金钢零部件，火焰切割法恰好不适用于这两种钢材。等离子弧切割具有产生的热量多、运行速度快和输入热量少等特点，再加上它可以轻易地切割生锈的、带有油漆或覆盖层的金属，因此，其在汽车车身修理领域是一种理想的切割方法。

1. 等离子弧

等离子体是指处于电离状态的气态物质，其中带负电荷的粒子（电子、负离子）数等于带正电荷的粒子（正离子）数。等离子态通常与物质固态、液态和气态并列，称为物质第四态，如图 5-38 所示。

一般电弧焊所产生的电弧，其电弧区内的气体尚未完全电离，能量不够集中，这种电弧未受到外界约束，故称它为自由电弧。当电弧电流增大时，弧柱直径也相应增大，二者不能独立地进行调节，因此，自由电弧弧柱的电流密度、温度和能量密度的增大均受到一定限制。实验证明，借助水冷喷嘴的外部拘束作用，使弧柱的横截面受到限制而不能自由扩大时，就可使电弧的温度、能量密度和等离子体流速都显著增大。这种用外部强制作用使弧柱受到压缩的电弧就是通常所称的等离子弧，又称压缩电弧。

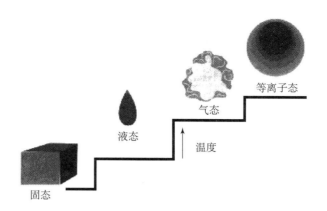

图 5-38 物质的四态

目前广泛采用压缩电弧的方法是将钨极缩入喷嘴内部，并且在水冷喷嘴中通以一定压力和流量的离子气，强迫电弧通过喷嘴孔道，如图 5-39 所示。此时电弧受到下述三种压缩作用。

（1）机械压缩作用。弧柱受喷嘴孔径的限制，其弧柱直径不能自由扩大。

（2）热收缩效应。喷嘴水冷作用使靠近喷嘴孔内壁的气体受到强烈的冷却作用，其温度和电离度均迅速下降，迫使弧柱电流向弧柱中心高温高电离区集中，使弧柱横截面进一步减小，而电流密度、温度和能量密度则进一步提高。这种作用被称为热收缩效应。

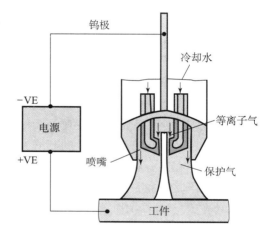

图 5-39 等离子弧的形成

（3）电磁收缩效应。弧柱本身所产生的磁场对弧柱也起一定的压缩作用（这是由于电弧的电磁收缩力作用的结果）。

在上述三种压缩作用中，喷嘴孔径的机械压缩作用是前提；热收缩效应则是电弧被压缩的最主要的原因；电磁收缩效应是必然存在的，它对电弧的压缩也起到一定作用。研究表明，电弧被压缩的程度主要与气体的成分、气体流量、喷嘴孔道形状和尺寸及电弧电流大小有关。

等离子弧的温度高、能量密度大。普通钨极氩弧的最高温度为 10 000~24 000 K，能量密度在 10^4 W/cm^2 以下；等离子弧的最高温度可达 24 000~50 000 K，能量密度可达 10^4~10^6 W/cm^2，且稳定性好。

按电源的方法不同，等离子弧有三种形式：非转移型弧、转移型弧和混合型弧。

（1）非转移型弧是指在阴极和喷嘴之间所产生的等离子弧。这种情况正极接在喷嘴上，工件不带电，在阴极和喷嘴的内壁之间产生电弧，工作气体通过阴极和喷嘴之间的电弧而被加热，使得其全部或部分电离，然后由喷嘴喷出形成等离子火焰（或叫等离子射流），如图 5-40（a）所示。非转移型弧主要应用于等离子喷涂、焊接和切割较薄的非金属材料。

（2）转移型弧是指电弧离开喷枪转移到被加工零件上的等离子弧。这种情况喷嘴不接电源，工件接正极，电弧燃烧于喷枪的阴极和阳极（工件）之间，如图 5-40（b）所示，工作气体围绕着电弧送入,然后从喷嘴喷出。这种等离子弧不能直接产生,必须先在钨极和喷嘴之间接通维弧电源,以引燃小电流的非转移型弧(引导弧),然后将非转移型弧通过喷嘴过渡到工件表面,再引燃钨极与焊件之间的转移型等离子弧(主弧),并自动切断维弧电源。这种等离子弧温度高,能量密度大,常用于各种金属材料的焊接和切割。

(3) 非转移型弧引燃转移型弧并加热金属粉末,转移型弧加热工件使其表面产生熔池,如图 5-40(c)所示,此时,其喷嘴和工件均接在正极。这种等离子弧稳定性好,电流很小时也能保持电弧稳定,主要用于微束等离子弧焊接和粉末冶金堆焊。

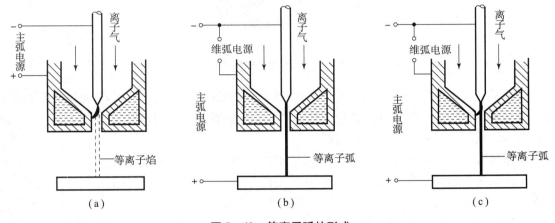

图 5-40 等离子弧的形式
(a) 非转移型弧;(b) 转移型弧;(c) 混合型弧

2. 双弧现象及其影响因素

在使用转移型等离子弧进行焊接或切割的过程中,正常的等离子弧应稳定的在钨极与焊件之间燃烧,但由于某些原因往往还会形成另一个燃烧于钨极—喷嘴—焊件之间的串列电弧,从外部可观察到两个并列电弧同时存在,如图 5-41 所示,这就是双弧现象。

在等离子弧焊接或切割时,由于喷嘴的冷却作用,使等离子弧的弧柱与喷嘴孔壁之间存在着由离子气形成的冷气膜,其温度和电离度都较低,且对弧柱向喷嘴的传热和导电起较强的阻滞作用。因为此冷气膜一方面起到绝热作用,防止喷嘴因过热而烧坏;另一方面相当于在弧柱与喷嘴孔壁之间加了一绝缘套筒,隔断了喷嘴与弧柱间电的联系,所以等离子弧能稳定燃烧而不会产生双弧。当冷气膜的阻滞作用被击穿时,绝热和绝缘作用消失,就会产生双弧现象。

在等离子弧焊接或切割过程中,一旦形成双弧便会降低主弧电流,并会影响等离子弧的稳定性,使焊接或切割过程不能正常进行,严重时还会烧坏喷嘴。因此,了解双弧产生的原因及设法防止双弧的产生,在等离子弧应用中是一个重要问题。

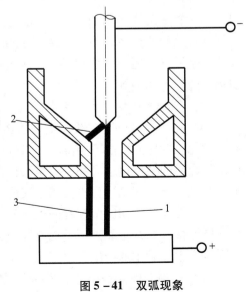

图 5-41 双弧现象
1—主弧;2,3—串列弧

3. 等离子弧切割的原理

空气等离子切割设备由电源、控制系统、割炬、供气和供水系统等组成，如图 5-42 所示。

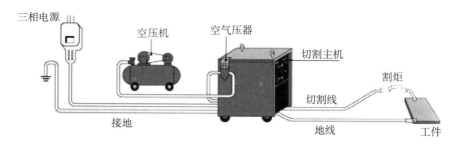

图 5-42 等离子弧切割的组成

等离子弧切割的实质是在极小的范围内产生一股很强的热气流，这股热气流可熔化并带走金属。采用这种方法可以很整齐地切割金属。此外，等离子弧切割时热量非常集中，甚至在切割薄金属板时也不会使金属板弯曲。

采用压缩空气作为离子气的等离子弧切割称为空气等离子弧切割。采用空气作为离子气一方面是由于空气来源广，故切割成本低；另一方面是等离子弧能量大，加之在切割过程中氧与被切割金属发生氧化反应而放热，因而切割速度快。空气等离子弧切割原理如图 5-43 所示。空气等离子弧切割特别适合切割厚度在 30 mm 以下的碳钢，也可以切割铜、不锈钢、铝及其他材料。

4. 等离子弧切割特点

（1）应用范围广。与氧—乙炔焰切割相比，等离子弧的切割过程不是依靠氧化反应而是靠熔化来进行的，因而其比氧—乙炔切割的适用范围大得多，能够切割绝大部分金属和非金属材料。等离子弧除了可以切割碳钢及低合金钢外，还可以切割氧—乙炔焰不能切割的材料，如铝合金、不锈钢等。

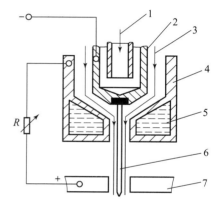

图 5-43 空气等离子弧切割原理
1—电极冷却水；2—电极；3—压缩空气（离子气）；4—镶嵌式压缩喷嘴；5—压缩喷嘴冷却水；6—电弧；7—工件

（2）切割速度快，生产率高。其在目前采用的切割方法中切割速度最快。

（3）切口质量好。此法产生的热影响区和变形都比较小，特别是切割不锈钢时能很快通过敏化温度区间，故不会降低切口处金属的耐蚀性能。切割淬火倾向较大的钢材时，虽然切口处金属的硬度也会升高，甚至会出现裂纹，但由于淬硬层的深度非常小，通过焊接过程可以消除，所以切割边可直接用于装配焊接。

空气等离子弧切割中存在的主要问题有两个：一是电极受到强烈的氧化烧损，电极端形状难以保持；二是不能采用钝钨电极或含氧化物的钨电极。故限制了该方法的广泛应用。在实际生产中，采用的措施有以下几种。

（1）采用镶嵌式锆电极，并采用直接水冷式结构。在空气中工作可形成锆的氧化物，易于发射电子，且熔点高，延长了电极的使用寿命（但使用寿命一般也只有 5~10 h）。

(2) 增加一个内喷嘴,单独对电极通以惰性气体加以保护。

5. 空气等离子弧切割工艺

1) 工艺参数的选择

(1) 离子气体流量。增大气体流量可使等离子弧的能量更加集中,从而提高等离子弧的功率,有利于提高切割速度和切割质量。但若气体流量过大,由于冷却气流把电弧的热量带走过多,切割能力反而下降,故切割质量也会变坏,见表5-6。

表5-6 气体流量对切割质量的影响

切割电流/A	切割电压/V	气体流量/(L·h^{-1})	切口宽度/mm	切口表面质量
240	84	2 050	12.5	渣多
225	88	2 200	8.5	有渣
225	88	2 600	8.0	轻渣
230	90	2 700	6.5	无渣
235	82	3 300	10	有渣
230	84	3 500		未切透

(2) 切割电流和切割电压。切割电流及电压决定了等离子弧功率及能量的大小。等离子弧功率提高,切割速度及可切割厚度相应增加。但若单纯增加切割电流,则会使弧柱变粗、切口变宽,甚至于加剧喷嘴烧损。

(3) 切割速度。提高切割速度可使切口区受热减少、切口变窄、热影响缩小。但若切割速度过高,则不能切透工件;若切割速度过低,则不仅会使生产效率降低,还会使切口表面粗糙,并在切口底部形成"熔瘤",给清理造成困难。在保证切透的前提下,应尽可能选用快的切割速度,见表5-7。

表5-7 切割速度对切割质量的影响

切割电流/A	切割电压/V	气体流量/(L·h^{-1})	切口宽度/mm	切口表面质量
160	110	60		略有渣
150	115	80	5.0	无渣
160	110	104	4.0~5.0	光洁无渣
160	110	110	3.4~4.0	有渣
160	110	115		切不透

(4) 喷嘴高度。若加大喷嘴与工件的距离,则等离子弧向空间散失的能量会增加,用于切割工件的有效热量将相应减小,且会使切割生产效率降低、切割质量变坏,故喷嘴与工件的距离一般应不大于10 mm。

(5) 空载电压。理论上有很多参数会影响切割的效果,但在实际生产中采用空气等离子弧切割时,通常仅需注意4个可变的项目:切割电流、切割电压、切割速度、喷嘴高度与气压。

2) 使用空气等离子弧切割机的注意事项

(1) 割炬的角度。在整个切割过程中，割炬应与切口平面保持垂直，否则切口将发生偏向，并在切口底面形成熔瘤。为了提高切割速度进而提高生产率，通常将割炬在切口所在平面内向与切割方向相反的方向倾斜一个角度（0°~45°），当切割厚板且采用大功率时，后倾角应小些；而切割薄板、采用小功率时，后倾角应大一些。

当切割厚度为 3~6 mm 的材料时，最好使等离子割炬与母材成 45°角，直到等离子弧切入金属，这将使火花流能以 45°角离开气体喷射器。如果切割较厚的材料时等离子割炬与工件保持垂直，则火花将被射回到气体喷射器中。这时熔化的金属将集中到气体喷射器上堵塞各气孔并极大地缩短气体喷射器寿命。

(2) 割炬后的冷却对于延长电极和喷嘴的寿命非常重要。完成一次切割，在开始下一次切割之前，应先关闭割炬开关，让空气连续几秒钟流过割炬，以防止喷嘴和电极过热。一些切割机的供应者还建议在切割后让设备空载 2~3 min。

(3) 切割 6 mm 以上的材料时，最好从材料的边缘处开始切割，等到工件边缘切穿后再移动割炬。如果被切工件不允许这样做，可先在被切工件上钻一个直径为 10 mm 左右的小孔，作为切割的起切点，以避免在等离子弧的强大吹力下熔渣四周飞溅。尤其在严重的飞溅情况下，熔渣堵塞喷嘴或堆积在喷嘴上与工件形成"双弧"，会使喷嘴烧坏。工件厚度不大时，也可不预先钻孔，切割时应先将割炬在切缝垂直平面内后倾一个角度或将割件放在倾斜或垂直的位置，使熔渣容易排开，直至切割时再恢复。

6. 提高切割质量的途径

良好的切割质量应该是切口面光洁，切口窄，切口上部呈直角且无熔化圆角，切口下部无毛刺（熔瘤）。为实现上述质量要求，应注意以下几点。

1) 切口宽度和平直度

等离子弧切割的切口宽度一般为氧—乙炔火焰切割时的 1.5~2.0 倍，且随板厚增大，切割宽度也要增大。切口端面往往稍有倾斜，顶部切去较多的金属，顶边缘有时会略带圆角。板厚在 25 mm 以下的不锈钢或铝，用小电流切割时可获得平直度很好的切口，8 mm 以上板材切口不需要加工，可直接焊接。

2) 切口毛刺的消除

用等离子弧切割不锈钢时，由于熔化金属的流动性比较差，不易全从切口处吹掉；又因不锈钢的导热性较差，切口底部金属容易过热，因此切口内没被吹掉的熔化金属容易与切口底部的过热金属熔合在一起，冷却凝固后形成毛刺。这种不锈钢毛刺的强度高、韧性好，难以去除，给加工带来了很大困难。所以消除不锈钢切口毛刺是提高切割质量的关键问题。切割铜、铝等导热性好的材料时，一般不易产生毛刺，即使产生毛刺，也容易除掉，对切割质量影响不大。消除毛刺的方法如下。

(1) 等离子弧应有足够的功率。等离子弧功率增大，则热能增加，可使熔化金属的温度提高、流动性加强，容易被吹掉；同时等离子弧功率增大还可使其吹力增大，并能有效将切口内的熔化金属吹掉，故不易产生毛刺。

(2) 保证钨极与喷嘴同心。同心能保证等离子弧具有足够的压缩性，使得能量集中、电弧推力增大，并能有效地将切口内的熔化金属吹掉，故不易产生毛刺；同时还可避免产生双弧现象，使得切割过程顺利进行。

(3) 选择合适的离子气流量。离子气流量合适时等离子弧的挺度好、吹力大，能有效地将切口内的熔化金属吹掉，不易产生毛刺。当流量太小或太大时，会因等离子弧吹力过小或带走热量过多而使切口呈 V 形，故均容易产生毛刺。

（4）选择合适的切割速度。切割速度的影响规律与气体流量相似，过大或过小都将导致切口毛刺增多。

3）避免产生双弧

在等离子弧切割过程中，为保证切割质量，必须防止产生双弧现象。因为一旦产生双弧，一方面主弧电流和主弧功率减小，将导致切割工艺参数不稳、切口质量下降；另一方面喷嘴成为导体而易被烧坏，影响切割过程，同样会降低切口质量。

7．大厚度工件的切割

为保证大厚度工件的切口质量，应采取以下工艺措施。

1）适当提高切割功率

随切割厚度增大，等离子弧的功率必须相应增大，以保证切透工件。一般采用提高切割电压的方法来提高等离子弧的功率。

2）适当增大离子气流量

增大离子气流量可提高等离子弧的挺度并增大电弧吹力，以保证切透工件。切割大厚度工件时，最好采用氮加氢混合气作离子气，以提高等离子弧的温度和能量密度。

3）采用电流逆增或分级转弧。等离子弧切割时一般采用转移型等离子弧。在转弧过程中，由于有大的电流突变，往往会引起转弧中断或烧坏喷嘴等情况，因此，切割设备应采用电流递增或分级转弧。可在回路中串联一个限流电阻，以降低转弧时的电流值，然后再将其短路掉。

（4）切割前预热。切割时要按所割材料的材质和厚度进行足够时间的预热。

一、思考题

1．什么是电阻焊？它的特点是什么？常用的电阻焊有哪几种？
2．什么是接触电阻？它受哪些因素影响？
3．点焊时焊点的形成分几个阶段？试用循环图表示点焊的过程。
4．点焊的工艺参数是怎样确定的？
5．不同厚度、不同材料点焊时应注意什么问题？
6．等离子弧是如何形成的？与自由电弧相比等离子弧有哪些特点？
7．等离子弧分几种？各适用于什么场合？
8．简述双弧现象的产生及影响因素。
9．试述等离子弧切割的原理及特点。
10．简述提高等离子弧切口质量的途径。

二、单项选择

1．电阻焊时，对热量大小影响最大的因素是（　　　）。
A．电极间的电阻　　B．焊接电流　　C．通电时间　　D．电极压力

2．下列焊接方法中属于压焊的是（　　　）。
A．电弧焊　　B．电阻焊　　C．电渣焊　　D．激光焊

3. 一般用于有气密性要求的构件电阻焊方法是（　　）。

　A. 点焊　　　　　　B. 凸焊　　　　　　C. 缝焊　　　　　　D. 对焊

4. 电阻点焊时，应选用（　　）直径的电极头焊接 1 mm 的板件。

　A. 3 mm　　　　　B. 4 mm　　　　　C. 5 mm　　　　　D. 6 mm

5. 焊接工艺中的强规范是指（　　）。

　A. 大电流、短时间　　　　　　　　B. 大电流、长时间

　C. 小电流、短时间　　　　　　　　D. 小电流、长时间

6. 在车身维修中，通常修复的焊点数量与原焊点数量的（　　）倍。

　A. 相同　　　　　　B. 1.5　　　　　　C. 2　　　　　　D. 2.5

7. 得到压缩电弧的主要因素是（　　）。

　A. 机械压缩　　　　B. 热收缩　　　　C. 电磁收缩　　　　D. 以上都是

三、多项选择

1. 下列不属于电阻焊的优点的是（　　）。

　A. 焊接生产率高　　　　　　　　　B. 焊接成本比较低

　C. 焊接操作比较规范　　　　　　　D. 易于检测

2. 下列焊接方法中属于高能量密度焊的是（　　）。

　A. 电子束焊　　　　B. 激光焊　　　　C. 闪光对焊　　　　D. 等离子弧焊

3. 挤压式电阻点焊的设备包括（　　）。

　A. 焊接电源　　　　B. 控制系统　　　C. 供气系统　　　　D. 焊枪

4. 为保证大厚度工件的切口质量，等离子弧切割时应采取（　　）工艺措施。

　A. 适当提高切割功率　　　　　　　B. 适当增大离子气流量

　C. 采用电流逆增或分级转弧　　　　D. 切割前预热

四、判断

（　　）1. 电阻焊时，在焊点形成的过程中压力是一直存在的。

（　　）2. 电阻缝焊实际上是点焊的延伸，缝焊用一个圆形的滚盘代替点焊时的柱状电极，焊接时电极一面通电、加压，同时滚动，即可得到连续焊缝，因此有较高的连接强度。

（　　）3. 电阻焊的热源是电流通过焊件内部及其接触处所产生的电阻热。

（　　）4. 电子束焊接通常都是在真空的状态下进行焊接。

（　　）5. 焊点的布置受分流和变形条件的限制。当焊件厚度增大时，允许的最小节距及从焊点中心到阻碍焊件变形的构件最小距离就相应增大。

（　　）6. 等离子弧从本质上讲还是电弧

（　　）7. 等离子弧切割是一种常用的金属切割工艺方法，而非金属材料多用气割完成。

参 考 文 献

[1] 高元伟. 汽车车身焊接技术 [M]. 北京：人民邮电出版社，2009.
[2] 雷世明. 焊接方法与设备 [M]. 北京：化学工业出版社，2008.
[3] 李远国. 汽车车身焊接技术 [M]. 北京：人民交通出版社，2009.
[4] 沈惠塘. 焊接技术与高招 [M]. 北京：机械工业出版社，2004.
[5] 彭禄友. 焊接工艺 [M]. 北京：人民交通出版社，2002.
[6] 中国机械工业学会焊接学会. 焊接手册 [M]. 北京：机械工业出版社，2001.
[7] 王新民. 焊接技能实训 [M]. 北京：机械工业出版社，2004.
[8] 张成利. 汽车钣金修复技术 [M]. 北京：人民交通出版社，2009.
[9] 陈祝年. 焊接工程师手册 [M]. 北京：机械工业出版社，2002.
[10] 尹士科. 焊接材料手册 [M]. 北京：中国标准出版社，2000.